한눈에 보는

성경의 길

BIBLE GUIDE

| 조낙현 지음 |

쿰란출판사

《한눈에 보는 성경의 길》이 나오기까지

성경이 키(key)입니다. 지난 23년여 동안 담임목사로 수많은 제자훈련을 인도해 오면서 결국 교회와 사람을 변화시키는 것은 하나님의 말씀인 성경이라는 것을 절실히 깨닫게 되었습니다. 성경은 베스트셀러로도 유명하지만 안 읽히는 책으로도 유명합니다. 제자훈련으로 말씀을 가르치다 보면 의외로 성도들이 성경에 대해서 어렵게 생각하고 잘 읽지 않는다는 것을 발견하게 됩니다. 또 읽기는 읽어도 매우 단편적으로 이해하고 있든가, 혹은 너무 개인 구원에 초점이 맞춰진 이해로 말미암아 전체적인 하나님 나라의 비전을 갖지 못하고 자기중심적인 신앙을 벗어나지 못하는 것을 볼 수 있습니다.

그래서 담임목회를 시작하면서 어떻게 하면 성경 전체를 재미있고 쉽게 이해할 수 있도록 가르칠까 하는 것이 늘 숙제처럼 안고 있던 문제였습니다. 담임목회를 시작하면서 이미 나와 있던 《크로스 웨이》를 시작으로, 《성경 파노라마》 그리고 《어? 성경이 읽어지네!》 등등의 교재를 사용하여 제자훈련 과정의 하나로 전체 성경을 가르쳐 왔습니다. 그러면서도 한편으로는 뭔가 채워지지 않는 갈증이 있었습니다. 한눈에 성경 전체를 볼 수 있는 그림이 없을까? 복잡하게 외우지 않아도 한눈에 보고 쉽게 이해할 수 있다면 얼마나 성경이 재미있어질까?

컴퓨터 시대에 맞게 큰 폴더 안에 작은 폴더들이 들어 있고, 작은 폴더를 열면 설명이 나오는 그림으로 공부할 수 없을까? 성경 전체를 꿰뚫는 주제를 따라 한 장의 그림으로 전체를 보여 주고 가르칠 수 있다면 얼마나 좋을까? 하는 생각에 사로잡혀 있었습니다. 그러다가 성경에도 길이 있다는 것을 발견하게 되었습니다. 그냥 지역을 나타내는 지도가 아니라 성경의 중심을 꿰뚫고 지나가는 하이웨이와 같은 큰 길이 있었습니다. 그 길은 예수 그리스도의 십자가를 중심으로 해서 영원한 하나님 나라로 연결된 길이었습니다.

창세기에서 시작하여 요한계시록까지 계속해서 이어져 온 '성경의 길'이 있음을 알게 되었습니다. 물론 누구나 다 아는 길입니다. 천성의 길, 영생의 길, 생명의 길, 예수 믿는 사람들이라면 누구나 가는 영원한 하나님 나라의 길입니다. 이 길이 성경 안에 있습니다. 이 길을 조금이나마 쉽게 보여드리려고 작은 몸짓을 시작한 것이 《한눈에 보는 성경의 길》입니다. 바라기는 이 작은 시작이 우리의 눈을 열어 성경이 더 재미있어지고, 하나님 나라가 먼저 우리의 심령 가운데 임하는 은혜가 있기를 소원합니다.

2016년 1월 26일

버지니아 TKBC 목양실에서

저자 **조낙현**

《한눈에 보는 성경의 길》(Bible Guide)의 특징

1. 성경 안에 흐르는 큰 주제인 '하나님 나라'의 관점에서 성경 전체를 한눈에 보고 이해할 수 있도록 도와줍니다. 하나님 나라의 관점에서 성경을 봄으로 기독교적인 세계관과 하나님 나라의 십자가의 군사로 세워집니다.

2. 성경 전체를 각 주제마다 한 장의 그림으로 만들어서 한눈에 이해할 수 있게 하였으며, 각 그림은 파워포인트로 만들어져서 퍼즐을 맞춰가듯 각 그림과 표를 하나씩 열어가면서 볼 수 있게 되어 있습니다(그림을 보면 이해가 됩니다. 외우지 않아도 됩니다).

3. 컴퓨터에서 큰 폴더 안에 작은 폴더 여럿이 있고, 또 작은 폴더를 열면 설명이 나오듯, 먼저 성경의 큰 그림을 열면 작은 그림이 나오고, 작은 그림을 열면 설명이 나올 수 있도록 해서, 마치 퍼즐을 맞추어 가듯 재미있게 성경 전체를 공부할 수 있도록 만들어졌습니다(한 장의 그림표만 가지고 각 과목을 가르칠 수 있습니다).

4. 개인 구원에 초점이 맞춰져 있는 현대 그리스도인들에게 '하나님 나라'의 큰 비전과 세계관을 갖도록 만들어졌습니다. 바이블 가이드는 성경을 잘 읽고 이해하도록 돕는 것입니다. 주 교재는 성경입니다.

> "모든 성경은 하나님의 감동으로 된 것으로 교훈과 책망과 바르게 함과 의로 교육하기에 유익하니 이는 하나님의 사람으로 온전하게 하며 모든 선한 일을 행할 능력을 갖추게 하려 함이라"(딤후 3:16-17).

머리말 - 《한눈에 보는 성경의 길》이 나오기까지 • 2
일러두기 - 《한눈에 보는 성경의 길》(Bible Guide)의 특징 • 4

■ 구약

제1과 한눈에 보는 전체성경 8
제2과 한눈에 보는 구약성경 26
제3과 한눈에 보는 창조타락 36
제4과 한눈에 보는 은혜소명 48
제5과 한눈에 보는 신정국가 I 62
제6과 한눈에 보는 신정국가 II 75
제7과 한눈에 보는 신정국가 III 83
제8과 한눈에 보는 왕정통치 I 94
제9과 한눈에 보는 왕정통치 II 104
제10과 한눈에 보는 왕정통치 III 117
제11과 한눈에 보는 포로귀환 130
제12과 한눈에 보는 시가예언서 140

■ 신약

제1과 한눈에 보는 중간역사 156
제2과 한눈에 보는 신약성경 169
제3과 한눈에 보는 만왕예수 I 180
제4과 한눈에 보는 만왕예수 II 189
제5과 한눈에 보는 교회탄생 201
제6과 한눈에 보는 복음전파 I 210
제7과 한눈에 보는 복음전파 II 220
제8과 한눈에 보는 만민구원 233
제9과 한눈에 보는 영원천국 242

구약

제 1 과 한눈에 보는 전체성경

제 2 과 한눈에 보는 구약성경

제 3 과 한눈에 보는 창조타락

제 4 과 한눈에 보는 은혜소명

제 5 과 한눈에 보는 신정국가 Ⅰ

제 6 과 한눈에 보는 신정국가 Ⅱ

제 7 과 한눈에 보는 신정국가 Ⅲ

제 8 과 한눈에 보는 왕정통치 Ⅰ

제 9 과 한눈에 보는 왕정통치 Ⅱ

제10과 한눈에 보는 왕정통치 Ⅲ

제11과 한눈에 보는 포로귀환

제12과 한눈에 보는 시가예언서

제 1 과

한눈에 보는 전체성경

성경에도 길이 있습니다. 성경은 특별한 책입니다. 성경은 기록된 하나님의 계시된 말씀이기 때문입니다. 그래서 요한 사도는 "이 예언의 말씀을 읽는 자와 듣는 자와 그 가운데에 기록한 것을 지키는 자는 복이 있나니 때가 가까움이라"(계 1:3)고 했습니다. 《성경 파노라마》의 저자 '테리 홀'은 성경에 대하여 말하기를 "성경은 여러 가지 특별한 사항을 지니고 있습니다. 이것은 20가지의 다양한 직업을 가진 사람들 40명이 약 1,600년 동안 서로 다른 10개 나라에 흩어져 살면서 3개 국어를 사용하여 기록했으며, 총 2,930명의 인물이 소개되고, 1,551개의 지명이 언급되고 있습니다. 또한 성경은 구약 39권과 신약 27권으로 모두 합치면 66권이 됩니다. 모든 성경의 장수를 더해 보면 1,189장이고, 구절로는 31,173절, 단어(KJV: 영단어)로는 774,746개이며, 글자(알파벳)로는 3,567,180개로 구성된 방대한 책입니다. 그리고 성경 안에 표현된 각종 문학 양식과 서술 방식을 살펴보면, 산문과 시, 연애소설, 전기, 수수께끼, 역사 지혜서 등 매우 다양합니다"라고 했습니다.

이 예언의 말씀을 읽는 자와 듣는 자와 그 가운데에 기록한 것을 지키는 자는 복이 있나니 때가 가까움이라(계 1:3)

이렇게 방대한 성경을 읽으려면 먼저 성경 전체의 흐름을 보는 것이 중요합니다. 아무리 광대하고 복잡한 곳이라도 길을 알면 쉬운 것처럼, 아무리 방대한 분량의 성경이라도 길을 알면 쉽습니다. 창세기부터 요한계시록까지 성경에는 하나님께서 의도하신 길이 있습니다.

길을 찾아갈 때 쉬운 방법은, 먼저 큰 지도 안에서 나라를 찾고, 나라 안에서 도시를 찾고, 도시 안에서 길 이름을 찾아 번지수를 찾아가는 것입니다. 큰 지역에서부터 시작하여 좀 더 작은 지역으로 찾아가는 것입니다. 성경에도 길이 있습니다.

1. 성경의 중심은 예수 그리스도시요, 그리스도의 중심은 십자가입니다.

예수 그리스도의 십자가를 중심으로 구약과 신약이 나뉘고, 유대교와 기독교, 그리고 역사 또한 그리스도를 중심으로 B.C.(before Christ)와 A.D.(Anno Domini)로 나뉩니다. 그래서 '역사'(history)를 'his+story'(그의 이야기)라고 말합니다.

역사를 B.C.와 A.D.로 표시할 때 그 뜻은 무엇입니까?

성경 요한복음 5장 39절은 “너희가 성경에서 영생을 얻는 줄 생각하고 성경을 연구하거니와 이 성경이 곧 내게 대하여 증언하는 것이니라”고 했습니다. 여기서 말씀하고 있는 ‘내게’는 누구입니까?

> 너희가 성경에서 영생을 얻는 줄 생각하고 성경을 연구하거니와 이 성경이 곧 내게 대하여 증언하는 것이니라(요 5:39)

> 이에 모세와 모든 선지자의 글로 시작하여 모든 성경에 쓴 바 자기에 관한 것을 자세히 설명하시니라(눅 24:27)

구약은 장차 오실 그리스도께 초점을 맞추고 있고, 신약은 오신 그리스도와 오실 그리스도께 초점을 맞추고 있습니다. 부활하신 예수님께서 엠마오로 가는 두 제자에게 뭐라고 하셨습니까?(눅 24:27)

하나님 나라

2. 복음의 핵심은 하나님 나라입니다.

예수님께서 공생애를 시작하시면서 첫 번째 하신 말씀이 “때가 찼고 하나님의 나라가 가까이 왔으니 회개하고 복음을 믿으라”(막 1:15)였습니다. 예수님은 공생애 사역 중에서 계속해서 ‘하나님 나라’(눅 16:16)를 말씀하셨고, 부활 후 40일 동안 제자들을 만나면서도 하나님 나라의 일을 말씀하셨습니다. “그가 고난 받으신 후에 또한 그들에게 확실한 많은 증거로 친히 살아 계심을 나타내사 사십 일 동안 그들에게 보이시며 하나님 나라의 일을 말씀하시니라”(행 1:3). 여기에서 알 수 있는 것은 무엇입니까?

> 이르시되 때가 찼고 하나님의 나라가 가까이 왔으니 회개하고 복음을 믿으라 하시더라 (막 1:15)

누가복음 1장에는 천사가 마리아에게 나타나 성령으로 잉태한 사실을 알려 준 일이 기록되어 있습니다. 그때 천사는 이렇게 말합니다. "보라 네가 잉태하여 아들을 낳으리니 그 이름을 예수라 하라 그가 큰 자가 되고 지극히 높으신 이의 아들이라 일컬어질 것이요 주 하나님께서 그 조상 다윗의 왕위를 그에게 주시리니 영원히 야곱의 집을 왕으로 다스리실 것이며 그 나라가 무궁하리라"(눅 1:31-33). 여기에서의 '무궁한 나라'는 주님이 다스리시는 '하나님 나라'입니다.

> 그가 고난 받으신 후에 또한 그들에게 확실한 많은 증거로 친히 살아 계심을 나타내사 사십 일 동안 그들에게 보이시며 하나님 나라의 일을 말씀하시니라(행 1:3)

또 베드로후서 1장 10-11절에 "그러므로 형제들아 더욱 힘써 너희 부르심과 택하심을 굳게 하라 너희가 이것을 행한즉 언제든지 실족하지 아니하리라 이같이 하면 우리 주 곧 구주 예수 그리스도의 영원한 나라에 들어감을 넉넉히 너희에게 주시리라"는 말씀이 나옵니다. 여기 나오는 '영원한 나라'도 마찬가지입니다. 또 요한계시록 11장 15절에 "세상 나라가 우리 주와 그의 그리스도의 나라가 되어 그가 세세토록 왕 노릇 하시리로다"라고 한 '그리스도의 나라'도 하나님 나라를 뜻합니다. 성경이 말하는 마지막 지향점, 마지막 결론이 하나님 나라요, 새 하늘과 새 땅인 것입니다.

'하나님 나라'는 어떤 나라라고 생각하십니까?

> 일곱째 천사가 나팔을 불매 하늘에 큰 음성들이 나서 이르되 세상 나라가 우리 주와 그의 그리스도의 나라가 되어 그가 세세토록 왕 노릇 하시리로다 하니(계 11:15)

길안내 구약을 보면 바벨론의 느부갓네살 왕이 꿈을 꾸는 장면이 나옵니다. 머리는 순금, 가슴과 두 팔은 은, 배와 넓적다리는 놋, 종아리는 쇠, 발은 얼마는 쇠, 얼마는 진흙으로 된 신상을 보았는데, 손을 대지 않은 돌이 날아와서 이 신상을 쳐서 부서뜨리는 꿈이었습니다. 다니엘은 이 꿈을 풀어 주면서 "이 여러 왕들의 시대에 하늘의 하나님이 한 나라를 세우시리니 이것은 영원히 망하지도 아니할 것이요 그 국권이 다른 백성에게로 돌아가지도 아니할 것이요 도리어 이 모든 나라를 쳐서 멸망시키고 영원히 설 것이라"(단 2:44)라고 말했습니다. 스가랴서 14장 9절에는 "여호와께서 천하의 왕이 되시리니"라는 말씀이 있습니다. 여기서 우리는 '하나님 나라'라는 말이 신구약 성경을 관통하고 있는 중요한 초점인 것을 알게 됩니다. 이 하나님 나라가 창세기부터 요한계시록까지를 풀어가는 하나의 커다란 길인 것입니다.

창조타락 1

3. 성경의 처음 부분인 창세기 1장에서 11장까지의 중심내용은 하나님의 창조와 인간의 전적인 타락입니다.

> 태초에 하나님이 천지를 창조하시니라 땅이 혼돈하고 공허하며 흑암이 깊음 위에 있고 하나님의 영은 수면 위에 운행하시니라(창 1:1-2)

성경의 첫 장 첫 절은 "태초에 하나님이 천지를 창조하시니라"(창 1:1)입니다. 이것이 믿음의 기초요, 신앙의 출발입니다. 이것을 '창조론'이라고 합니다. 하나님이 태초에 우주 만물을 창조하셨다는 것입니다.

지금까지 우주 생성 이론에서 가장 지지받는 학설은 'Big bang theory'(빅뱅 이론)입니다. '빅뱅 이론'은 아무것도 없는 무의 상태에서 갑자기 우주에 폭발이 일어났는데, 초기에는 10억 도의 온도였으나 한 시간 안에 1억 도로 떨어지면서 화학적 변화가 생겼다는 이론입니다. 이 빅뱅 이론은 200가지 이상의 가정을 필요로 합니다. 다시 말하면 200가지 이상의 믿음이 필요하다는 말입니다. 또 200가지 가정이 다 사실이라 할지라도 '처음 무에서 폭발할 수 있는 물질은 어디서 생겨났을까?' 하는 의문은 영원한 숙제로 남아 있습니다.

진화론은 왜 과학이 아닐까요?

하나님은 인간을 창조하신 후 에덴에 살게 하셨습니다. 하나님이 만드셨던 '에덴'은 '기쁨'이란 뜻으로, 헬라어로 하면 '파라다이스, 낙원'이라는 말입니다. 에덴은 하나님 나라의 모델 하우스 같은 곳이었습니다. 그 나라는 하나님이 주권을 가지고 하나님이 통치하시는 완전한 나라였습니다. 그리고 그 '하나님의 주권'을 상징적으로 보여주는 것이 에덴 동산 중앙에 있던 '선악과'입니다. 선악과는 창조주이신 하나님의 주권과 통치를 나타내고, 아담에게는 피조물이요 관리자로서의 존재를 나타내는 것이었습니다.

> 선악을 알게 하는 나무의 열매는 먹지 말라 네가 먹는 날에는 반드시 죽으리라 하시니라(창 2:17)

그런데 아담은 하나님의 주권과 통치를 거부했습니다. 자유의지를 가진 인간으로서 하나님을 통치자로서 거부하고 스스로 하나님이 되어 살겠다고 선언한 것입니다. 이것이 인간의 전적인 타락입니다. 인간 스스로 하나님이 되고, 왕이 되고, 주인이 되어 살겠다는 것입니다.

선악과를 따 먹은 후 그 결과는 어떻게 되었습니까?

> 뱀이 여자에게 이르되 너희가 결코 죽지 아니하리라 너희가 그것을 먹는 날에는 너희 눈이 밝아져 하나님과 같이 되어 선악을 알 줄 하나님이 아심이니라(창 3:4-5)

창세기 1장에서 11장까지는 크게 4가지 사건, 즉 천지창조와 인간 타락, 그리고 노아의 홍수와 바벨 탑 사건이 나옵니다. 그리고 '죄-심판-은혜'라는 패턴이 반복해서 나오고 있습니다. 아담과 하와가 범죄한 후 저주를 받았지만 하나님께서 가죽옷을 입혀 주셨고, 가인에게도 살인 후에 쫓겨남을 당하지만 은혜의 표를 주셨으며, 죄가 세상에 가득 차 홍수로 심판하실 때에도 노아의 가족을 은혜로 남겨 주셨습니다. 하나님은 노아의 홍수로 새로운 민족을 세우시지만 인간은 또다시 바벨 탑을 쌓아 '하나님이 없는 나라'를 세우려 했습니다. 하나님 없이도 흩어짐을 면하고 하늘까지 그 세력을 닿게 하여 자기들의 이름을 내겠다는 것이었습니다.

> 또 말하되 자, 성읍과 탑을 건설하여 그 탑 꼭대기를 하늘에 닿게 하여 우리 이름을 내고 온 지면에 흩어짐을 면하자 하였더니(창 11:4)

하나님은 이 나라를 흩으심으로 심판하시지만 여기서도 은혜를 베푸십니다. 그것이 무엇입니까?

2
은혜소명

4. 하나님의 마지막 은혜는 아브라함을 부르심입니다.

창세기 11장까지의 일반 역사가 끝나면 이제 창세기 12장부터는 아브라함을 통한 하나님의 구원 역사가 시작됩니다. 하나님은 에덴을 주셨는데도 거기에 만족하지 못하고 스스로 하나님이 되어 살겠다는 타락한 인간을 향해 심판도 하시지만 동시에 계속해서 은혜도 베풀어 주십니다.

> 땅의 모든 족속이 너로 말미암아 복을 얻을 것이라 하신지라(창 12:3)

아담과 하와에게는 죽은 아벨 대신 셋을 주셨고, 네피림 이후에는 노아의 가족을 부르셨고, 바벨 탑 사건 이후에는 은혜로 셋의 자손인 아브라함을 부르신 것입니다. 아브라함을 통해 하나님이 통치하시는 하나님의 나라를 세우시고, 그 나라로 말미암아 모든 족속이 복을 받게 하시겠다는 선한 의지셨습니다. '모든 민족이 아브라함을 통하여 복을 받으리라'고 약속하신 것입니다.

아브라함을 통해 신정국민을 모으시는 데만도 400년 이상이 걸렸습니다. 그리고 그 백성들에게 하나님 나라 백성들이 살아가야 할 법을 레위기를 통해 주셨고, 아브라함에게 처음에 약속하신 땅을 모세와 여호수아를 통해 주셨습니다. 이제 국가의 3대 요소인 국민과 주권과 영토가 이루어진 것입니다. 그러므로 이제 남은 히브리 민족의 역사는 하나님의 통치 아래 하나님을 진정한 왕으로 모시고 사는 '신정국가'를 만드는 것이었습니다.

창세기 12-50장의 내용은 아브라함을 포함한 네 족장의 이야기입니다. 네 족장의 이름과 그 이름의 뜻은 무엇입니까?

3
신정국가

5. 하나님은 히브리 민족을 통하여 하나님이 통치하시는 '신정국가'를 만드셨습니다.

하나님은 출애굽 후 "나는 너를 애굽 땅, 종 되었던 집에서 인도하여 낸 네 하나님 여호와니라"(출 20:2)고 분명히 말씀하셨습니다. 그들을 인도하여 낸 하나님이 그들의 하나님이 되시고, 주권자가 되시고, 통치자가 되신다는 선언입니다. 그런 다음 그들에게 십계명을 주십니다. 이제 하나님의 백성으로서 어떻게 살아야 할지를 말씀해 주신 것입니다. "세계가 다 내게 속하였나니 너희가 내 말을 잘 듣고 내 언약을 지키면 너희는 모든 민족 중에서 내 소유가 되겠고 너희가 내게 대하여 제사장 나라가 되며 거룩한 백성이 되리라 너는 이 말을 이스라엘 자손에게 전할지니라"(출 19:5-6)고 하셨습니다. 그러자 "백성이 일제히 응답하여 이르되 여호와께서 명령하신 대로 우리가 다 행하리이다"(출 19:8)라고 대답했습니다.

세계가 다 내게 속하였나니 너희가 내 말을 잘 듣고 내 언약을 지키면 너희는 모든 민족 중에서 내 소유가 되겠고 너희가 내게 대하여 제사장 나라가 되며 거룩한 백성이 되리라 너는 이 말을 이스라엘 자손에게 전할지니라(출 19:5-6)

이제 이후의 이스라엘의 역사는 이 언약에 대한 이스라엘 백성들의 실제적인 삶을 보여줍니다. 이러한 약속에도 불구하고 이스라엘 백성들은 틈만 나면 하나님 없이 스스로 하나님이 되고, 스스로 인간 왕을 세워 '하나님 없는 세상 나라'를 추구하는 것입니다.

하나님 나라의 관점에서 하나님은 출애굽기를 통해 '신정국민'을 만들기 원하셨다면, 레위기를 통해 그들에게 주고자 하신 것은 무엇입니까? 그리고 민수기와 신명기, 여호수아서를 통해서 주고자 하신 것은 각각 무엇입니까?

하나님은 출애굽한 이스라엘 백성들의 진정한 왕이시길 원하셨습니다. 레위 지파를 통한 신정통치를 원하셨던 것입니다. 스가랴 14장 9절은 "여호와께서 천하의 왕이 되시리니 그날에는 여호와께서 홀로 한 분이실 것이요 그의 이름이 홀로 하나이실 것이라"고 말씀하고 있습니다. 그러나 이스라엘 백성들은 사무엘에게 찾아가 자기들에게도 왕을 세워 달라고 요구합니다. 이때 사무엘이 하나님께 기도하매 하나님이 이렇게 말씀하십니다. "여호와께서 사무엘에게 이르시되 백성이 네게 한 말을 다 들으라 이는 그들이 너를 버림이 아니요 나를 버려 자기들의 왕이 되지 못하게 함이니라"(삼상 8:7).

하나님을 버리고 인간 왕을 세우지만 이스라엘 역사 속에서 하나님 마음에 합한 다윗과 같은 왕은 소수에 불과하고, 나머지 왕들은 이스라엘 백성들의 올무가 되고 폭군이 되어 그들 위에 군림하게 되는 것입니다.

> 여호와께서 사무엘에게 이르시되 백성이 네게 한 말을 다 들으라 이는 그들이 너를 버림이 아니요 나를 버려 자기들의 왕이 되지 못하게 함이니라(삼상 8:7)

레위 지파를 통한 '신정통치'는 어떻게 가능할까요?

4 왕정통치

6. 이스라엘 백성들의 요청에 따라 신정통치가 아니라 왕정통치가 시작됩니다.

이스라엘의 마지막 사사요 첫 번째 선지자인 사무엘에 의해 사울이 이스라엘의 첫 번째 왕으로 세워지고, 이어서 다윗이 왕이 되고, 다윗 왕의 아들인 솔로몬이 왕이 됩니다. 이 시대를 '통일왕국 시대'라고 부릅니다. 그러나 솔로몬 왕 이후에는 북왕국 이스라엘과 남왕국 유다로 나뉘어 '분열왕국 시대'를 맞습니다. 사무엘상·하는 통일왕국 시대를 중심으로, 열왕기상·하는 북왕국을 중심으로, 그리고 역대상·하는 남왕국을 중심으로 기록되었습니다.

> 여호와께서 여로보암의 죄로 말미암아 이스라엘을 버리시리니 이는 그도 범죄하고 이스라엘로 범죄하게 하였음이니라 하니라(왕상 14:16)

이스라엘이 분열된 이유는 솔로몬 말년의 우상숭배와 왕궁 건축, 그리고 그의 뒤를 이어 왕이 된 솔로몬의 아들 르호보암의 학정 때문이었습니다. 여기에 솔로몬 왕 때 감독을 맡았던 여로보암의 집권 야욕 때문에 열 지파가 함께 반란을 일으킴으로 북 이스라엘과 남 유다로 분열되고 말았습니다. 북 이스라엘은 9대 왕조에 19명의 왕이 다스렸는데, 이전 왕을 살해하는 사건이 7번이나 일어나면서 정권이 바뀌었고, 결국 B.C. 721년 앗수르에 의해 멸망했습니다.

그러나 남 유다는 20명의 왕들 중에 아달랴를 제외한 모든 왕들이 다윗의 후손으로, 대부분 이전 왕들의 왕위를 물려받았습니다. 그러나 남 유다도 B.C. 586년에 바벨론에 의해 예루살렘이 함락당하고 70년간의 포로생활을 시작하게 되었습니다.

> 그의 백성이 하나님의 사신들을 비웃고 그의 말씀을 멸시하며 그의 선지자를 욕하여 여호와의 진노를 그의 백성에게 미치게 하여 회복할 수 없게 하였으므로(대하 36:16)

북 이스라엘과 남 유다 멸망의 가장 큰 이유는 무엇이라고 생각하십니까?

---

5 포로귀환

7. 선민 이스라엘은 선지자들의 예언대로 포로로 끌려가 70년이 찬 후 귀환했습니다.

하나님의 통치를 거부했던 이스라엘을 하나님은 수많은 선지자들을 통하여 '이제라도 돌아오라'고 간절히 부르시며 사랑하셨습니다. 그러나 그들은 끝내 돌이키지 못하고 자기의 길, 멸망의 길로 가고 말았습니다. 하나님의 성전은 이방인의 손에 파괴되고, 그들의 자녀들이 이방인의 포로

> 이에 토지가 황폐하여 땅이 안식년을 누림같이 안식하여 칠십 년을 지냈으니 여호와께서 예레미야의 입으로 하신 말씀이 이루어졌더라(대하 36:21)

로 끌려가는 것을 보면서 정신을 차립니다.

다니엘과 에스겔은 포로 중에 있었지만 그들에게 하나님의 살아 계심을 증거하는 하나님의 선지자였습니다. 스룹바벨과 여호수아를 통해 성전을 재건할 때, 성전 건축이 지체되자 학개와 스가랴 선지자를 보내어 성전 건축을 독려하셨고, 느헤미야를 통해 성벽 건축과 에스라를 통해 영적 부흥을 이루셨습니다.

그러나 궁극적으로 하나님의 나라는 아직 임하지 않았습니다. 말라기 선지자를 통해 진정한 왕이신 예수 그리스도께서 오시기까지 암흑을 예언하고 있습니다. 400년의 긴 중간기 암흑 시기를 거친 후에야 '메시아'(그리스도)께서 이 땅에 오셨습니다.

그렇다면 왜 하나님은 이스라엘 백성들을 바벨론 포로로 이방인의 손에 고난을 받도록 하셨을까요? 포로생활 70년을 "안식년을 누림같이"라고 표현하신 이유는 무엇이라고 생각하십니까?

6
만왕예수

8. 예수님은 이 땅에 진정한 왕으로 오셨습니다.

하나님 나라를 이루시고 통치하실 진짜 왕으로 오신 것입니다. 신구약성경은 모두 진정한 왕으로 오시는 예수 그리스도에게 그 초점이 맞춰져 있습니다. "빌라도가 이르되 그러면 네가 왕이 아니냐 예수께서 대답하시되 네 말과 같이 내가 왕이니라 내가 이를 위하여 태어났으며 이를 위하여 세상에 왔나니 곧 진리에 대하여 증언하려 함이로라"(요 18:37). 또 누가복음 1장에서는 천사가 마리아에게 나타나 성령으로 잉태한 사실을 알려 주면서 이렇게 말합니다. "보라 네가 잉태하여 아들을 낳으리니 그 이름을 예수라 하라 그가 큰 자가 되고 지극히 높으신 이의 아들이라 일컬어질 것이요 주 하나님께서 그 조상 다윗의 왕위를 그에게 주시리니 영원히 야곱의 집을 왕으로 다스리실 것이며 그 나라가 무궁하리라"(눅 1:31-33).

> 보라 네가 잉태하여 아들을 낳으리니 그 이름을 예수라 하라 그가 큰 자가 되고 지극히 높으신 이의 아들이라 일컬어질 것이요 주 하나님께서 그 조상 다윗의 왕위를 그에게 주시리니 영원히 야곱의 집을 왕으로 다스리실 것이며 그 나라가 무궁하리라(눅 1:31-33)

다윗은 하나님 마음에 합한 왕이었지만 그 역시 불완전한 왕이었습니다. 그러나 그의 자손 중에 오실 메시아는 어떤 왕이십니까? "이는 한 아기가 우리에게 났고 한 아들을 우리에게 주신 바 되었는데 그의 어깨에는 정사를 메었고 그의 이름은 기묘자라, 모사라, 전능하신 하나님이라, 영존하시는 아버지라, 평강의 왕이라 할 것임이라"(사 9:6)고 했습니다. 예수 그리스도는 하나님의 나라를 완성하기 위해 오셨습니다. 그리스도는 평강의 왕이 되어 영원토록 다스리실 것입니다. 하나님의 나라는 영원한 나라이기 때문입니다. "일곱째 천사가 나팔을 불매 하늘에 큰 음성들이 나서 이르되 세상 나라가 우리 주와 그의 그리스도의 나라가 되어 그가 세세토록 왕 노릇 하시리로다"(계 11:15).

마태복음 1장 1절을 써 보시기 바랍니다. 무슨 뜻입니까?

7 교회탄생

9. 하나님의 나라는 교회를 통해 이루어집니다.

예수님이 승천하신 후 약속하신 대로 오순절 날 성령 강림을 통해 이 땅 위에 교회가 세워졌습니다. 교회란 '에클레시아'로 '불러냄을 받은 믿는 자들의 무리'라고 말할 수 있습니다.

성령이 임하자 제자들은 담대히 복음을 전했고, 이날에만 3천 명이나 되는 믿는 자들이 생겼습니다. 신약 교회가 탄생한 것입니다. 그리고 이들은 날마다 성전에 모이기를 힘쓰고, 서로의 소유를 팔아 통용하고, 집에서도 모이며 하나님을 찬미함으로 하나님께서 구원받는 사람을 날마다 더하게 하셨습니다(행 2:43-47). 최초의 예루살렘 교회가 생긴 것입니다. 여기서 복음은 빌립을 통해 사마리아로, 베드로를 통해 이방인에게로 전해지면서, 흩어진 제자들을 통해 처음으로 안디옥에 이방인 교회가 세워졌습니다. 그리고 이 안디옥 교회를 중심으로 바나바와 바울은 전도 여행을 통해 유럽까지 복음을 전하고 교회를 세웠으며, 여기에서 처음으로 신자들을 '그리스도인'이라 불렀습니다.

이렇게 교회는 성령님에 의해 예수 그리스도의 복음으로 세워진 것을 알 수 있습니다. 하나님 나라를 이루시려는 하나님의 계획과 경륜이 교회에 있는 것입니다. 그러므로 교회는 하나님 나라의 모형이라고 할 수 있습니다. 교회의 머리는 예수 그리스도이시고, 교회는 그의 몸인 것입니다. "또 만물을 그의 발 아래에 복종하게 하시고 그를 만물 위에 교회의 머리로 삼으셨느니라 교회는 그의 몸이니 만물 안에서 만물을 충만하게 하시는 이의 충만함이니라"(엡 1:22-23). 이 교회는 하나님이 이미 창세 전에 계획하신 인류 구원의 그림 가운데 있었던 경륜입니다. "영원부터 만물을 창조하신 하나님 속에 감추어졌던 비밀의 경륜이 어떠한 것을 드러내게 하려 하심이라 이는 이제 교회로 말미암아 하늘에 있는 통치자들과 권세들에게 하나님의 각종 지혜를 알게 하려 하심이니 곧 영원부터 우리 주 그리스도 예수 안에서 예정하신 뜻대로 하신 것이라"(엡 3:9-11).

> 영원부터 만물을 창조하신 하나님 속에 감추어졌던 비밀의 경륜이 어떠한 것을 드러내게 하려 하심이라 이는 이제 교회로 말미암아 하늘에 있는 통치자들과 권세들에게 하나님의 각종 지혜를 알게 하려 하심이니 곧 영원부터 우리 주 그리스도 예수 안에서 예정하신 뜻대로 하신 것이라 (엡 3:9-11)

그렇다면 하나님께서 교회를 통해 이루시기 원하시는 뜻은 무엇입니까?

8
복음전파

10. 교회의 사명은 복음 전파에 있습니다.

우리는 예수님의 마지막 명령을 'Great Commission' 혹은 '지상 대사명'이라고 부릅니다. 마가복음에서는 "너희는 온 천하에 다니며 만민에게 복음을 전파하라"고 하셨고, 마태복음에서는 "그러므로 너희는 가서 모든 민족을 제자로 삼아"라고 하셨습니다. 이 말씀은 지상 교회와 신자에게 주신 위대한 명령이요 사명입니다. 이 사명은 모든 교회와 믿는 자의 특권인 동시에 의무이기도 한 것입니다. 이 사명이 바로 이 땅의 교회들의 존재 이유입니다. 이 사명을 이루기 위해 지상 교회는 전투적 교회가 되어야 합니다. 한 영혼이라도 구원하기를 원하시는 주님의 마음을 품고 이 세상을 향해 '복음 전파'의 사명을 감당해야 하는 것입니다.

> 또 이르시되 너희는 온 천하에 다니며 만민에게 복음을 전파하라 믿고 침례를 받는 사람은 구원을 얻을 것이요 믿지 않는 사람은 정죄를 받으리라(막 16:15-16)

> 선생님 율법 중에서 어느 계명이 크니이까 예수께서 이르시되 네 마음을 다하고 목숨을 다하고 뜻을 다하여 주 너의 하나님을 사랑하라 하셨으니 이것이 크고 첫째 되는 계명이요 둘째도 그와 같으니 네 이웃을 네 자신같이 사랑하라 하셨으니 이 두 계명이 온 율법과 선지자의 강령이니라(마 22:36-40)

부흥은 단지 교회당의 크기나 숫자를 의미하지 않습니다. 교회의 부흥은 진정한 의미에서 이 땅에 하나님의 나라가 임하는 부흥의 역사입니다.

교회에 주신 '위대한 사명'과 함께 '위대한 계명'은 무엇입니까?(마 22:36-40)

9 만민구원

11. 만민에게 복음이 전파되고 구원받는 것이 하나님의 뜻입니다.

예수님께서는 "이 천국 복음이 모든 민족에게 증언되기 위하여 온 세상에 전파되리니 그제야 끝이 오리라"(마 24:14)고 하셨습니다.

만민에게 복음이 전파되는 것은 종말과도 연관이 있습니다. 예수님이 이 땅에 재림하셔서 하나님의 나라를 이루시는 요건도 되기 때문입니다. 그러므로 이 땅의 교회와 성도들은 복음 전파를 통해 만민 구원을 이루는 사명으로 살아야 합니다. 예수님은 "오직 성령이 너희에게 임하시면 너희가 권능을 받고 예루살렘과 온 유대와 사마리아와 땅 끝까지 이르러 내 증인이 되리라"(행 1:8)고 하셨습니다. '복음 전파, 만민 구원'은 우리 교회와 성도들에게 주신 사명일 뿐 아니라 특권이기도 합니다. 우리가 영원히 살아가야 할 '하나님의 나라'를 세우는 일에 동참하는 것입니다.

복음은 무엇이고, 구원은 무엇이라고 생각하십니까?

10 영원천국

12. 구원의 결국은 영원 천국입니다.

성경의 마지막 책인 요한계시록에 보면 "또 내가 새 하늘과 새 땅을 보니 처음 하늘과 처음 땅이 없어졌고 바다도 다시 있지 않더라"(계 21:1)고 기록하고 있습니다. 이 천국은 하나님께서 하나님의 백성들을 위하여 만세 전에 예비해 놓으신 곳인 것입니다. 그곳은 하나님이 통치하시는 '하나님의 나라'입니다. 계시록 21장 2절에 보면, 사도 요한은 하늘로부터 내려오는 새 예루살렘의 정경을 마치 '신부가 남편을 위하여 단장한 것 같다'고 했습니다. 이것은 최상의 것에 대한 표현입니다.

사도 요한이 본 천국은 얼마나 아름다운지, 거기에는 하나님의 영광이 있고 그 성의 빛이 지극히 귀한 보석 같다고 했습니다. 그 성의 동서남북에 각각 3개씩 모두 12개의 문이 있는데, 문에는 열두 사도의 이름이 새겨져 있고, 성곽의 기초석은 모두 보석으로 장식되어 있고, 모든 길들이 정금으로 단장되어 있고, 수정같이 맑은 생명수의 강이 흐르고, 좌우에 길게 늘어선 생명나무에서는 사시사철 생명과일이 열린다고 했습니다. 하나님의 영광의 빛이 얼마나 찬란한지, 해와 달이 필요 없고 밤도 없다고 했습니다. 한마디로 우리가 사는 3차원의 세상과 다른 곳이라는 말입니다. 왕이신 주님이 직접 통치하시기 때문입니다. 그래서 그 나라는 눈물도 고통도 사망도 애통하는 것이나 아픈 것이 다시는 없는 나라인 것입니다(계 21:4).

> 또 내가 새 하늘과 새 땅을 보니 처음 하늘과 처음 땅이 없어졌고 바다도 다시 있지 않더라 또 내가 보매 거룩한 성 새 예루살렘이 하나님께로부터 하늘에서 내려오니 그 준비한 것이 신부가 남편을 위하여 단장한 것 같더라 내가 들으니 보좌에서 큰 음성이 나서 이르되 보라 하나님의 장막이 사람들과 함께 있으매 하나님이 그들과 함께 계시리니 그들은 하나님의 백성이 되고 하나님은 친히 그들과 함께 계셔서 모든 눈물을 그 눈에서 닦아 주시니 다시는 사망이 없고 애통하는 것이나 곡하는 것이나 아픈 것이 다시 있지 아니하리니 처음 것들이 다 지나갔음이러라(계 21:1-4)

천국은 어떤 곳이라고 생각하십니까?

성경

13. 성경은 하나님의 말씀입니다.

"모든 성경은 하나님의 감동으로 된 것으로 교훈과 책망과 바르게 함과 의로 교육하기에 유익하니"(딤후 3:16)라고 말씀하고 있습니다. 성경은 영감(inspiration)을 통해 인간 저자들을 사용하셔서 하나님이 쓰신 것입니다. 이것을 '계시'(revelation)라고 합니다. 계시란 '아포칼립스'라는 단어로 '감춰진 것을 드러내다', '베일을 벗기다'라는 뜻을 가지고 있습니다. 인간이 하나님의 차원을 알 수 없기 때문입니다.

> 모든 성경은 하나님의 감동으로 된 것으로 교훈과 책망과 바르게 함과 의로 교육하기에 유익하니(딤후 3:16)

이 계시는 점진적으로, 그리고 점점 확실하게 인류 역사를 통해 나타났습니다. 그래서 성경은 성령의 조명하심 가운데 해석해야 하고, 성경이 말해 주는 데까지만 가야 하고, 성경이 멈추는 데서 멈추어야 합니다. 성경은 수많은 성경 말살 시도에도 불구하고 기적적인 보존성, 고고학적인 역사성과 예언성, 그리고 완전한 통일성을 가지고 보전되어 왔습니다.

구약성경은 주로 양피지에 기록되어 세심한 관심과 노력을 기울인 마소라 학자들에 의해 보존되어 왔고, 1947년 사해 사본(주전 2~3세기)이 발견되어 성경의 정확성이 입증되는 계기가 되기도 했습니다. 지금의 구약성경은 주후 90년 얌니아 랍비 회의에서, 그리고 신약성경은 주후 397년 카르타고 공회에서 확정되었습니다.

'모든 성경은 하나님의 감동으로 되었다'는 말은 무슨 뜻일까요?

길안내 성경을 역사적 흐름을 따라 시간별로 정리하기만 해도 성경의 길이 열립니다. 성경은 구약 39권, 신약 27권으로 전체 66권입니다. 그런데 성경은 역사적인 시간 순서로 배열되어 있지 않습니다. 구약성경을 보면 처음 17권은 '역사서', 그다음 5권은 '시가서', 그리고 그다음 17권은 '선지서'로 장르별로 나열되어 있습니다. 그러기에 시간적인 흐름으로 성경을 이해하려면 '역사서'를 중심으로 읽어가야 합니다(도표 참조). 역사서는 창세기부터 에스더까지로, 큰 제목으로 정리해 보면 다음과 같습니다.

*창조타락(창조시대) = 창세기 1-11장 - 인류의 기원과 타락(네 가지 사건)

*은혜소명(족장시대) = 창세기 12-50장 - 이스라엘 민족의 탄생(네 족장)

*신정국가(광야시대) = 출애굽기, 레위기, 민수기, 신명기 - 민족, 법, 훈련

(사사시대) = 여호수아, 사사기, 룻기 - 땅, 신정통치

*왕정통치(왕정시대) = 사무엘상·하, 열왕기상·하, 역대상·하 - 통일/분열왕국

*포로귀환(포로시대) = 에스라, 느헤미야, 에스더 - 포로생활과 귀환

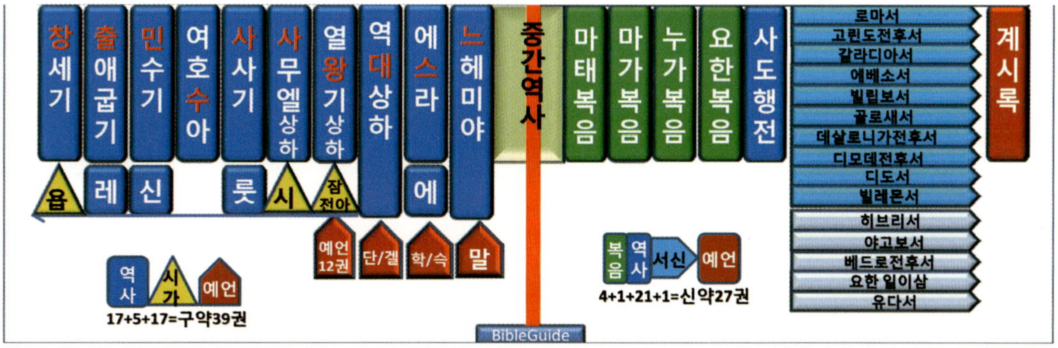

14. 성경의 시간적 흐름만 알아도 성경의 길이 열립니다.

성경을 역사서를 중심으로 정리한 다음, 이제 역사 안에서의 체험을 기록한 시가서 5권과 선지서 17권을 끼워 넣으면 됩니다. 물론 역사서 안에는 시간이 겹치거나 성격이 다른 내용으로 시간의 흐름으로 이해하지 않아도 되는 책들도 있습니다. 레위기는 출애굽 후 하나님께서 시내 산에서 제사 제도에 대한 내용을 주신 것으로, 시간적으로는 출애굽기 24장에서 민수기 10장까지에 해당한다고 볼 수 있습니다. 신명기 또한 가나안을 앞에 두고 시간적으로는 민수기 28장에 해당합니다. 그러니까 레위기와 신명기는 이스라엘 백성들이 광야에서 머물러 있는 상태라고 볼 수 있습니다. 이렇게 룻기는 사사기와 겹치고, 역대상은 사무엘하와, 역대하는 열왕기상·하와 겹치는 부분이 있고, 에스더는 에스라와 겹칩니다. 겹쳐지는 부분은 빼고 역사서의 첫 자를 따서 외우면 '창, 출, 민, 수, 삿, 삼, 왕, 대, 스, 느'가 됩니다.

그리고 여기에 시가서와 선지서를 시간별로 끼워 넣으면 됩니다. 욥기는 전통적으로 성막이나 율법에 대한 언급이 없으므로 아브라함 시대로 봅니다. 그래서 창세기 밑에 들어갑니다. 시편은 거의 절반인 150편 중 73편을 다윗이 기록하였기에 그 배경을 사무엘상·하에 해당하는 것으로 봅니다. 또 아가서, 잠언, 전도서는 솔로몬 왕이 기록한 것으로 열왕기상·하에 해당하는 것으로 간주합니다. 선지서는 대부분의 선지자들이 왕들과 연관이 되어 사역을 했기에 17권 중 12권이 열왕기상·하에 해당합니다.

바벨론 포로 시대의 선지서인 에스겔서, 다니엘서는 역대상·하 밑에, 포로 시대 이후에 기록한 학개서, 스가랴서는 에스라서 밑에, 그리고 말라기서는 느헤미야서 밑에 놓으면 구약성경 39권이 시간별로 정리됩니다. 이렇게 성경을 역사의 시간 흐름 안에서 읽으면 성경에 새로운 길이 열립니다.

구약성경의 세 가지 목록에 들어 있는 책 이름을 적어 보시기 바랍니다. 그리고 아래 표를 완성해 보시기 바랍니다.

• 역사서(17권) :

• 시가서(5권) :

• 선지서(17권) :

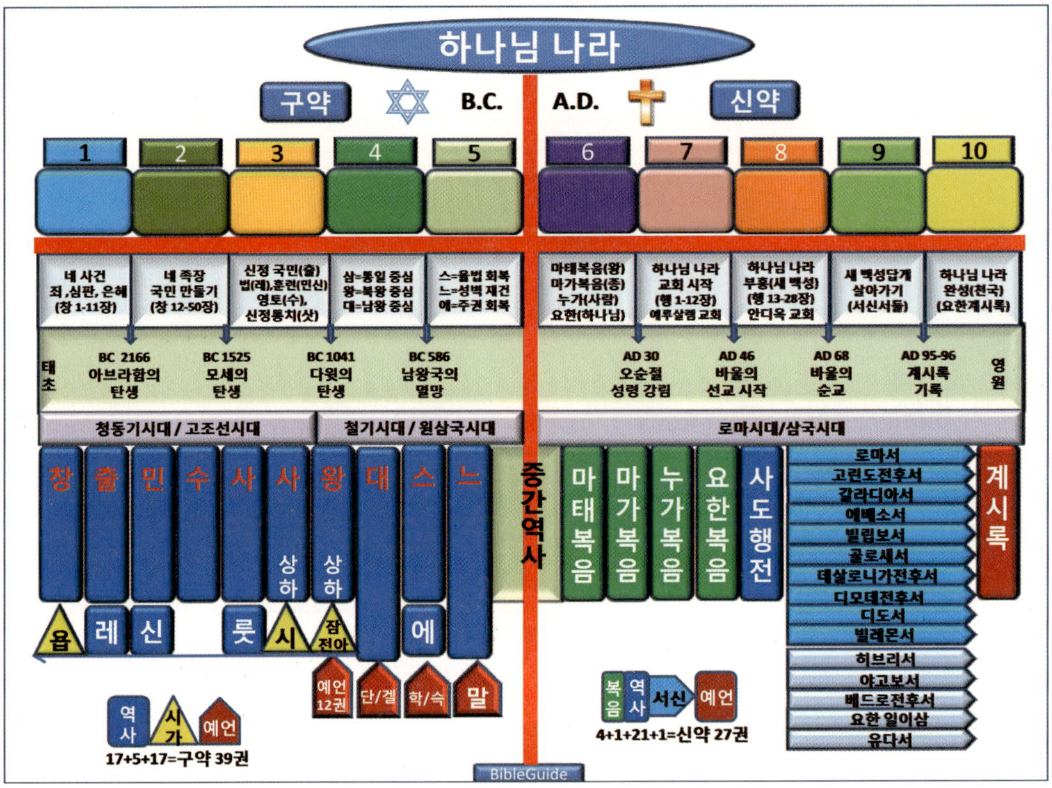
하나님 나라
구약
B.C.
A.D.
신약
1
2
3
4
5
6
7
8
9
10
네 사건 죄, 심판, 은혜 (창 1-11장)
네 족장 국민 만들기 (창 12-50장)
신정 국민(출) 법(레), 훈련(민신) 영토(수), 신정통치(삿)
삼=통일 중심 왕=북왕 중심 대=남왕 중심
스=율법 회복 느=성벽 재건 에=주권 회복
마태복음(왕) 마가복음(종) 누가(사람) 요한(하나님)
하나님 나라 교회 시작 (행 1-12장) 예루살렘 교회
하나님 나라 부흥(새 백성) (행 13-28장) 안디옥 교회
새 백성답게 살아가기 (서신서들)
하나님 나라 완성(천국) (요한계시록)
태초
BC 2166 아브라함의 탄생
BC 1525 모세의 탄생
BC 1041 다윗의 탄생
BC 586 남왕국의 멸망
AD 30 오순절 성령 강림
AD 46 바울의 선교 시작
AD 68 바울의 순교
AD 95-96 계시록 기록
영원
청동기시대 / 고조선시대
철기시대 / 원삼국시대
로마시대/삼국시대
창
출
민
수
사
사 상 하
왕 상 하
대
스
느
중간역사
마태복음
마가복음
누가복음
요한복음
사도행전
로마서
고린도전후서
갈라디아서
에베소서
빌립보서
골로새서
데살로니가전후서
디모데전후서
디도서
빌레몬서
히브리서
야고보서
베드로전후서
요한 일이삼
유다서
계시록
욥
레
신
룻
시
잠 전아
에
예언 12권
단/겔
학/슥
말
역사
시가
예언
17+5+17=구약 39권
복음
역사
서신
예언
4+1+21+1=신약 27권
BibleGuide

제2과

한눈에 보는 구약성경

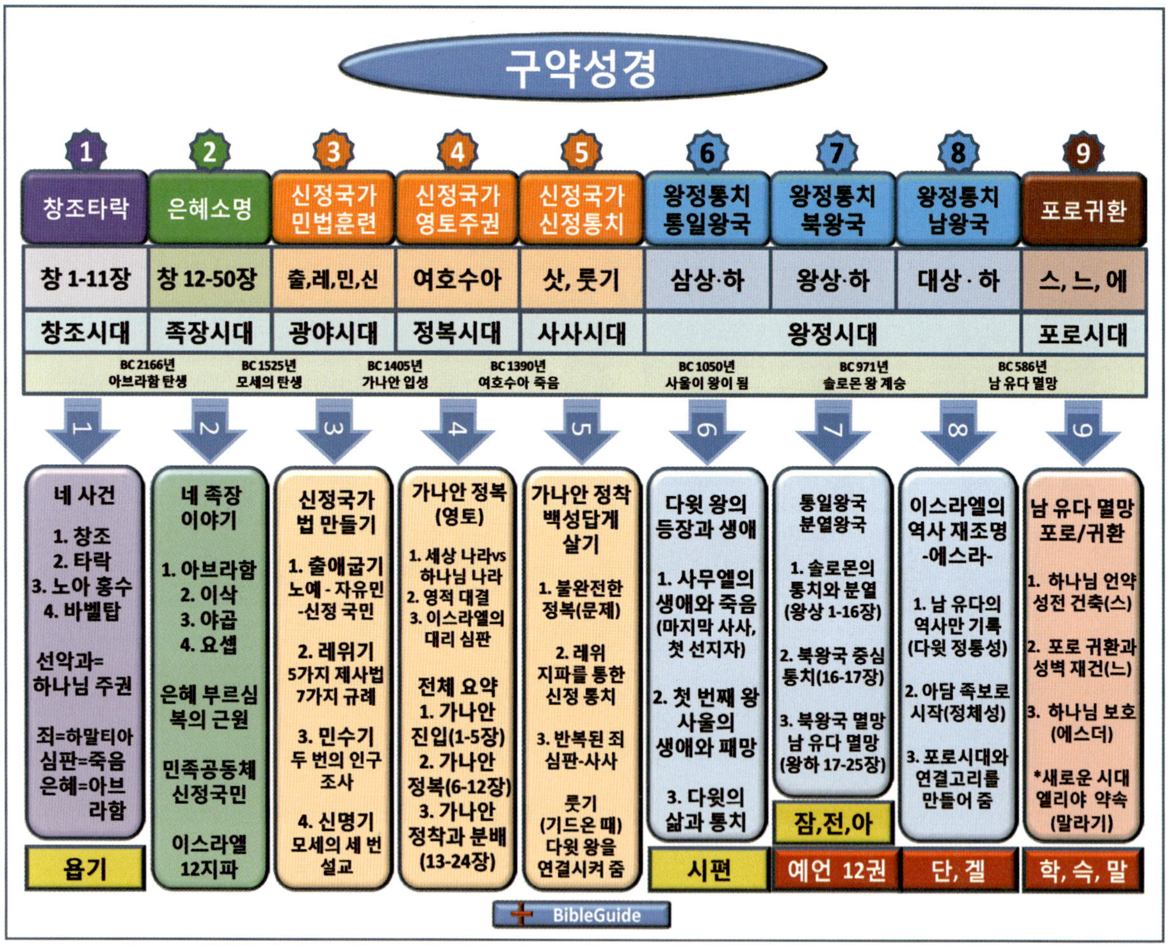

모든 성경의 저자는 성령님이십니다. 우리가 성경을 깊이 이해하려면, 성경을 하나님의 말씀으로 믿고, 성경의 원저자이신 성령님의 조명해 주심으로 읽어야 합니다. 그렇다고 성경을 연구하고 공부하는 자세를 배제하라는 말이 아닙니다. 《어? 성경이 읽어지네!》의 저자 이애실 사모는 "하나님은 사람이 살고 있는 삶의 현장, 즉 '역사' 속에서 그 뜻을 계시하셨습니다. 그래서 성경에서 일어난 사건은 당시의 '역사적 정황'을 모르면 일차적으로 스토리 전개가 안 됩니다. '역사'라는 개념은 연속성이 있기 때문에 어느 한곳에서 아차 하고 놓치면 끊어집니다. 그러면 그 속에 담긴 하나님의 뜻은 더더욱 깨달을 수 없다는 것입니다. 그 당시 역사적 상황뿐만 아니라 그 일이 일어난 장소, 즉 '지리적 상황' 역시 성경을 읽어 내려갈 때 알고 있어야 이해가 됩니다. 또한 그 당시의 '문화적 상황'을 모르고는 해석하기 어려운 말씀도 많이 있습니다"라고 적고 있습니다.

성경의 모든 예언은……언제든지 사람의 뜻으로 낸 것이 아니요 오직 성령의 감동하심을 받은 사람들이 하나님께 받아 말한 것임이라(벧후 1:20-21)

또 어려서부터 성경을 알았나니 성경은 능히 너로 하여금 그리스도 예수 안에 있는 믿음으로 말미암아 구원에 이르는 지혜가 있게 하느니라(딤후 3:15)

모든 성경은 하나님의 감동으로 된 것으로 교훈과 책망과 바르게 함과 의로 교육하기에 유익하니 이는 하나님의 사람으로 온전하게 하며 모든 선한 일을 행할 능력을 갖추게 하려 함이라(딤후 3:16-17)

그렇습니다. 우리가 성경 안에 들어 있는 심오한 하나님의 뜻을 이해하고 찾기 위해서 성령의 조명하심 아래서 성경을 역사적·지리적·문화적으로 깊이 연구하고 공부해야 합니다. 그러나 그 무엇보다 중요한 것은, 성경을 연구하고 분석하기에 앞서 먼저 '하나님의 마음'을 알기 원하는 마음으로 성경을 읽어야 한다는 것입니다. 성경은 세상의 원리나 법칙을 이해하는 책이 아니라 우리로 하여금 하나님을 알고 경험할 수 있도록 믿음을 주는 책이기 때문입니다.

성경은 우리 인류를 향한 하나님의 러브레터와 같습니다. 사랑의 편지를 읽을 때 그 편지의 문학적 형식이 무엇이고, 문법적으로 맞는 편지인지, 과학적인 근거는 있는지를 따지며 읽는 사람은 없을 것입니다. 중요한 것은 편지를 쓴 사람의 마음이기 때문입니다. 그러므로 우리는 성경을 읽을 때 '하나님의 마음이 어디에 있는가?'를 깊이 묵상하면서 읽어야 합니다. 그래야 하나님을 만나고 깊이 경험할 수 있습니다.

길안내 성경은 성령의 감동으로 기록된 하나님의 말씀입니다. 성경은 본래 약 40여 명의 기자들이 1,500년의 세월을 통하여 기록한 책입니다. 성경이 쓰인 장소와 환경도 아시아, 아프리카, 유럽 각지 등으로 다양합니다. 이 책을 기록한 사람들은 왕으로부터 선지자, 목자, 군인, 의사, 어부 등 그 하는 일도 다양했습니다. 이들은 서로 의논한 일도 없습니다.

그런데 각각 다른 저자들이 다른 장소에서 썼는데 하나의 교리, 하나의 구원 계획, 하나의 윤리, 하나의 신앙 법칙을 담고 있는 한 권의 책으로서 통일성을 이루고 있습니다. 참으로 놀라운 사실입니다. 분명한 것은 40명이 기록했지만 저자는 성령님 한 분이셨다는 것입니다. 그러지 않고서는 이렇게 통일성을 이룰 수가 없습니다.

성령님께서 40명의 저자들을 감화 감동시켜 예수 그리스도를 그 중심에 놓고 성경을 기록하게 하셨습니다. 그러니까 성령님의 인도를 받아 각 필사자들이 성경을 기록했다고 할 수 있습니다.

성경은 단순한 기록물이나 소설, 위인전기가 아닙니다. 성령의 감동하심을 입은 사람들이 기록한, 정확무오한 하나님의 말씀입니다. 그러기에 오늘도 믿음으로, 깨끗한 자세로 이 성경을 읽고 탐구하는 자들은 성령님의 감화 감동을 받게 됩니다. 그래서 이 땅에 말씀으로 오신 예수님을 만나고 살아 계신 하나님을 알게 됩니다.

구약의 세계

1. 구약의 배경이 되는 지리만 알아도 성경의 길이 보입니다.

우리가 알고 있는 최초의 인류 문명 발상지로는 나일 강 유역의 이집트 문명과 인더스 강 유역의 인도 문명, 황하 유역의 중국 문명, 그리고 구약의 배경이 되는 티그리스 강과 유프라테스 강 유역의 메소포타미아 문명이 있습니다. 이들 고대 문명은 B.C. 3,000~4,000년경 큰 강이 있는 지대에서 발달했습니다. 강은 교통의 수단이 되기도 했고, 강물이 강 유역의 평야를 비옥하게 하여 정착 농업을 발달하게 하였으며, 음료수가 풍부하여 도시의 발달을 촉진하였습니다.

구약의 배경이 되는 곳은 '메소포타미아 문명'에서 '이집트 문명'으로 연결되는 '비옥한 초승달' 지역입니다. 특별히 티그리스 강과 유프라테스 강 사이의 하단 부분은 바벨 탑이 세워진 시날 평야와 아브라함의 고향인 갈대아 우르가 있고, 이곳에서 일어난 바벨론 제국이 앗수르와 남 유다를 멸망시키게 됩니다. 이제 다음의 지도를 보면서 지명을 써 넣으시기 바

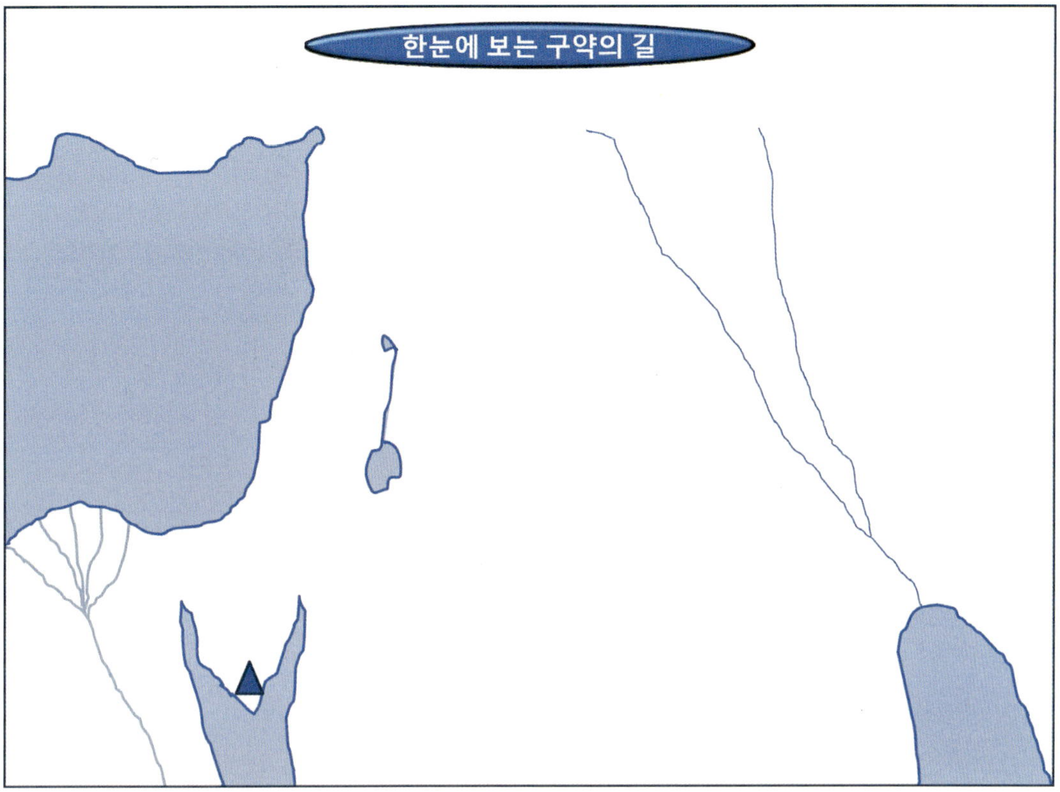

랍니다.

길안내 지도를 그리는데 재미있게 그리려면 이렇게 상상해 보시기 바랍니다. 우리는 지금 악어를 잡으러 출발합니다. 1) 악어를 잡기 위해 네모나고 넓적한 고기를 삼지창에 찍어서 악어를 유인합니다. 2) 입 벌린 악어가 물속에서 나오자 3) 이제는 닭다리로 유인합니다. 그때, 4) 오른쪽에 미리 밧줄을 준비해 두었는데, 그것을 가지고 잡습니다. 악어는 힘이 세기 때문에 줄은 둘로 나누어 잡습니다.

*아래에 설명하고 있는 지명을 위의 지도 안에 써 넣으십시오.

① 지중해(Mediterranean Sea): 지중해는 바다가 땅으로 둘러싸여 있다는 의미입니다. 성경에는 대해(Great Sea)라는 이름으로 나오고 있습니다.

② **홍해:** 모세와 이스라엘 백성들이 출애굽할 때, 기적적으로 홍해가 갈라져서 육지처럼 건너게 된, 하나님의 역사가 나타난 곳입니다.

③ **페르시아만:** 티그리스와 유프라테스 강이 합류하는 지점으로 현재 쿠웨이트와 이란이 있는 곳입니다. 또한 페르시아는 바벨론을 멸망시킨 제국입니다.

④ **티그리스 강과 유프라테스 강:** 앗수르 상위 지역에서 발원한 강이 티그리스 강이고, 그것보다 아래쪽에서 발원해서 흐르는 강이 유프라테스 강입니다.

⑤ **메소포타미아와 바벨론:** 메소포타미아 지역은 유프라테스 강과 티그리스 강 사이에 위치한 땅으로, 이곳을 비옥한 초승달 지역이라고 부릅니다. 특히 이 지역은 일찍부터 문명이 발달했으며, 바벨 탑이 세워진 곳(시날 평지)이고, 또한 아브라함이 살았던 곳(갈대아 우르)이기도 합니다. 그리고 바벨론은 티그리스와 유프라테스 강 사이에 세워진 제국으로 앗수르와 유다를 멸망시킨 대제국입니다.

⑥ **앗수르:** 티그리스와 유프라테스 강의 상류에 위치한 곳으로 북이스라엘을 멸망시킨 당시 강대국입니다.

⑦ **가나안**(이스라엘/팔레스타인)**:** 지중해와 갈릴리, 그리고 요단 강과 사해 지역을 통틀어 가나안이라 합니다. 가나안은 여호수아 시대에 가나안 원주민이 먼저 거주했던 지역이기도 하며, 이스라엘이 하나님께 약속으로 받은 땅입니다. 가나안의 명칭이 신약시대에 와서 로마 황제로 인해 팔레스타인, 즉 블레셋의 땅이라는 이름으로 불리기 시작했습니다.

⑧ **갈릴리 호수:** 이 호수는 유대인에게 바다로 생각된 곳입니다. 갈릴리 호수의 길이는 좁은 곳이 약 11km, 넓은 곳이 약 23km 정도로, 하프 모양과 비슷한 담수호 즉 민물이 고여 만들어진 호수입니다. 갈릴리 호수는 네 가지 이름으로 소개됩니다(갈릴리, 게네사렛, 긴네렛, 디베랴).

⑨ **요단 강:** 헬몬 산에서 눈이 녹아서 흘러 작은 강을 이루며 사해로 내려가는 것이 요단 강입니다. 요단 강은 갈릴리 호수에서 일차적으로 물이 모이고 강줄기를 따라서 사해까지 흐르게 됩니다.

⑩ **사해:** 해저 399km에 위치한 호수이기 때문에 모든 물이 들어오면 나갈 곳이 전혀 없어 물이 고이게 됩니다. 계속 물이 고이는 동시에 증발도 빠르기 때문에 중금속 광물질 생성이 잘되고 생물이 살기 힘든 환경입니다. 또한 성경에선 사해라는 이름이 아닌 '염해'(창 14:3),

'아라바의 바다'(신 3:17), '동해'(욜 2:20; 겔 47:18) 등으로 불리고 있습니다.

⑪ **애굽**(이집트): 출애굽 사건과 모세 사역의 현장이며, 고대 문명의 중심지이고 파라오가 다스린 곳입니다. 특히 애굽의 젖줄인 나일 강은 삼지창 같은 모양으로 비옥한 삼각주 평야를 이루어서 지중해로 물줄기가 흘러갑니다. 그렇기 때문에 나일 강 자체는 애굽의 부의 상징이 되었고, 그들을 교만케 하는 자랑이 되었습니다.

한눈에 보는 구약성경

2. 구약은 크게 다섯 가지 제목으로 1) 창조타락 2) 은혜소명 3) 신정국가 4) 왕정통치 5) 포로귀환으로 나뉩니다.

여기 신정국가와 왕정통치를 각 3개로 나누어 9개 제목으로 나눌 수 있고, 시가예언서, 그리고 전체성경과 구약성경을 더하여 모두 12과목이 됩니다.

하나님은 태초에 인간을 창조하시고 낙원(에덴=파라다이스)을 창설하신 후 인간을 낙원에 살게 하셨습니다. 그러나 인간은 하나님을 거부하고 타락하여 스스로 죄의 길, 사망의 길로 걸어가고 말았습니다. 하나님의 은혜와 사랑은 홍수 가운데 노아를 택하셨듯이 아브라함을 부르시고 '모든 민족이 그로 말미암아 복을 받게 하시는 구원 계획'을 마련하셨던 것입니다. 아브라함을 택하여 '민족 공동체'를 만드시고 하나님이 통치하시는 '신정국가'를 만들기를 원하셨습니다. 그리고 궁극적인 하나님의 계획은 예수 그리스도를 통한 '교회 공동체, 구원 공동체'를 만드시는 것이었습니다. 이 과정이 구약에 흐르는 큰 길입니다.

구약의 큰 제목 옆에 ① 성경 범위와 ② 시대별 이름을 써넣으시기 바랍니다.

1) 창조타락/낙원상실

① ______________________ ② ______________________

2) 은혜소명/신정국민

① ______________________ ② ______________________

3) 신정국가 1/민법훈련

① ______________________ ② ______________________

4) 신정국가 2/영토주권

① ______________________ ② ______________________

5) 신정국가 3/신정통치

① ______________________ ② ______________________

6) 왕정통치 1/통일왕국

① ______________________ ② ______________________

7) 왕정통치 2/북왕국

① ______________________ ② ______________________

8) 왕정통치 3/남왕국

① ______________________ ② ______________________

9) 포로귀환/대리통치

① ______________________ ② ______________________

*다음의 지도를 보면서 빈 칸에 성경 이름을 써 넣으시기 바랍니다.

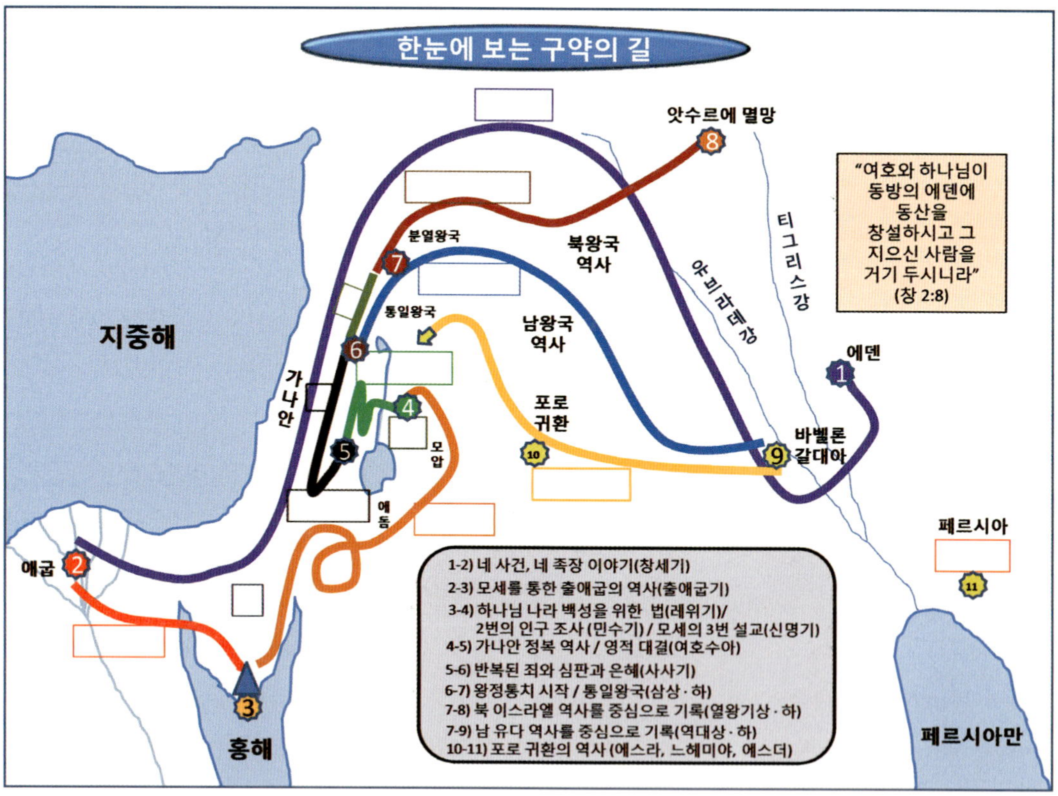

-《성경 파노라마》 참조-

1-2) 창세기는 크게 네 가지 사건(1-11장)과 네 족장 이야기(12-50장)로 나눌 수 있습니다.

우주 만물의 창조와 함께 에덴 동산에서 시작하여 갈대아 우르와 가나안과 애굽에 이르기까지의 네 족장 이야기를 담고 있습니다. 아브라함과 이삭과 야곱과 요셉, 이 네 족장을 통하여 구체적으로 430년 만에 나타난 것은 '민족 공동체'인 이스라엘이었습니다.

이 이스라엘 공동체를 통하여 하나님께서는 무엇을 이루기 원하셨다고 생각하십니까?

2-3) 출애굽기는 모세를 통한 이스라엘 민족의 출애굽의 역사를 다루고 있습니다.

애굽으로 내려간 아브라함의 자손은 하나님의 약속대로 큰 민족을 이루어 모세의 인도로 출애굽하게 됩니다. 노예로 살던 민족이 출애굽을 통하여 자유민이 되고, 신정국민이 된 것입니다. 특별히 출애굽기 19장 6절에 보면, "너희가 내게 대하여 제사장 나라가 되며 거룩한 백성이 되리라"고 말씀하셨습니다.

여기 '제사장 나라가 된다'는 것은 무슨 뜻일까요?

3-4) 레위기에서는 하나님의 백성들에게 필요한 제사 제도를 주시고, 민수기에서는 시내 산을 출발하기 전과 가나안 입구에서의 두 번에 걸쳐 가나안에 들어가야 할 백성들이 인구를 조사하고 있습니다. 시내 산에서 출발한 이스라엘 공동체는 가나안 입구인 모압 평지까지 약 40년 간 광야를 지나며 수많은 전쟁을 치렀습니다. 그리고 드디어 가나안 입구에 도착한 이스라엘 백성들에게, 모세가 세 번의 설교를 통해 교훈하고 있는 것이 신명기의 내용입니다.

왜 하나님께서는 이스라엘 백성들을 광야에서 40년간 지내게 하셨을까요? 그 목적이 무엇인지 신명기 8장 2-3절을 통해 말씀해 보시기 바랍니다.

4-5) 여호수아서는 가나안 정복의 역사입니다.

갈대아 우르에서 아브라함을 부르면서 약속하셨던 하나님의 약속은 출애굽을 통하여 이루어졌습니다. 그리고 모세를 통하여 출애굽을 이루신 하나님께서는 이제 여호수아를 통하여 아브라함에게 약속하셨던 약속의 땅을 차지하게 하십니다. 창세기 15장 13-18절을 보면, "여호와께서 아브람에게 이르시되 너는 반드시 알라 네 자손이 이방에서 객이 되어 그들을 섬기겠고 그들은 사백 년 동안 네 자손을 괴롭히리니 그들이 섬기는 나라를 내가 징벌할지며 그 후에 네 자손이 큰 재물을 이끌고 나오리라 너는 장수하다가 평안히 조상에게로 돌아가 장사될 것이요 네 자손은 사대 만에 이 땅으로 돌아오리니 이는 아모리 족속의 죄악이 아직 가득 차지 아니함이니라"라고 하셨습니다.

왜 하나님은 4대 만에 약속의 땅으로 돌아오리라고 하셨습니까?

5-6) 사사기에는 죄와 심판과 간구와 회복이 일곱 번 반복되어 나타나고 있습니다.

하나님은 필요할 때마다 사사들을 일으켜 이스라엘을 구원해 주셨습니다. 그러나 결국 이스라엘 백성들은 다른 나라들처럼 '인간 왕'을 요구하게 됩니다. 사사시대에 있었던 룻기는 다윗 왕의 족보를 알려 주는 책이라고 할 수 있습니다.

사람들이 왕을 요구할 때 하나님께서 사무엘에게 무엇이라고 말씀하셨습니까?(삼상 8:7)

6-7) 사무엘은 마지막 사사이자 선지자로, 그가 사울을 이스라엘의 첫 번째 왕으로 기름 부어 세움으로 왕정통치가 시작됩니다.

이어서 다윗 왕과 솔로몬 왕까지 처음 3대 왕까지는 통일왕국을 이루어 치리하게 됩니다.

통일왕국 시대는 몇 년간 계속되었습니까?

7-8) 열왕기에서는 통일왕국이 어떻게 분열하여 북 이스라엘과 남 유다로 나누어지는지를 보여주고 있습니다.

그리고 북왕국 이스라엘을 중심으로 역사를 기록하고 있습니다.

북왕국 이스라엘을 멸망시킨 제국은 어디입니까?

7-9) 역대기는 바벨론 포로 이후 이스라엘 역사를 재조명하고 있습니다.

역대기의 저자 에스라는 바벨론 포로기 이후 차세대로서, 이스라엘의 전반적인 역사를 재조명하고 여호와 신앙의 뿌리를 찾기 위해서 역대기를 기록하고 있습니다. 특별히 다윗의 정통성을 따라 남 유다 왕국의 역사만 기록하고 있고, 이스라엘의 정체성을 찾아 아담의 족보로부터 시작하고 있습니다. 이스라엘 백성들이 70년 동안 포로로 잡혀가게 된 것을 "이에 토지가 황폐하여 땅이 안식년을 누림같이 안식하여 칠십 년을 지냈으니 여호와께서 예레미야의 입으로 하신 말씀이 이루어졌더라"(대하 36:21)라고 했습니다.

왜 포로생활 70년을 땅의 안식년에 비유하고 있을까요?

10-11) 에스라서는 포로 귀환 이후 성전 건축의 역사를 보여주고 있고, 느헤미야서는 성벽 재건의 역사를, 에스더서는 세상 어느 곳이든 당신의 백성을 사랑하시고 보호하시는 하나님의 역사를 보여주고 있습니다.

역대하 마지막 장 22절과 에스라서 1장 1절을 보면 똑같이 "바사 왕 고레스 원년에 여호와께서 예레미야의 입을 통하여 하신 말씀을 이루게 하시려고……"라는 말씀이 나옵니다. 포로생활도 그렇지만 포로귀환도 하나님의 약속에 근거하고 있다는 것입니다. 에스라서는 바로 이러한 하나님의 언약이 신실하심을 보여주고 있습니다.

에스라, 느헤미야, 에스더는 각각 무엇을 하던 사람이었습니까?

제3과

한눈에 보는 창조타락

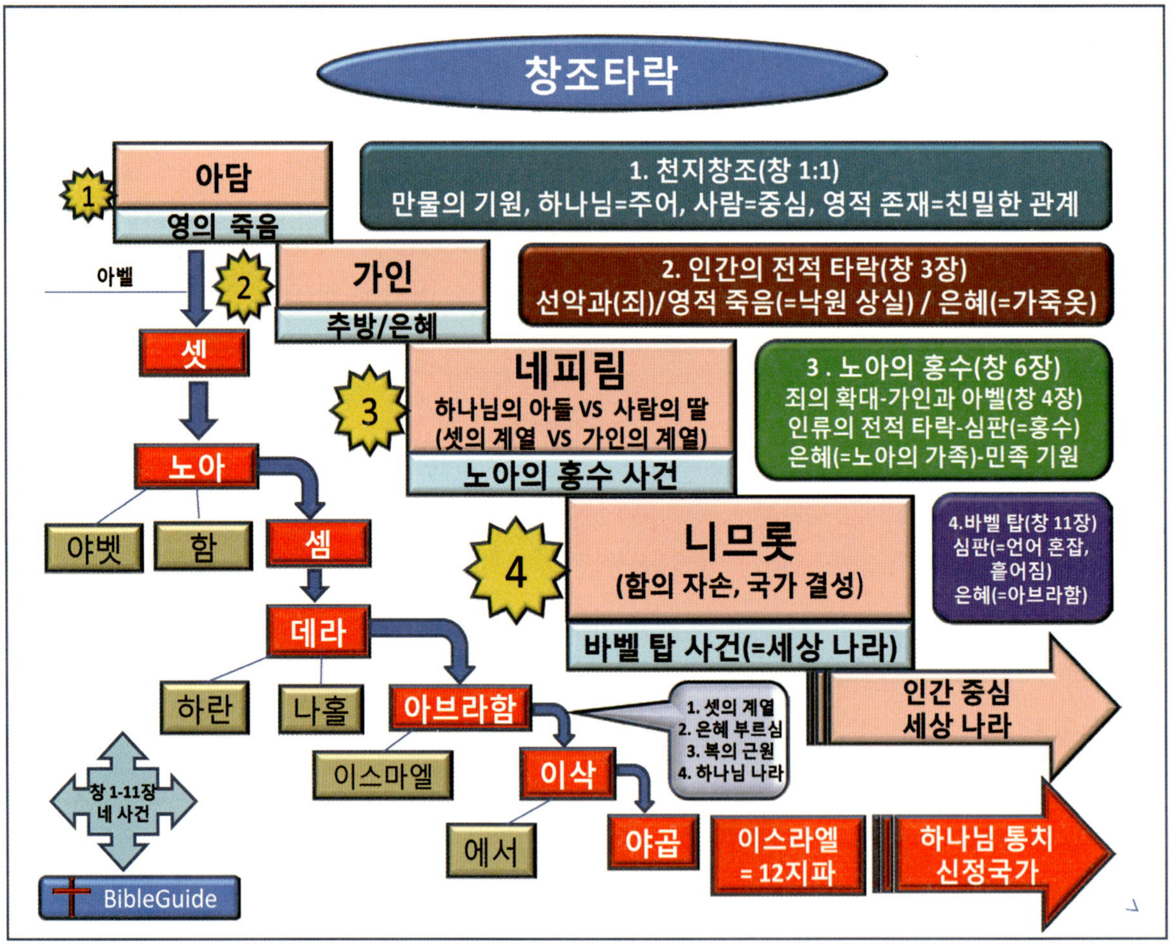

성경의 첫 번째 책인 창세기(Genesis)**는 '시작의 책' 입니다.** 창세기는 모든 것의 시작을 말씀해 주고 있습니다. 물질과 시간과 공간과 자연계의 기원을 말씀하고 있고, 인류와 죄와 죽음의 기원, 그리고 가정의 기원과 메시아 족보의 기원과 히브리 민족의 기원을 보여 주고 있습니다. 그러나 이 모든 것의 중심은 하나님이십니다. 성경의 주어는 하나님이십니다. "태초에 하나님이……"라고 말씀합니다.

> 태초에 하나님이 천지를 창조하시니라……하나님이 자기 형상 곧 하나님의 형상대로 사람을 창조하시되 남자와 여자를 창조하시고(창 1:1, 27)

그리고 성경의 중심은 사람입니다. 하나님은 사람을 통하여 일하시고, 사람을 통하여 인류 역사를 이끌어 가십니다. 하나님이 사람을 '하나님의 형상'으로 창조하신 이유 중 하나입니다. 사람은 '하나님과의 친밀한 관계'를 통해서 보이는 세계를 다스리고 번성하고 충만하도록 하셨습니다(창 1:28).

창세기 1-11장을 '성경의 처음 부분'이라고 부릅니다. 여기에는 크게 네 가지 사건, 즉 천지 창조와 인간 타락, 그리고 노아의 홍수와 바벨 탑 사건이 나옵니다. 그리고 죄-심판-은혜라는 패턴이 반복해서 나오고 있습니다. 아담과 하와가 범죄한 후 저주를 받았지만 가죽옷을 통해 부끄러움을 가려 주셨고, 가인에게도 살인 후에 은혜의 표를 주셨으며, 세상이 죄로 관영하여 홍수의 심판이 있을 때에도 노아의 가족을 은혜로 남겨 주셨습니다. 하나님은 노아의 가족을 통해 새로운 민족을 세우시지만 인간은 또다시 바벨 탑을 쌓아 '하나님 없는 나라'를 세우려 했습니다. 하나님 없이도 흩어짐을 면하고 하늘까지 그 세력을 닿게 하여 자기들의 이름을 내겠다는 것이었습니다. 이후 모든 세상 나라는 이 바벨의 연장선상에서 하나님을 대적하는 인간이 하나님이 되어 다스리는 '세상 나라'인 것입니다.

> 대저 여호와께서 이같이 말씀하시되 하늘을 창조하신 이 그는 하나님이시니 그가 땅을 지으시고 그것을 만드셨으며 그것을 견고하게 하시되 혼돈하게 창조하지 아니하시고 사람이 거주하게 그것을 지으셨으니 나는 여호와라 나 외에 다른 이가 없느니라(사 45:18)

이에 하나님은 바벨 제국을 흩으시고 은혜를 베풀어 주시는데 그 은혜가 바로 '아브라함'입니다. 그를 통해 믿음의 민족을 이루시고, 하나님이 통치하시는 '신정국가'를 만드시겠다는 것이었습니다.

천지창조

1. 창조론은 신화나 설화가 아니라 사실입니다.

오히려 과학적일 것 같은 진화론이 유물론에 근거를 둔, 하나의 철학에 불과한 것입니다. 하나님은 말씀으로 우주, 태양계, 지구, 식물, 동물을 차례로 '각 종류대로'(창 1:21) 창조하셨습니다. 하등 동물에서 고등 동물로 발전해 간다는 진화론은 허구입니다. 그리고 여섯째 날 드디어 하나님은 하나님의 형상을 닮은 인간을 창조하셨습니다.

그러나 여호와여, 이제 주는 우리 아버지시니이다 우리는 진흙이요 주는 토기장이시니 우리는 다 주의 손으로 지으신 것이니이다(사 64:8)

특별히 인간을 창조하실 때는 '생기'를 불어넣으셔서 '영적 존재'로 지으셨습니다. 영적인 존재라는 말은 하나님과 교통할 수 있는 존재요, 육적인 것으로만 만족할 수 없는 존재요, 인간 안에 신의식이 있다는 것입니다. 인간을 지으신 후에는 '심히 좋았더라'고 하시며 복을 주시고 '사명'을 주셨습니다. "하나님이 그들에게 복을 주시며 하나님이 그들에게 이르시되 생육하고 번성하여 땅에 충만하라, 땅을 정복하라, 바다의 물고기와 하늘의 새와 땅에 움직이는 모든 생물을 다스리라 하시니라"(창 1:28).

이로 볼 때 인류의 사명은 무엇이었습니까?

길안내

창조론과 진화론 중 무엇이 사실일까요?

창조론을 믿는 사람들은 창세기 1장에 근거하여 하나님이 온 우주와 인간을 창조하셨다고 믿는 것이요, 진화론을 주장하는 사람들은 수억 년을 거쳐 우연한 변화에 의하여 이루어졌다고 주장합니다. 어떤 관점을 가지고 있느냐에 따라 자신의 존재에 대한 본질적인 의미와 궁극적 운명에 관한 견해와 삶의 방향까지 달라질 수밖에 없습니다.

현대 생물진화론을 주장한 다윈은 그의 저서 《종의 기원》에서 "나는 유추를 통하여 모든 동물과 식물은 어떤 하나의 원형으로부터 왔다고 하는 신념에 이르게 되었다"고 했습니다. 이러한 진화의 개념은 사회과학과 인문과학에도 큰 영향력을 미쳐서, 마르크스는 생존경쟁의 개념을 계급 투쟁의 개념으로 적용하여 공산주의 이념을 확립하였고, 히틀러의 민족 우월사상도 진화론의 영향을 받았습니다. 물론 진화론은 과학이 아니라 하나의 유물론적 이론이요, 신념에 근거한 철학에 가깝습니다. 만약 진화가 사실이라면 수억 년 동안 이루어진 중간 계층의 화석이 쏟아져 나와야 하고, 오늘날에도 그 진화의 모습이 어디에선가 일어나고 있어야 합니다. 과학이 발달되면서 우주는 이전보다 훨씬 넓어지고 그 정교함에 놀라고 있습니다.

그뿐 아니라 오늘날 생명공학이 발달하면서 유전인자를 연구하는 학자들이 그 정교함과 질서정연함에 감탄하면서, 우연히 이루어졌다는 것은 전혀 납득하기 어렵다고 주장하고 있습니다. 영국의 우주물리학자인 프레드 호일(Fred Hoyle)은 《우주의 본질》이란 그의 책에서 다음과 같이 말하고 있습니다.

"진화론은 확률의 문제이다. 그런데 우주의 연령을 100억 년으로 하고도, 진화한 포유류의 세포핵에 들어 있는 2천 개의 유전자가 만들어지는 찬스를 생각하니 이 시간은 결코 충분하지 않다. 돌연변이로 지금의 유전자 정보와 같이 복잡하고 정연한 시스템이 되는 확률은 회오리바람이 티끌을 돌려 올렸더니 제트기가 생겼다고 하는 것과 같다."

세계적으로 유명한 고생물학자인 콜린 패터슨(Collin Patterson)도 진화론을 언급하면서, 지금까지 상식으로 알아 온 모든 이론은 단순한 억측에 불과했고, 그것을 지탱하는 중요한 증거는 무엇 하나도 없다고 그의 저서 《현재의 진화론》에서 언급하였습니다. 절대자의 창조 없이 이 온 우주와 인간의 존재는 절대로 존재할 수 없는 것입니다.

창조의 증거를 성경 밖에서 찾으려는 것 자체도 모순이라고 할 수 있습니다. 하나님이 말씀으로 모든 만물을 창조하셨음을 믿는 신앙 위에서 우리 신앙은 바로 서는 것이기 때문입니다.

히브리서 11장 3절은 기록하기를, "믿음으로 모든 세계가 하나님의 말씀으로 지어진 줄을 우리가 아나니 보이는 것은 나타난 것으로 말미암아 된 것이 아니니라"고 말씀하고 있습니다.

인간타락

2. 창조의 주인공인 인간은 타락했습니다.

성경의 처음 부분에서 궁금한 것은, 왜 하나님께서 에덴 동산 중앙에 '선악을 알게 하는 나무'를 두셨느냐는 것입니다. 선악과를 먹는 날에는 '반드시 죽으리라'는 명령과 함께 말입니다. 어떤 사람들은 '이 선악과 나무만 없었더라도 아담이 타락하지 않았을 것이요, 에덴에서 쫓겨나는 심판도 없었을 것'이라고 생각합니다.

여자가 그 나무를 본즉 먹음직도 하고 보암직도 하고 지혜롭게 할 만큼 탐스럽기도 한 나무인지라 여자가 그 열매를 따 먹고 자기와 함께 있는 남편에게도 주매 그도 먹은지라 이에 그들의 눈이 밝아져 자기들이 벗은 줄을 알고 무화과나무 잎을 엮어 치마로 삼았더라(창 3:6-7)

하나님이 선악을 알게 하는 나무를 만드신 이유는 적어도 두 가지가 있습니다. 첫째는 하나님의 주권입니다. 선악과 나무를 통해서 하나님은 '내가 창조주 하나님이요 주인이며 통치자'라고 나타내신 것입니다. 반면에 아담은 피조물이요 청지기요 통치 받는 자임을 알아야 했습니다. 그러나 아담이 선악과를 따 먹고 타락한 것은 '내가 내 인생의 주인이 되고, 왕이 되고, 하나님이 되겠다'는 것입니다. 사탄도 그들을 유혹할 때 "너희가 그것을 먹는 날에는 너희 눈이 밝아져 하나님과 같이 되어" 라고 말하고 있습니다. 결국 신앙의 싸움이란 '하나님을 내 인생의 주인이자 왕으로 모시고 살 것인가, 아니면 내가 스스로 주인이 되고 왕이 되어 살 것인가?' 하는 문제로 귀착되는 것입니다.

이 세상이나 세상에 있는 것들을 사랑하지 말라 누구든지 세상을 사랑하면 아버지의 사랑이 그 안에 있지 아니하니 이는 세상에 있는 모든 것이 육신의 정욕과 안목의 정욕과 이생의 자랑이니 다 아버지께로부터 온 것이 아니요 세상으로부터 온 것이라(요일 2:15-16)

둘째는 하나님과의 사랑의 관계입니다. 하나님은 사람을 로봇처럼 만드신 것이 아니라 자유의지를 가진 영적 존재로 만들어 주셨습니다. 그러나 선택의 여지가 없다면 자유의지는 자유의지가 될 수 없습니다. 또 선택의 여지가 없이 오직 한 길, 선한 길, 순종의 길, 사랑의 길을 간다 해도 그것은 진정한 순종이나 사랑이 될 수 없습니다. 사랑의 대상이 원하는 것과 원하지 않는 것을 판단하여 어느 것을 선택하느냐 하는 것은 사랑의 중요한 행위요, 대상이 원하는 바를 실천하는 것이 진정한 사랑입니다. 하나님은 우리 스스로의 선택에 의하여 하나님을 사랑하고 하나님을 진정한 삶의 주인이자 왕으로 모시고 살기를 원하셨습니다. 그만큼 하나님은 우리와의 진정한 사랑의 관계, 친밀한 관계를 원하셨기에 우리를 진정한 인격적인 존재로 창조하시고 동산 중앙에 선악과 나무를 생명나무와 함께 두신 것입니다.

물론 이것은 인간의 참 자유가 바로 창조주 하나님의 통치 아래 있을 때 가능한 것임을 알려 줍니다. 마치 기차가 철로 위를 달릴 때만이 자유로울 수 있는 것과 같습니다. 연은 연줄에 매여 있을 때만 자유할 수 있습니다. 하나님이 인간에게 부여하신 것은 방종이 아니라 하나님 안에서 누리는 진정한 자유인 것을 깨닫게 하시려는 것입니다. 인간은 자신이 원하는 잘못된 욕심을 누리는 자유가 아니라 하나님이 제한하신 바른 자유만을 누릴 수 있음을 보이신 것입니다.

사실 우리 신앙의 근본적인 싸움은 언제나 여기에 있습니다. '하나님을 하나님으로 믿으며 그 안에서 살 것인가, 아니면 나 자신이 하나님이 되어 내가 내 인생을 내 마음으로 대로, 내 욕심대로 살 것인가?' 하는 선악과의 싸움은 지금도 계속되고 있습니다.

그렇다면 현대의 선악과는 무엇이라고 말하고 있습니까?(요일 2:15-16)

노아홍수

3. 노아의 홍수는 하나님의 심판이었습니다.

인간이 하나님을 거부하고 스스로 하나님이 되어 살아갈 때, 서로 누가 높은가, 누가 큰가, 누가 힘이 센가 하는 싸움이 시작되었습니다.

힘으로 가인은 아벨을 죽입니다. 고대 거인족이었던 네피림이 등장하여 왕 노릇 합니다. 노아 홍수 이후에는 니므롯이 등장하여 최초의 제국을 건설하고 바벨 탑을 쌓습니다. 인간이 하나님이 되고, 주인이 되고, 통치자가 되고, 왕이 되어 '하나님 없는 제국'을 만들고 인간을 다스리기 시작한 것입니다.

> 그때에 온 땅이 하나님 앞에 부패하여 포악함이 땅에 가득한지라 하나님이 보신즉 땅이 부패하였으니 이는 땅에서 모든 혈육 있는 자의 행위가 부패함이었더라 하나님이 노아에게 이르시되 모든 혈육 있는 자의 포악함이 땅에 가득하므로 그 끝날이 내 앞에 이르렀으니 내가 그들을 땅과 함께 멸하리라(창 6:11-13)

그러나 하나님은 가인에게 벌을 주시고, 홍수를 통해 심판하시며, 바벨 탑 사건을 통해 언어와 민족을 흩으셨습니다. 하나님이 참 하나님 되시고 주인 되시며 진정한 통치자 되심을 알려 주신 것입니다. 창세기 6장 5절을 보면, 네피림 시대에 "사람의 죄악이 세상에 가득함과 그의 마음으로 생각하는 모든 계획이 항상 악할 뿐임을 보시고"라고 했습니다. 이때 하나님이 계획하신 것이 노아의 홍수였습니다. 홍수 이후 노아의 가족을 선택하셔서 노아는 민족의 기원이 되었습니다. 노아의 홍수 이후에 하나님은 무지개 언약을 통하여 다시는 물로 세상을 심판하지 않으시겠다고 약속하셨습니다. 동물을 먹을 수 있도록 하셨습니다. 그러나 인류의 수명은 120세로 짧아지고 말았습니다. 그 이유를 학자들은 하늘에서 물이 쏟아지면서 오존층이 파괴되었기 때문이라고 말하고 있습니다.

> 여호와께서 사람의 죄악이 세상에 가득함과 그의 마음으로 생각하는 모든 계획이 항상 악할 뿐임을 보시고……이르시되 내가 창조한 사람을 내가 지면에서 쓸어버리되……(창 6:5-7)

노아의 홍수를 통해서 주시는 하나님의 메시지는 무엇입니까?

노아가 육백 세 되던 해 둘째 달 곧 그 달 열이렛날이라 그날에 큰 깊음의 샘들이 터지며 하늘의 창문들이 열려 사십 주야를 비가 땅에 쏟아졌더라(창 7:11-12)

길안내 노아 홍수의 역사성을 과학적으로 정리해 놓아야 합니다. 이 사건은 인간의 생명 현상에 화학 변화를 일으킨 사건입니다. 홍수라는 사건은 지구과학적으로 엄청난 분기점을 가져다주는 터닝포인트(turning point)였습니다. 과학적인 증거를 제시하는 가장 중요한 키는 '하늘의 창이 열리고'와 '큰 깊음의 샘들이 터졌다'(창 7:11)는 말씀입니다. 오늘과 같은 지구의 지질 형성, 지구의 나이, 사람의 장수 현상, 석탄, 석유, 화석, 진화론 등 굵직굵직한 이슈들이 이 노아 홍수와 관련되어 있기 때문입니다.

……영국의 허튼은 '오늘날의 지질은 오랜 시간을 지나면서 침식되고 퇴적되는 과정에서 생겨난 것이라는 학설(동일과정설)'을 창안해 낸 사람입니다. 그리고 오랜 시간이 흐르면서 변화가 일어났다고 하는 이 아이디어에 착안해서 생명 현상을 설명한 사람이 바로 생물학자 '다윈'입니다. 그는 '진화'라는 가설을 세웠습니다. 이 진화 개념을 창설하게 한 '동일과정설'이 얼마나 허상인가 하는 것을 증명하는 것이 노아 홍수입니다. 노아 홍수 사건의 자연과학적 측면의 연구가 진화 가설을 무너뜨리는 큰 공헌을 한 것입니다.

……노아 홍수 이전에는 사람들이 수백 년씩 살았다고 성경은 기록하고 있습니다. 우리는 이런 부분들은 읽을 때 더욱 신화처럼 느낍니다. 또 무지개 이야기도 그렇습니다. 그러나 그 비밀은 '궁창 위의 물'(창 1:7, 7:11)에 있습니다. 그것은 지구를 둘러싸고 있던 막이었습니다. 대기권이나 오존층처럼 하나님은 물층을 두셨습니다. 이 거대한 덮개 층(canopy, 토성 등의 태양계 행성도 이런 덮개 층을 지금도 가지고 있다)이 비닐하우스와 같은 역할을 한 것입니다. 그래서 온 지구의 온도가 다 똑같이 골고루 아열대성 기후였습니다. 생물이 가장 잘살 수 있는 적당한 온도였습니다. 그런 이유로 아열대 동물인 공룡들, 온난한 기후에서만 서식하는 활엽수, 산호초, 쥐 같은 화석이 남극에서 발견되는 것입니다.

그리고 이 궁창 위의 물은 유해 광선을 차단해 주었습니다. 유전자의 돌연변이가 억제되고 건강을 유지할 수 있는 최적의 환경이었습니다. 비록 타락했어도 이 덮개 층이 찢어지기 전까지는 수백 년씩 살 수 있었습니다. 노아 홍수 사건이 지니고 있는 영적인 의미는 심판입니다. 그리고 '심판'이라는 개념과 늘 함께 붙어 있는 개념은 바로 '구원'입니다. 이 사건으로 인류에게는 심판과 구원이라는 패턴이 생겨납니다. 노아 홍수의 사실성, 그 중대한 변환을 심판과 구원이라는 영적 원리와 매치해서 잘 설명해야 합니다.

-《어? 성경이 읽어지네!》 지도자 지침서 중에서-

바벨탑

4. 하나님 없는 세상 나라의 표본이 바벨 제국입니다.

노아의 아들들인 셈과 함과 야벳을 통하여 온 민족이 세상에 나타나게 되었습니다. 장남 셈을 통해서는 메소포타미아와 아리비아로 퍼져 나가고, 셈의 아들 아르박삿을 통하여 몇 대 후에 히브리인의 조상이 되는 아브라함이 태어나게 됩니다. 셈은 히브리인뿐 아니라 아르메니아인, 페니키아인, 아라비아인, 앗시리아인으로 널리 퍼지게 됩니다(지도 참조). 삼남 야벳의 자손들은 에게 해에서 카스트 해에 이르는 인도 유럽 어족의 조상이 됩니다.

그리고 차남 함의 자손들은 구스, 애굽, 리비아, 가나안 지역에 살면서 물질적으로 풍요한 삶을 살아갑니다. 그러나 나중에는 우상숭배에 빠져 결국 쇠망의 길을 걸어가고 맙니다. 이들 가운데 한 부류는 바벨론 지역인 시날 평지에 정착해 도시 문명을 이루고 한 가지 언어를 사용하며 최초의 국가의 모습을 갖추게 되었습니다. 이들은 다시 노아 시대처럼 교만해져서 하나님이 없는 나라를 만들기를 원했습니다. 이들이 바벨 탑을 쌓으면서 그 시대 사람들의 구호는 "또 말하되 자, 성읍과 탑을 건설하여 그 탑 꼭대기를 하늘에 닿게 하여 우리 이름을 내고 온 지면에 흩어짐을 면하자 하였더니"(창 11:4)입니다.

지금까지도 하나님 없는 세상 나라의 목표는 이와 같습니다. 하나님 없이도 하늘까지 높아지며 자신들의 이름을 내며 흩어지지 않겠다는 것입니다. 그러나 하나님은 바벨 탑을 무너뜨리셨습니다. 그리고 창세기 12장에 와서 갈대아 우르에 있던 아브라함을 은혜로 부르셨습니다. 아브라함을 부르셔서 하나님은 '모든 민족이 복을 받게 하겠다'(창 12:3)고 말씀하셨습니다.

모든 민족이 복을 얻게 하시겠다는 말씀은 무슨 뜻입니까?

온 땅의 언어가 하나요 말이 하나였더라 이에 그들이 동방으로 옮기다가 시날 평지를 만나 거기 거류하며 서로 말하되 자, 벽돌을 만들어 견고히 굽자 하고 이에 벽돌로 돌을 대신하며 역청으로 진흙을 대신하고 또 말하되 자, 성읍과 탑을 건설하여 그 탑 꼭대기를 하늘에 닿게 하여 우리 이름을 내고 온 지면에 흩어짐을 면하자 하였더니(창 11:1-4)

길안내 노아의 후손들이 동방으로 가다가 시날 평지에서 일명 바벨탑이라는 탑을 쌓았다. 하나님께서는 그것을 그대로 두지 않으셨다. 창세기 11장 8절에 '여호와께서 거기서 그들을 온 지면에 흩으셨으므로 그들이 그 도시를 건설하기를 그쳤더라'고 하여 바벨 탑의 공사가 중단되었다고 기록하고 있다. 이 사건의 기록이 사실인가 아니면 신화인가?

고고학적으로 연구한 바에 의하면, 시날 평지는 인류 문명의 발상지 중 하나이다. 점토에 글자를 쐐기처럼 찍어서 만든 유명한 함무라비 법전도 여기서 발견되었고, 아브라함 등장 훨씬 이전에도 이미 찬란한 문명을 누렸던 곳이다. 함무라비 왕이 살았던 때를 주전 2300~2500년경이라 하면, 지금으로부터 4천 년도 훨씬 전에 이미 현대사회에서도 표본이 될 만한 법전을 만들 정도였다면 얼마나 굉장한 문명이 있었겠는가?

그들이 쌓았던 탑의 크기를 연구한 바에 의하면 가장 아래 밑 지름이 91.4m 정도이고 7층으로 되어 있는데 높이는 대략 98.5m쯤이었을 것이라고 한다. 오늘의 건물로 따지면 약 30층 규모의 건축물이다. 지구라트라고 불리는 성의 꼭대기에는 신전이 있어 '하늘의 성읍'(바빌리, babili)이라고 불렀다. 그래서 성의 꼭대기가 하늘에 닿았다고 한 것으로 볼 수 있다. 성 위에서는 종교적인 의식들이 행하여졌기 때문에 꼭대기에는 대개 성물들이나 성상들이 보관된 성소가 얹혀 있었다. 오늘날도 많은 고고학적 발견으로 지구라트라고 불리는 특이한 바벨 탑에 대한 많은 흔적을 확실하게 찾아 볼 수 있다.

-'성경의 난제 풀이'(이용남) 중에서-

믿음의 계보

5. 하나님은 '인류 구원 계획'을 늘 마음에 품고 계셨습니다.

우리가 놓치지 말아야 할 것은 바로 하나님 마음 안에 있는 인류를 향한 '하나님의 구원 계획'입니다. 공의로우신 하나님은 인간의 죄에 대하여는 반드시 심판하시지만 인류를 향한 하나님의 사랑은 '여호와의 열심'을 따라 구원 계획으로 나타나십니다.

이 구원 계획은 이미 아담이 타락하여 하나님 앞에 섰을 때 예언하셨습니다. 창세기 3장 15절에 보면, "내가 너로 여자와 원수가 되게 하고 네 후손도 여자의 후손과 원수가 되게 하리니 여자의 후손은 네 머리를 상하게 할 것이요 너는 그의 발꿈치를 상하게 할 것이니라"고 하셨습니다. 여기 '여자의 후손'은 장차 동정녀 탄생을 통해 오실 예수 그리스도를 말씀하고 있습니다. 그래서 마태는 예수님을 소개할 때 "아브라함과 다윗의 자손 예수 그리스도의 계보라"(마 1:1)고 기록하고 있습니다. 결국 아브라함을 통해 예수 그리스도를 이 땅에 보내심으로 온 인류 구원의 역사를 이루기 원하셨던 것입니다. 이스라엘을 '제사장 나라'로 부르신 것도 이 때문입니다.

> 하나님의 아들들이 사람의 딸들의 아름다움을 보고 자기들이 좋아하는 모든 여자를 아내로 삼는지라 여호와께서 이르시되 나의 영이 영원히 사람과 함께하지 아니하리니 이는 그들이 육신이 됨이라 그러나 그들의 날은 백이십 년이 되리라 하시니라(창 6:2-3)

여기에서 또 하나 중요한 것은, 아브라함이 어느 날 갑자기 하늘에서 떨어진 것이 아니라 셋의 자손이라는 것입니다. 그러면 셋이 누굽니까? 셋은 하나님이 믿음의 제사를 드렸던 아벨 대신 주신 아담의 자녀입니다. 도표를 보면 셋에게서 당대 의인이었던 노아가 나오고, 노아에게서 셈으로, 셈에게서 아브라함으로 연결되는 것을 알 수 있습니다. 그리고 아브라함은 다윗을 통해 예수 그리스도로 연결되는 것입니다. "아브라함과 다윗의 자손 예수 그리스도의 계보라"(마 1:1). 이것은 거룩한 무리의 계보요, 분명한 믿음의 라인인 것입니다.

그런데 이와 반대의 계열도 나오는데 바로 아벨을 죽인 가인의 계열입니다. 가인에게서 네피림이 등장합니다. 노아의 홍수 이전 창세기 6장에 나오는 '하나님의 아들들과 사람의 딸들'은 셋 계열(하나님의 아들들)과 가인 계열(사람의 딸들)입니다.

그런데 하나님은 이들이 통혼하자 "여호와께서 이르시되 나의 영이 영원히 사람과 함께하지 아니하리니 이는 그들이 육신이 됨이라 그러나 그들의 날은 백이십 년이 되리라 하시니라"(창 6:3)고 하셨습니다. 도대체 셋의 계열과 가인의 계열이 결혼하고 섞이는 것이 무슨 대단한 일이기에 이렇게까지 하나님이 노하시고 '사람과 함께하지 않겠다'고 하시는지 의아해할 수도 있습니다.

그러나 여기서 분명히 알 수 있는 것은 '믿음의 사람은 세상과 섞이면 안 된다'는 것입니다. 세상을 사랑하면 안 됩니다. 성도란 '거룩한 무리'라는 말이고, 거룩이란 말은 '구별되었다'는 뜻입니다. 믿는 사람은 세상과 구별되어야 합니다. 달라야 합니다. 살아 있는 바다의 물고기는 짠 물에 물들지 않습니다. 그러나 죽은 물고기는 짠 물에 물들게 되어 있습니다. 성경에 흐르는 하나의 큰 주제는 믿는 자는 '세상과 구별되어 살아가는 자'라는 것입니다. 우리는 택하신 족속이요, 왕 같은 제사장이요, 거룩한 백성이기 때문입니다.

왜 하나님은 셋의 계열과 가인의 계열이 섞이면 안 된다고 하셨을까요?

길안내 니므롯은 노아의 아들인 함의 손자로, 그는 비범한 인물이었고, 인류 역사상 처음 나타난 영웅이었습니다. 리더십과 통치력을 갖춘 정말 놀라운 장군이었습니다. 그러나 그는 하나님을 의지하지 않았습니다. 자신의 힘으로 바벨론을 비롯하여 앗수르와 니느웨까지 모든 성읍을 통일시킨 후 그는 인류 역사상 처음으로 제국을 만들고 자신이 왕이 됩니다. 그리고 감히 하나님께 맞섰습니다. 70인 역에 보면, "니므롯은 하나님을 대적한 왕이라. 그는 영걸이라"라는 설명을 붙이고 있습니다.

*다음의 지도를 보면서 노아의 후손을 통한 민족의 기원을 적어 보십시오(창 10:1-32).

셈의 후손 : ______________________

____

____

야벳의 후손 : ______________________

____

____

함의 후손 : ______________________

____

____

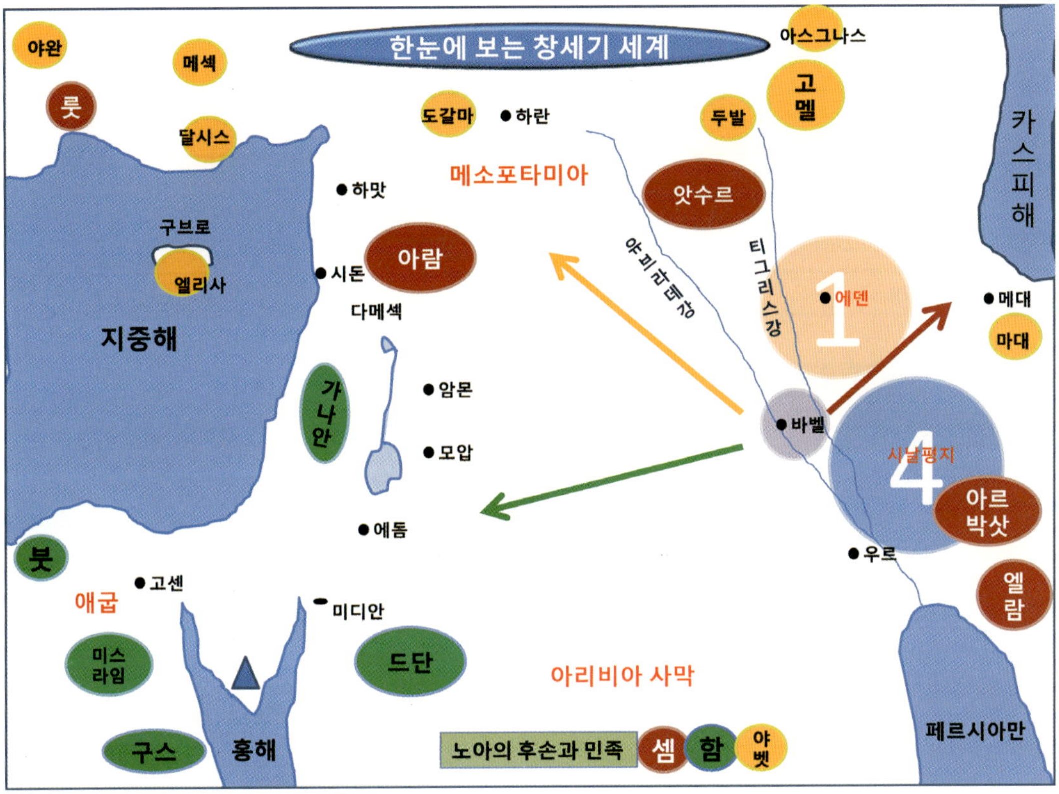
한눈에 보는 창세기 세계
야완
메섹
룻
달시스
도갈마
하란
아스그나스
고멜
두발
카스피해
메소포타미아
하맛
앗수르
구브로
엘리사
시돈
아람
유브라데강
티그리스강
1
에덴
메대
마대
다메섹
지중해
가나안
암몬
모압
바벨
4
시날평지
아르박삿
에돔
우르
붓
고센
애굽
미디안
엘람
미스라임
드단
아리비아 사막
페르시아만
구스
홍해
노아의 후손과 민족
셈
함
야벳

제 4 과

한눈에 보는 은혜소명

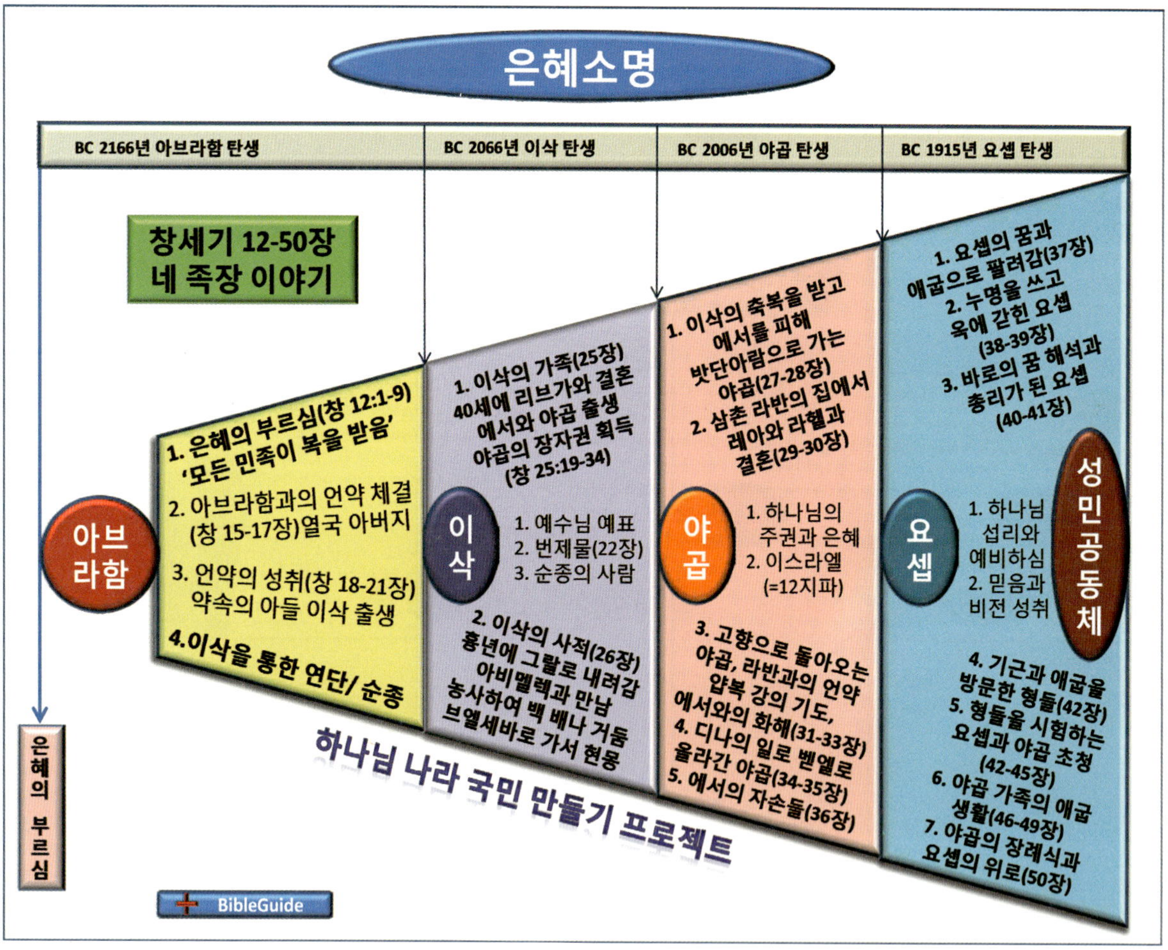

아브라함을 은혜로 부르신 것은 성민 공동체를 만들기 위함이었습니다. 창세기 12-50장은 아브라함과 이삭과 야곱과 요셉의 네 족장에 대한 기록입니다.

> 너를 축복하는 자에게는 내가 복을 내리고 너를 저주하는 자에게는 내가 저주하리니 땅의 모든 족속이 너로 말미암아 복을 얻을 것이라 하신지라(창 12:3)

셋에서 노아로 연결된 믿음의 라인을 따라 하나님은 셈 족속 중에서 아브라함을 부르십니다. 이것은 바벨 탑 사건 이후에 주신 하나님의 은혜의 부르심이었습니다. 여기에 아브라함은 믿음의 순종으로 응답합니다. 자신의 고향이요 삶의 터전이었던 갈대아 우르를 떠나 하나님이 약속하신 가나안을 향해 길을 떠납니다. 하나님은 아브라함과 언약을 맺고 아브라함을 통해 모든 민족이 복을 받게 하겠다고 하셨습니다(창 12:3). 아브라함의 이름도 '존귀한 아버지'란 뜻의 아브람에서 '열국의 아버지'라는 뜻인 '아브라함'으로 바꿔 주셨습니다. 그리고 100세가 되어 모든 인간적인 희망이 사라졌을 때 언약의 아들 이삭을 주심으로 하나님의 언약이 반드시 이루어지는 것을 보여주셨습니다.

이삭은 아브라함에 의해 번제물로 드려졌던 순종의 사람으로 예수님의 예표가 됩니다. 이삭에게서 난 야곱은 형 에서가 있음에도 택함을 받아 하나님의 주권과 은혜를 나타내고 있습니다. 야곱의 파란만장한 인생 여정은 우리들의 인생 여정을 보여주고 있습니다. 속이고 도망가던 야곱이 얍복 강에서 하나님을 만난 후 변화를 받아 야곱이란 이름 대신 '이스라엘'이라는 이름을 받습니다. 야곱에게서 난 아들들을 통해 이스라엘의 열두 지파가 생긴 것입니다.

특별히 야곱의 아들들 중에 요셉을 통하여 하나님은 당신의 택한 백성을 위하여 예비하신 은혜를 베푸십니다. 아브라함에게 창세기 15장에서 약속하신, 400년 만에 백성을 이끌고 나오리라고 하신 말씀이 성취됩니다. 아모리 족속의 죄가 아직 차지 않았으므로 400년 만에 돌아오리라고 하신 말씀이 이루어지는 것입니다. 바로 이 네 족장을 통하여 구체적으로 430년 만에 나타난 것은 '성민 공동체'인 '이스라엘'이었습니다. 이 성민 공동체를 통하여 모든 민족이 복을 받는 하나님 나라의 모델 국가를 만드신 것입니다.

> 여호와께서 아브람에게 이르시되 너는 반드시 알라 네 자손이 이방에서 객이 되어 그들을 섬기겠고 그들은 사백 년 동안 네 자손을 괴롭히리니 그들이 섬기는 나라를 내가 징벌할지며 그 후에 네 자손이 큰 재물을 이끌고 나오리라 너는 장수하다가 평안히 조상에게로 돌아가 장사될 것이요 네 자손은 사대 만에 이 땅으로 돌아오리니 이는 아모리 족속의 죄악이 아직 가득 차지 아니함이니라 하시더니(창 15:13-16)

아브라함

1. 아브라함은 믿음의 조상으로 그를 통해 모든 민족이 복을 받게 하기 위함이었습니다.

아브라함은 셈의 후손으로 B.C. 2166년경 갈대아 우르에서 출생하였습니다. 당시 갈대아 우르는 우르 왕조가 번성했으며, 하나님을 떠난 우상숭배가 흥왕했다고 전해지고 있습니다(수 24:2-3). 또한 그가 B.C. 2091년경 하나님의 명령대로 이주한 가나안 땅에는 이미 여호와를 모르는 토착 정착민들이 도시국가 체제하에서 생활하고 있었습니다(창 12:6).

그럼에도 불구하고 아브라함은 갈대아 우르에서 하나님의 소명을 받을 때 갈 바를 알지 못하였으나 믿음으로 하나님께 순종함으로 나아가, 결국 하나님이 약속하신 가나안 땅과 자손, 그리고 기업 등의 축복을 받았습니다(창 12:1-4). 원래 아브라함의 이름은 '큰 아버지' 또는 '높임을 받은 아버지'라는 뜻인 '아브람'이었습니다. 아브라함의 부모는 그가 장차 사람들에게 존경받고 크게 성공하고 출세한 사람으로 살기를 바라는 마음으로 '아브람'이라는 이름을 지어 주었을 것입니다.

그러나 하나님께서는 그가 99세 되던 해에 그 이름을 바꿔 주셨는데, 그 이름이 '아브라함'입니다. 이 이름은 '열국의 아버지' 또는 '뭇사람의 아버지'라는 뜻으로, 하나님께서는 아브라함을 통해서 하나님의 백성을 이 땅에 세우시고 이루시고자 하신 것입니다. 즉 아브라함으로부터 이 땅에 진정한 하나님의 백성들이 한 민족을 이루며 형성되기를 원하셨습니다. 그는 99세가 되도록 아브람으로 살았습니다. 인간적인 성공과 출세를 위해 살았다는 말입니다. 그러나 하나님께서 아브라함으로 그 이름을 고쳐 주시면서 그는 비로소 믿음의 조상, 하나님의 백성의 조상이 되어 그의 175년 인생 속에 마지막 75년의 삶을 하나님의 백성을 이 땅에 이루는 일을 위해 살 수 있었습니다.

하나님께서 아브라함에게 '네 자손이 4대 만에 가나안 땅으로 돌아오게 되는데 그 이유는 아직 아모리 족속의 죄악이 가득 차지 아니했기 때문'이라고 하셨습니다. 이 말은 무슨 뜻일까요?

길안내 아브라함(하나님 나라의 극적인 새 출발)

사실 마지막 심판인 바벨 탑 사건에서 언어를 혼돈하게 하신 것은 문제에 대한 근본적인 해결은 아니었다. 사람들은 흩어져서도 여전히 악한 성품을 그대로 가지고 더 악한 길로 갈 것이며, 또 악은 너무나 쉽게 자신의 영역인 세상 나라를 넓혀갈 것이고 상대적으로 하나님 나라는 더 빨리 축소될 것이기 때문이다. 그러나 이런 가운데 하나님은 새로운 계획을 준비하셨고 그것을 때가 되매 펼치셨다. 대부분의 셋의 후손과 노아의 후손들조차 세상의 영향을 받아서 타락의 길을 갔기에 세상 나라는 항상 공격적이고 하나님 나라는 항상 수동적이라는 인상을 줄 수 있으나 하나님은 이제부터 전혀 새로운 차원의 길을 여신 것이다. 그것은 부름을 받은 한 사람의 후손들은 모두 하나님 나라에서 세상 나라로 빼앗기지 아니하게 하는 것이다.

그렇기 때문에 아브라함의 부르심과 구원은 단순히 한 사람이 어떻게 불려지고 구원을 받는가 하는 예로 생각하는 개인적인 관점에서만 볼 것이 아니다. 오히려 그를 통해서 구속 역사가 전혀 새로운 방법과 목표를 가지고 움직이기 시작했다는 관점에서 보는 것이 더 중요하다. 그렇기 때문에 아브라함을 통한 하나님 나라의 역사는 그 자체로 완성된 것이 아니라 이삭과 야곱과 요셉을 통하여 준비되어서 이스라엘이 민족으로 형성되고, 출애굽을 하여 하나님과 언약을 맺고 드디어는 약속된 땅을 받음으로 완성되는 것이다. 그렇기에 아브라함을 통하여 새롭게 진행되는 역사는 이때까지 하나님이 사용하시던 것보다 훨씬 더 적극적인 전략 가운데서 나온 것이다. 또 그렇기에 이 아브라함 한 사람을 부르심은 새로운 차원의 하나님 나라를 위한 장기적인 안목에서 나온 부르심이다.

-〈목회와 신학〉 '창세기의 신학적인 내용에 대한 연구' 중에서-

2. 물론 아브라함도 믿음의 조상이 되기까지 실수도 하고 시행착오도 겪었습니다. 가나안 땅을 기업으로 주신 약속에도 불구하고 일시적 흉년을 참지 못하고 인간적인 계산과 판단에 따라 애굽으로 내려가고 말았습니다(창 12:10-20). 또 애굽과 그랄 땅에서 자신의 목숨을 위해 아내 사라를 누이라고 속이는 일을 두 번씩이나 하고 말았습니다(창 12:11-13, 20:12). 뿐만 아니라 하나님의 후손 약속에도 불구하고 사라의 말을 듣고 사라의 여종이었던 하갈을 취하여 이스마엘을 낳음으로 그의 후손인 아랍 계열의 민족들과 이삭의 후손인 이스라엘이 역사적으로 영원한 적대 관계에 놓이게 하고 말았습니다(창 16:1-16).

아브라함의 실수와 실패를 통하여 우리에게 주시는 교훈은 무엇입니까?

하나님이 그에게 일러 주신 곳에 이른지라 이에 아브라함이 그곳에 제단을 쌓고 나무를 벌여 놓고 그의 아들 이삭을 결박하여 제단 나무 위에 놓고 손을 내밀어 칼을 잡고 그 아들을 잡으려 하니 여호와의 사자가 하늘에서부터 그를 불러 이르시되 아브라함아 아브라함아 하시는지라 아브라함이 이르되 내가 여기 있나이다 하매 사자가 이르시되 그 아이에게 네 손을 대지 말라 그에게 아무 일도 하지 말라 네가 네 아들 네 독자까지도 내게 아끼지 아니하였으니 내가 이제야 네가 하나님을 경외하는 줄을 아노라(창 22:9-12)

3. 그러나 아브라함은 하나님의 소명을 받고 갈 바를 알지 못하나 믿음으로 담대히 나아간 믿음의 사람이었고(롬 4:18), 목초지 때문에 조카 롯의 목자들과 자기 목자들 사이에 다툼이 일어났을 때는 과감하게 롯에게 먼저 거주지 선택권을 주는, 마음이 큰 사람이었습니다(창 13:5-13).

또한 목숨을 걸고 소돔 왕의 대적자를 물리쳤으나 전리품을 전혀 취하지 않은 청렴결백함이 있었고(창 14:17-24), 100세에 얻은 아들까지도 하나님의 말씀에 따라 드리는 순종의 사람이었음을 보여주고 있습니다(창 22:1-19).

무엇보다도 아브라함은 기도와 예배의 사람이었습니다. 아브라함은 가는 곳마다 단을 쌓았습니다(창 12:7, 8, 13:18, 22:13). 창세기 18장 20절에 보면 "여호와께서 또 이르시되 소돔과 고모라에 대한 부르짖음이 크고……"라고 기록하고 있습니다. 아브라함은 가는 곳마다 단을 쌓고 하나님을 예배했고, 위기 때마다 기도하는 기도 인생, 예배 인생이라고 할 수 있습니다.

그 당시 단을 쌓았다는 것은 무엇을 뜻합니까?

이삭

4. 이삭은 예수 그리스도의 예표로 순종의 사람이었습니다.

이삭은 아브라함과 사라 사이에서 난 외아들로, 아브라함이 하나님의 약속을 받아 100세에 낳았습니다. 이삭이라는 이름은 '웃음'이라는 뜻으로, 실제로 하나님께서 90세가 된 사라가 아들을 낳게 된다고 말씀하셨을 때 아브라함이 웃었습니다. 또한 하나님이 보내신 사자가 아브라함에게 잉태 소식을 전하자 밖에서 이를 듣고 있던 사라도 웃었습니다.

너무도 놀라운 소식이라서 웃었고, 믿을 수 없는 소식이라서 웃었습니다. 그러나 창세기 21장 6절을 보면, "사라가 이르되 하나님이 나를 웃게 하시니 듣는 자가 다 나와 함께 웃으리로다"라고 고백하고 있습니다.

이삭이 하나님의 약속대로 아브라함이 100세 되던 해, 사라가 90세가 되던 해에 태어나자 너무나 기뻐서 웃은 것입니다. 평생 자녀 없이 무시당하고 설움 당하던 사라가 90세에 아들을 낳았으니 얼마나 기뻤을까요? 하나님은 이처럼 그 백성들에게 기쁨을 주시는 분입니다. 웃게 하시는 분입니다. 불가능을 가능케 하시는 분인 것입니다.

왜 하나님은 이삭을 주시되 아브라함과 사라의 잉태 불가능한 나이에 주셨을까요?

5. 특별히 이삭은 예수 그리스도를 예표하고 있습니다. 창세기 22장에 보면 아브라함이 하나님의 명령을 받고 아침 일찍 번제할 나무를 아들 이삭에게 지게 합니다. 그리고 자신은 불과 칼을 들고 멀리 모리아 산을 향해 출발했습니다. 그때 이삭이 아버지에게 "불과 나무는 있거니와 번제할 어린 양은 어디 있습니까"라고 묻자, 아브라함이 "하나님께서 친히 준비하시리라"고 대답했습니다. 이에 이삭은 더 이상 묻지 않았습니다. 어디로 가며, 무엇을 위한 번제이며, 하나님께서 준비하신다는 것은 무슨 말인지 등 묻고 싶은 것이 많았고, 물어야 할 것도 많았지만 이삭은 아버지를 믿었습니다. 그리고 아버지의 말씀에 순종했습니다.

두 사람이 모리아 산에 도착해서 돌로 번제단을 만들고 그 위에 제물을 태울 나무를 벌여 놓습니다. 그리고 아브라함이 이삭을 결박하여 단 나무 위에 올려놓았습니다. 유대 역사학자 요세푸스는 이때 이삭의 나이는 25세 정도였을 것이라 추정했습니다. 그렇다면 아브라함은 125세이므로 노인 중에 노인이고, 이삭은 25세로 청년 중에 청년이었다는 말입니다. 아브라함이 결박할 때 얼마든지 뿌리칠 수 있었습니다. 그러나 이삭은 아버지가 자기를 제물로 삼고자 결박할 때도, 또한 칼을 들어 자기를 죽이려고 할 때도 말없이 아버지께 순종했습니다.

이사야 선지자는 예수 그리스도에 대해 예언하면서 이렇게 기록하고 있습니다. "우리는 다 양 같아서 그릇 행하여 각기 제 길로 갔거늘 여호와께서는 우리 모두의 죄악을 그에게 담당시키셨도다 그가 곤욕을 당하여 괴로울 때에도 그의 입을 열지 아니하였음이여 마치 도수장으로 끌려가는 어린 양과 털 깎는 자 앞에서 잠잠한 양같이 그의 입을 열지 아니하였도다"(사 53:6-7).

여기서 이삭과 예수님의 닮은 점은 무엇이라고 생각하십니까?

6. 아브라함이 번제단에 제물로 묶여 있는 이삭을 칼로 잡으려 할 때 하나님께서 "그 아이에게 네 손을 대지 말라 그에게 아무 일도 하지 말라"고 하셨습니다. 그리고 눈을 들어 보니 수풀에 뿔이 걸려 있는 숫양 한 마리가 있는 것입니다. 아브라함이 그 숫양을 이삭 대신 번제로 드리고, 그 땅 이름을 '여호와 이레'라고 불렀습니다. 이렇게 하나님께 모든 것을 맡긴 이삭의 삶을 하나님께서 보호하시고 책임져 주신 것입니다.

이삭이 그 땅에서 농사하여 그 해에 백 배나 얻었고 여호와께서 복을 주시므로 그 사람이 창대하고 왕성하여 마침내 거부가 되어(창 26:12-13)

'여호와 이레'의 뜻은 무엇입니까?

7. 이삭의 성품 중에 두드러진 것 중에 하나는 '온유'라고 할 수 있습니다. 블레셋 사람들이 이삭을 시기하여 그들이 살고 있던 곳의 우물을 돌로 막고 행패를 부리며 떠나기를 종용했습니다. 이때 이삭은 말없이 그곳을 떠나 그랄로 가서 거기서 우물을 팠습니다. 그때 그 우물에서 물이 나왔는데 그 우물을 '에섹'이라 불렀습니다. 또 이번에는 그랄 사람들이 시비를 걸었습니다. '에섹'이라는 우물이 자기들의 것이라고 주장하는 것입니다. 그래서 이삭은 말없이 양보하고 다른 곳에 우물을 파고 그 이름을 '싯나'라고 불렀는데, 또 그랄 사람들이 와서 시비를 걸자 또 양보하고 다른 곳으로 가서 우물을 팠고, 그 이름을 '르호봇'이라 했습니다.

마지막으로 그는 그랄을 떠나 브엘세바로 옮겨왔는데 거기서 하나님께서 이삭을 축복하셔서 아버지 아브라함에게 주신 약속을 다시 확인해 주셨습니다. 그리고 또 거기서도 우물을 팠는데 물이 나와 그 이름을 '세바'라 했습니다. 그래서 아브라함을 '제단 인생', 야곱을 '장막 인생', 이삭을 '우물 인생'이라고 부릅니다. 이삭은 이처럼 여러 차례 양보하고 물러섰는데 양보하고 가는 곳마다 우물을 파면 또 물이 나오는 것입니다. 다른 사람들은 물이 나오지 않아 우물 가지고 싸우는 판에 이삭은 우물만 파면 물이 나온 것입니다. 예수님은 '온유한 자가 땅을 기업으로 받으리라'(마 5:5)고 하셨습니다.

온유한 자의 특징은 무엇입니까?

야곱

8. 야곱의 택함은 하나님의 주권적 은혜를 나타내고 있습니다.

이삭은 아내 리브가에게서 쌍둥이 형제 에서와 야곱을 낳았습니다. 야곱은 쌍둥이 중 둘째로, 형 에서의 발꿈치를 붙잡고 나왔습니다. 그래서 야곱이라는 이름은 영어로 'heel holder' 즉 '발뒤꿈치를 붙잡는 자'라는 뜻입니다. 이것은 매우 좋지 않은 의미로 '약탈자', '밀어내는 자'라는 의미입니다. 그러나 하나님께서 그 이름을 바꿔 주셨습니다. 얍복 강가에서 그가 천사와 씨름하다가 '하나님과 겨루어 이기었다'는 '이스라엘'이라는 이름을 부여받은 것입니다. 발뒤꿈치를 붙잡는 자에서 하나님을 붙잡는 자로 변한 것입니다.

이삭이 그의 아내가 임신하지 못하므로 그를 위하여 여호와께 간구하매 여호와께서 그의 간구를 들으셨으므로 그의 아내 리브가가 임신하였더니 그 아들들이 그의 태 속에서 서로 싸우는지라 그가 이르되 이럴 경우에는 내가 어찌할꼬 하고 가서 여호와께 묻자온대 여호와께서 그에게 이르시되 두 국민이 네 태중에 있구나 두 민족이 네 복중에서부터 나누이리라 이 족속이 저 족속보다 강하겠고 큰 자가 어린 자를 섬기리라 하셨더라(창 25:21-23)

우리가 이스라엘 백성을 아브라함의 후손이라고 말합니다. 아브라함에게서 믿음도 전수 받았고, 혈통적으로도 그 후손이 맞습니다. 그러나 아브라함의 혈통적 후손은 이스라엘 백성들만이 아닙니다. 엄밀히 말하면 이스라엘 백성들은 아브라함의 아들 이삭의 계보 쪽의 후손입니다. 아브라함에게는 애굽 여인 하갈과의 사이에서 낳은 아들 이스마엘이라는 서자도 있었는데, 이 이스마엘의 계보하에 생겨난 민족이 지금의 아랍인입니다.

이삭은 또 어떻습니까? 이삭의 아들 중에서 에서는 이방 여인과 결혼해서 일종의 혼혈 민족을 이루었는데, 그들이 성경에 나오는 에돔 족속입니다. 따라서 순수한 이스라엘 민족은 실제로 야곱의 후손이라고 할 수 있습니다. 야곱의 아들이 모두 12명이었는데 이 열둘을 중심으로 하나의 씨족 공동체로부터 출발하여 이스라엘 민족이 되었습니다.

야곱의 12아들들을 살펴보면, 레아의 소생으로 르우벤, 시므온, 레위, 유다, 잇사갈, 스불론이 있고, 레아의 몸종 실바의 소생으로 갓과 아셀, 그리고 라헬의 몸종 빌하의 소생으로 단, 납달리가 있으며, 라헬의 소생으로 요셉, 베냐민이 있습니다. 그러나 이 중에서 레위는 제사장이어서 빠지고, 요셉을 대신하여 그의 두 아들 에브라임과 므낫세가 들어가서 이스라엘의 12지파가 되었습니다.

12지파의 이름을 써 보시기 바랍니다.

9. 야곱의 생애는 한마디로 파란만장한 삶이었습니다. 야곱은 형 에서가 배가 고플 때 죽 한 그릇으로 장자의 명분을 사고, 아버지 이삭을 속여서 장자가 받을 축복을 받았습니다. 이 일로 인해 에서의 분노를 피하여 도망하는 인생을 살게 됩니다. 어머니 리브가의 도움으로 하란에 있는 외삼촌 라반의 집으로 도망가다가 광야에서 잠을 자게 되었습니다. 그때 꿈속에서 하나님을 만나 언약을 맺습니다. 잠에서 깨어난 야곱은 그곳에 돌단을 쌓고 하나님 앞에 서원을 드렸습니다. 십일조의 서원과 돌아와 단을 쌓겠다는 서원입니다. 이곳이 '벧엘'입니다. 결국 야곱은 이 벧엘에서 하나님과의 새로운 관계를 맺고 고난의 땅 하란으로 떠나게 됩니다.

> 야곱이 브엘세바에서 떠나 하란으로 향하여 가더니 한 곳에 이르러는 해가 진지라 거기서 유숙하려고 그곳의 한 돌을 가져다가 베개로 삼고 거기 누워 자더니 꿈에 본즉 사닥다리가 땅 위에 서 있는데 그 꼭대기가 하늘에 닿았고 또 본즉 하나님의 사자들이 그 위에서 오르락내리락하고 또 본즉 여호와께서 그 위에 서서 이르시되 나는 여호와니 너의 조부 아브라함의 하나님이요 이삭의 하나님이라 네가 누워 있는 땅을 내가 너와 네 자손에게 주리니(창 28:10-13)

그는 하란에서 외삼촌 라반에게 속아 7년 일하고 레아를 아내로 얻었고, 7년을 더 일하고 라헬을 아내로 얻었습니다. 또 6년을 더 일하여 큰 재산을 모아 고향으로 돌아오게 되는데,

그때 형 에서가 마음에 걸립니다. 두려움과 화해 때문에 가족들을 먼저 보내놓고 얍복 강가에서 하나님 앞에 간절히 기도하였습니다. 그는 거기에서 천사와 밤새 씨름하다가 한 쪽 다리를 절게 되지만 '야곱'에서 '이스라엘'이라는 새 이름을 받고, 소원했던 형 에서와도 극적으로 화해합니다.

하나님이 그에게 이르시되 나는 전능한 하나님이라 생육하며 번성하라 한 백성과 백성들의 총회가 네게서 나오고 왕들이 네 허리에서 나오리라 내가 아브라함과 이삭에게 준 땅을 네게 주고 내가 네 후손에게도 그 땅을 주리라 하시고(창 35:11-12)

그러나 야곱은 처음 집을 떠날 때 광야에서 하나님께 서원했던 벧엘로 바로 가지 않고 세겜에 머물고 맙니다. 거기서 딸 디나가 강간을 당하자 아들들이 복수를 함으로 큰 어려움에 처하게 되었습니다. 그제야 그는 벧엘로 올라가야 한다는 사실을 깨닫고 벧엘로 올라갔습니다. 그러다가 말년에는 우여곡절 끝에 온 가족이 요셉이 있는 애굽으로 이주하게 됩니다. 그는 애굽에서 12아들을 모두 축복하고 눈을 감습니다.

이러한 야곱의 생애를 통해서 우리가 배워야 할 교훈은 무엇입니까?

요셉

10. 요셉은 하나님의 섭리와 예비하심을 보여주고 있습니다.

요셉이라는 이름은 '그가 더하신다'라는 뜻입니다. 야곱이 가장 사랑했던 아내 라헬에게 아들이 없어 슬픔 중에 있었지만 하나님께서 그를 돌아보시고 요셉을 낳게 하셨습니다. 그리고 앞으로 아들을 더 주실 것을 말씀하셨습니다.

요셉이 그들에게 이르되 청하건대 내가 꾼 꿈을 들으시오 우리가 밭에서 곡식 단을 묶더니 내 단은 일어서고 당신들의 단은 내 단을 둘러서서 절하더이다(창 37:6-7)

요셉이 살았던 B.C. 1915~1805년경은 이스라엘 민족과 혈통이 같은 셈족 계통의 힉소스 왕조가 애굽 정권을 잡았던 시대로 추정되고 있습니다. 그리고 아브라함에서 요셉까지 이어진 언약 가문은 대략 70명 내외의 한 가문을 형성하고 있었습니다. 이미 가나안에는 토착 세력이 도시국가 체제를 이루고 있었고, 아직 죄악이 차지 않았기에 하나님은 요셉을 우호적인 관계였던 애굽으로 보내셔서 신정 국민을 만드시고, 또 이 언약 백성들이 영원히 애굽에서 거주하지 못하도록 애굽과 적대관계에 놓이게 하십니다. 하나님은 역사를 주관하셔서 구원계획을 이루어 가심을 볼 수 있는 것입니다.

창세기 15장에 보면 하나님께서 아브라함에게 몇 년 만에 종 되었던 애굽에서 나오리라고 하셨습니까? 그리고 그 이유를 무엇이라고 하셨습니까?

요셉이 형들에게 이르되 내게로 가까이 오소서 그들이 가까이 가니 이르되 나는 당신들의 아우 요셉이니 당신들이 애굽에 판 자라 당신들이 나를 이곳에 팔았다고 해서 근심하지 마소서 한탄하지 마소서 하나님이 생명을 구원하시려고 나를 당신들보다 먼저 보내셨나이다(창 45:4-5)

11. 요셉은 야곱이 가장 사랑했던 아내 라헬과의 사이에서 난 열한 번째 아들로, 야곱이 노년에 얻은 아들이었기에 특별히 사랑했습니다. 요셉은 어린 시절부터 '꿈꾸는 자'로 나타나고 있습니다. 하나는 형제들의 곡식 단이 자기의 곡식 단에게 절하는 꿈이었고, 다른 하나는 해와 달과 열한 별이 자기에게 절하는 꿈이었습니다. 다시 말하면 그의 형제들과 부모님이 자기에게 절하는 꿈이었던 것입니다. 물론 이 꿈은 수십 년 후에 그대로 이루어졌지만 이 일로 인해 형들에게 미움을 받고 애굽으로 은 20에 노예로 팔려가게 됩니다.

요셉은 애굽의 보디발의 집에 노예로 팔려갔지만 낙심하거나 형들을 원망하지 않고 오히려 가정 총무가 되어 최선을 다해 주인을 섬겼습니다. 그러나 보디발의 아내의 유혹을 뿌리치자 그녀가 모함을 해서 감옥에 갇히게 되었고, 그곳에서 만난 술 맡은 관원장도 요셉과의 약속을 어기고 자신을 기억하지 못해도 원망하거나 불평하지 않았습니다.

요셉은 감옥에서도 맡겨진 일에 충성을 다하여 그것을 높이 평가받아 그곳에서도 일을 맡아서 하다가 나중에는 애굽 왕 바로에게 발탁되어 총리가 되었습니다. 그가 애굽의 총리가 된 후에는 기근을 피해 곡물을 구하러 온 형들을 용서하고 아버지 야곱과 형제들을 애굽으로 이주시킵니다.

이렇듯 요셉이 모든 역경과 고난 속에서도 낙심하거나 실망하지 않고 승리할 수 있었던 비결이 무엇이라고 생각하십니까?

12. 요셉은 성경의 인물 가운데 예수님과 가장 많이 닮은 사람으로 평가되고 있습니다. 첫째, 요셉은 주님처럼 허물을 찾기가 쉽지 않다는 것입니다. 다른 모든 성경의 인물들은 저마다 실수와 허물이 있습니다. 창세기에 나오는 아브라함, 이삭, 야곱만 봐도 그들에게서 실수와 허물이 많이 발견됩니다. 그러나 요셉은 거의 실수를 찾아보기 어렵습니다. 둘째, 예수님이 가룟 유다에게 은 30에 팔린 것처럼 요셉도 은 20에 팔렸습니다. 셋째, 요셉도 주님처럼 죄가 없었지만 보디발의 아내에게 모함을 받아 죄인이 되어 감옥에 갇혔습니다. 넷째, 요셉은 자기를 노예로 팔아 버린 형들을 원망하지 않고 오히려 하나님의 뜻을 이룬 것이었다며 형제들을 주님처럼 용서했습니다. 예수님께서도 당신을 채찍질하고 십자가에 못 박은 로마 군병들을 향해 용서의 기도를 드리셨습니다.

요셉이 그의 형제들에게 이르되 나는 죽을 것이나 하나님이 당신들을 돌보시고 당신들을 이 땅에서 인도하여 내사 아브라함과 이삭과 야곱에게 맹세하신 땅에 이르게 하시리라 하고(창 50:24)

요셉의 성품 중에서 우리가 닮아야 할 성품은 어떤 것입니까?

길안내 요셉(한 토막의 아름다운 스토리 같은 하나님 나라의 역사)

요셉의 긴 생애는 어두운 색뿐 아니라 밝은 색, 그리고 중립적인 색조차 조화롭게 어울리는 한 토막의 아름다운 그림과 같이 묘사되었다. 이 그림은 전체적으로 창세기에서 기초된 하나님 나라를 70명으로 완전히 준비하여 출애굽기로 넘기며 민족이 이루어지고, 하나님과 근본적인 언약이 형성되며, 마지막으로는 하나님 나라의 마지막 요소인 땅이 마련되는 것을 손짓하고 있다.

이것을 위하여 요셉은 야곱이 마지막 순간에 손을 교차하여 에브라임을 므낫세보다 먼저 축복하는 지혜를 배워야 했고(창 48장), 야곱의 시신을 장차 이스라엘 민족이 차지할 가나안 땅에 묻었다(창 50:1-14). 또 마지막으로 이것을 위하여 자신의 시신은 아버지와 같이 가나안 땅에서 열조에게 돌아가게 한 것이 아니라 애굽에 임시로 있게 하여, 장차 출애굽의 진군 명령이 떨어질 때 가지고 나갈 역사의 유물이 되게 한 역사의식이 있는 유언을 남긴다(창 50:24-25). 이것이 그 훗날에 이행되었으며(출 13:19), 드디어 가나안 정복의 기본 골격이 마무리되었을 때 요셉의 유골은 야곱이 세겜의 아비 하몰에게서 산 땅(창 33:19)

에 장사됨으로 그 형제 중에서 유일하게 가나안에서 열조에게 돌아가게 된다(수 24:32).

-〈목회와 신학〉 '창세기의 신학적인 내용에 대한 연구' 중에서-

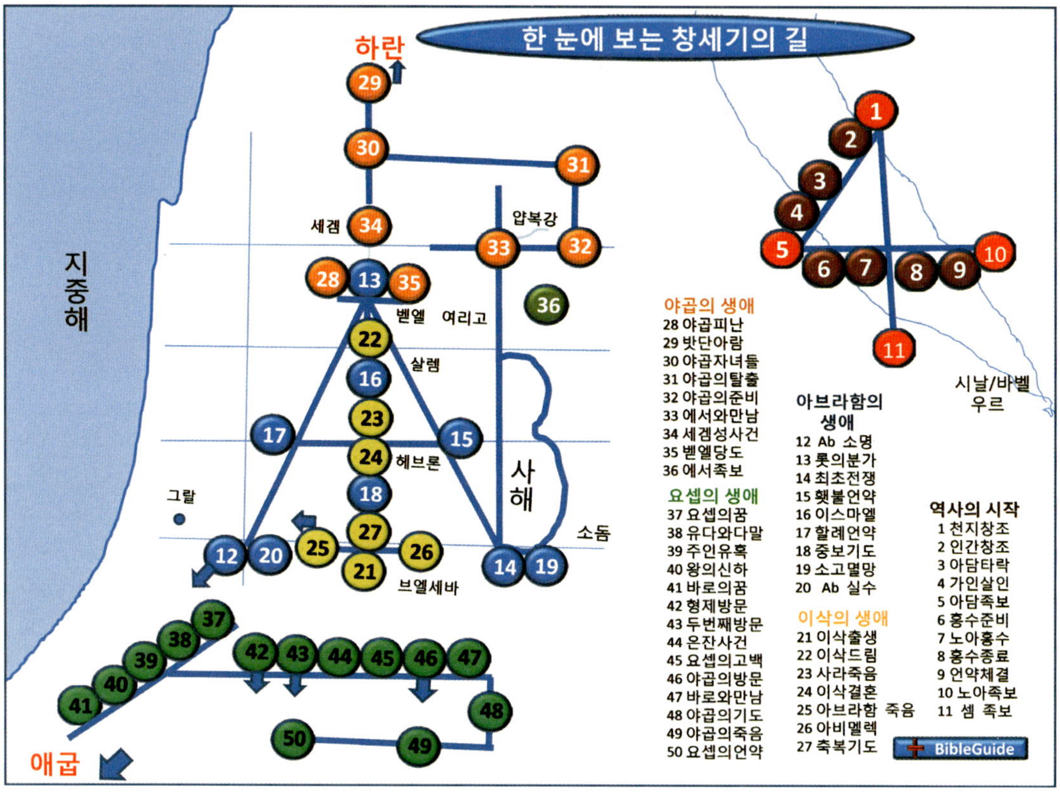

-《바이블 동서남북》 참조-

13. 위의 그림 도표는 아브라함(Abraham)의 행적은 A에, 이삭(Isaac)의 행적은 I에, 야곱(Jacob)은 위쪽 J에, 요셉(Joseph)은 아래쪽 J에 기록하고 있습니다.

지도를 보면서 창세기 각 장의 제목을 써 보시기 바랍니다.

• 창조타락(네 사건/창 1-11장): ______________________

____

____

• 아브라함(A/창 12-20장): ______________________

____

____

• 이삭(I/창 21-27장): ______________________

____

____

• 야곱(J/창 28-36장): ______________________

____

____

• 요셉(J/창 37-50장): ______________________

____

____

제 5 과

한눈에 보는 신정국가 I

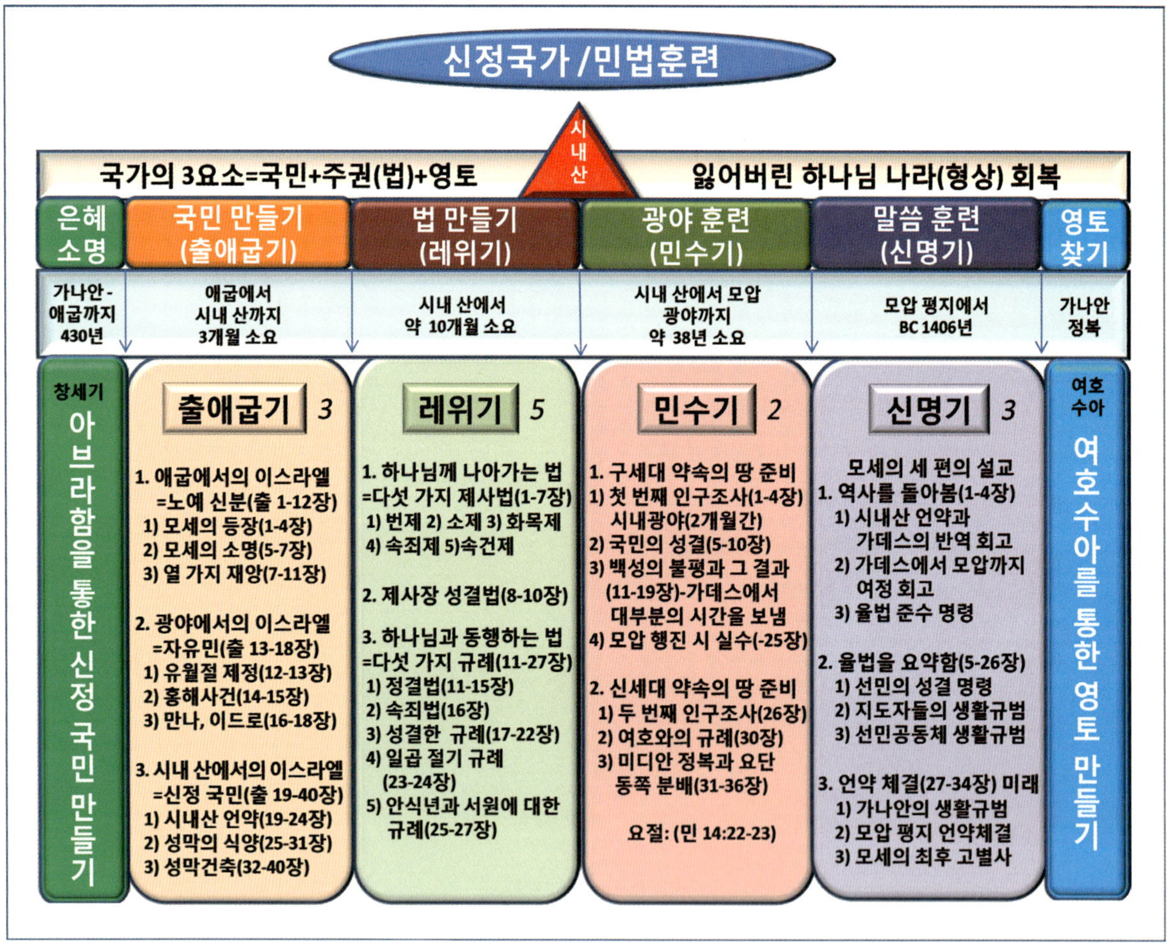

신정국가에 필요한 국민과 법과 훈련과 영토를 만들어 가십니다. 아브라함에게 가나안 땅을 약속하신 지 430년이 지났습니다. 요셉으로 인해 B.C. 1878년경 애굽으로 이주한 야곱의 후손들은 요셉의 사망 후 얼마의 세월이 지난 뒤부터 바로의 억압을 받게 되고, 모세가 출생할 당시의 B.C. 1527년경에는 이스라엘 민족이 급속한 인구 성장과 팽창을 통하여 강한 정치 세력 집단으로 부상할 것을 우려한 애굽 정부의 탄압과 견제로 노예 민족으로 전락해 버리고 맙니다.

> 야곱의 허리에서 나온 사람이 모두 칠십이요 요셉은 애굽에 있었더라 요셉과 그의 모든 형제와 그 시대의 사람은 다 죽었고 이스라엘 자손은 생육하고 불어나 번성하고 매우 강하여 온 땅에 가득하게 되었더라 요셉을 알지 못하는 새 왕이 일어나 애굽을 다스리더니(출 1:5-8)

바로는 이스라엘 사람들의 인구 증가를 억제하기 위해 심지어는 모든 남자아이를 죽이라는 극단적 정책을 시행하기도 했습니다. 이때에 모세가 태어났고, 그가 성장하여 하나님이 택하신 자기의 민족을 하나님의 도우심으로 구원하는 것이 출애굽의 역사입니다.

하나님께서 아브라함에게 창세기 15장에서 "네 자손이 이방에서 객이 되어 그들을 섬기겠고 그들은 사백 년 동안 네 자손을 괴롭히리니 그들이 섬기는 나라를 내가 징벌할지며 그 후에 네 자손이 큰 재물을 이끌고 나오리라"(창 15:13-14)고 하신 약속대로 모세를 통하여 출애굽의 역사를 이루신 것입니다. 노예 신분이었던 그들을 부르셔서 하나님 나라의 백성으로 삼으시고, 그들과 언약을 맺으시고, 하나님의 백성들로서 살아가야 할 율법을 주셨습니다. 하나님께서는 시내 산에서 하나님의 백성들이 하나님께 나아가기 위한 다섯 가지 제사법을 말씀해 주셨고, 제사장의 성결법과 함께 하나님과 동행하는 다섯 가지 규례를 말씀해 주셨습니다. 이러한 제사 제도나 규례는 하나님의 언약 백성들이 어떻게 거룩하신 하나님께 나아가며, 동행할 것인가 하는 길과 방법을 알려 주는 중요한 약속이었습니다. 그러나 이스라엘 백성들은 모세의 인도하에서도 약속의 땅으로 가지 못했습니다.

모세가 이스라엘 백성을 인도하여 출애굽한 B.C. 1446년에서 요단 강을 건너 약속의 땅 가나안에 도착한 B.C. 1405년까지 40년 동안 그들은 그들이 정착해야 할 가나안 땅 주변의 여러 세력들의 도전에 직면했습니다. 그러나 모세는 오직 하나님의 도우심으로 정치, 군사, 경제적 능력이 없고 독립 경험도 없는 노예 민족을 인도하여 40년이나 유랑하면서도 척박한 광야에서 선민 국가의 기틀을 수립하고, 유지 발전시켜 나가게 했습니다. 민수기에 나오는 광야의 시간은 오히려 하나님의 백성들이 하나님의 백성다워지는 훈련의 시간이었고,

가나안을 눈앞에 두고 모압 평지에서 행했던 세 편의 모세 설교인 신명기는 하나님의 백성들에 대한 말씀의 훈련이었습니다.

길안내 모세오경은 무엇인가?

모세오경은 모세가 쓴 것으로 알려진 성경의 처음 다섯 권의 책, 즉 창세기, 출애굽기, 레위기, 민수기, 신명기 등입니다. 모세오경의 명칭은 '토라'(the Torah)인데, '오경'(Pentateuch)이라는 명칭도 있습니다. 오리겐의 제4복음서 주석에서 '펜트'(다섯)와 '튜코스'(책)이라는 이름에서 나온 것입니다. 해리슨은 토라의 율법적인 개념을 강조하여 '하나님의 법', '모세의 책', '율법', '모세의 율법책' 등으로 불렀습니다. 그러나 프랭크 크뤼즈만은 토라가 훈계(잠 1:8), 교훈(시 78:1), 증거(시 78:5), 율법(시 78:10) 등, 하나님의 뜻을 가장 잘 나타내는 중요한 개념으로 사용되었다고 강조합니다.

특히 이러한 개념에서 토라는 '율법과 복음, 격려와 요구'라는 긴장관계가 결합된 개념으로 이해하고 있습니다. 오경의 주제는 '하나님의 자기 계시'로 볼 수 있습니다. 창세기는 '창조주 하나님', 출애굽기는 '구원의 하나님', 레위기는 '거룩하신 하나님', 민수기는 '인도하시는 하나님', 신명기는 '신실하신 하나님'으로 묘사되어 있습니다.

출애굽기

1. 출애굽의 대역사는 아브라함에게 주신 하나님의 약속에 근거하고 있습니다.

'출애굽기'(Exodus)라는 제목은 헬라어 'Exodos'에서 파생된 단어로 '벗어남'을 의미합니다. 아브라함의 후손 이스라엘 백성들이 노예로 살던 '애굽에서 벗어나 나온 기록'이라는 뜻이 있습니다. 출애굽기의 내용을 요약해 보면 크게 세 부분으로 나눌 수 있습니다. 첫째는 애굽에서 노역하던 노예로서의 이스라엘(출 1-12장), 둘째는 출애굽에서 시내 산까지의 광야 여정으로 자유민으로서의 이스라엘(출 13-18장), 그리고 셋째는 시내 산에서 하나님과의 언약을 받고 언약으로서의 이스라엘(출 19-40장)로 구성되어 있습니다.

> 내가 내려가서 그들을 애굽인의 손에서 건져내고 그들을 그 땅에서 인도하여 아름답고 광대한 땅, 젖과 꿀이 흐르는 땅……에 데려가려 하노라……이제 내가 너를 바로에게 보내어 너에게 내 백성 이스라엘 자손을 애굽에서 인도하여 내게 하리라(출 3:8-10)

우리말 성경의 출애굽기 서두에는 기록되어 있지 않지만, 히브리어 성경은 '그리고'라는 접속사로 시작합니다. 출애굽기는 따로 떨어진 책이 아니라 창세기의 연장이라는 말입니다. 다시 말해서, 하나님의 백성으로서의 이스라엘의 출현은 우연히 일어났거나 자기들의 힘으로 이루어진 것이 아니라 하나님의 창조가 있었고, 하나님께서 아브라함을 선택하시고 그에게 주신 약속이 있었으며, 그 약속에 의해서 애굽에 내려갔고, 거기서 하나님의 섭리로 크게 번성하고 있었다는 말로 출애굽기는 시작하고 있습니다.

오늘날 출애굽의 의미는 무엇이라고 생각하십니까?

---

2. 요셉으로 인해서 애굽으로 내려간 아브라함의 후손들은 70명에 불과했습니다. 그저 4대째 내려오는 한 가족일 뿐입니다. 그런데 성경은 그들이 "이스라엘 자손은 생육하고 불어나 번성하고 매우 강하여 온 땅에 가득하게 되었더라"(출 1:7)고 기록하고 있습니다. 애굽에 있는 동안 이스라엘 백성은 하나님의 특별한 섭리로 아주 강력하게 폭발적으로 번성했다는 것입니다.

그러나 시간이 지나자 요셉을 알지 못하는 왕조로 바뀌었고, 그 왕조가 이스라엘 민족을 박해하기 시작했습니다. 출애굽기 1장 8절에 보면, "요셉을 알지 못하는 새 왕이 일어나"라고 기록했습니다. 이때는 요셉을 발탁한 셈족인 힉소스 왕조가 무너지고 제18왕조인 함족 왕조(B.C. 1560~1350년)의 투트모세 1세가 정권을 잡은 때라고 역사학자들은 말합니다. 그러나 그 근원에는, 이스라엘이 이제 애굽에서 나갈 때가 되었기에 그들의 환경을 변경시키신 하나님의 섭리가 있습니다.

그러면 하나님은 왜 그들을 번성하게 하셨고, 지금은 왜 애굽에서 이끌어 내고 계십니까? 하나님은 어느 한 가정이나 한 민족을 구원하시는 것이 아니라, 이 세상을 구원하여 당신의 다스림을 받는 하나님의 나라를 이루려는 뜻을 두셨기 때문입니다.

> 하나님이 이 모든 말씀으로 말씀하여 이르시되 나는 너를 애굽 땅, 종 되었던 집에서 인도하여 낸 네 하나님 여호와니라 너는 나 외에는 다른 신들을 네게 두지 말라(출 20:1-3)

창세기 15장에서 하나님께서 아브라함에게 약속하실 때, 얼마 동안 이방에서 객이 되었다가 약속의 땅으로 돌아오겠다고 하셨습니까?

3. 무엇보다도 출애굽기에서의 큰 주제는 구원입니다. 그리고 이것을 보여주고 있는 사건이 '유월절'입니다. 유월절은 단지 이스라엘이 애굽에서 어떻게 탈출했는지를 보여주는 것이 아니라, 인간이 어떻게 하나님의 정죄와 심판에서 벗어나 은혜 아래 살아갈 수 있는지를 보여주는 심오한 사건입니다.

애굽에서의 마지막 사건은 애굽에서 난 모든 첫 번째가 죽는 재앙이었습니다. 그러나 하나님께서는 이스라엘 백성들에게 어린 양의 피를 문설주와 문지방에 바르라고 하셨습니다. '그 피를 보고 죽음의 사자가 넘어가리라'는 것입니다. 그것은 하나님의 구원의 진리를 아주 잘 보여주는 사건입니다. 하나님께서 어린 양 되신 예수 그리스도의 피를 믿는 모든 사람을 죄와 사망에서 구원하실 것을 미리 보여주신 것입니다. 유월절을 통해 어린 양의 대속적인 죽음으로 인한 구원을 보여주셨고, 피를 통한 구원의 역사를 증명해 주셨습니다. 그래서 히브리서 9장 22절은 "피 흘림이 없은즉 사함이 없느니라"라고 하였습니다.

> 이스라엘 회중이 그 양을 잡고 그 피를 양을 먹을 집 좌우 문설주와 인방에 바르고……내가 애굽 땅을 칠 때에 그 피가 너희가 사는 집에 있어서 너희를 위하여 표적이 될지라 내가 피를 볼 때에 너희를 넘어가리니 재앙이 너희에게 내려 멸하지 아니하리라(출 12:6-7, 13)

유월절은 영어로 'Passover'입니다. 왜 'Passover'라고 했을까요?

레위기

4. 레위기는 하나님께 나아가는 법을 말씀해 주고 있습니다.

일반적으로 레위기는 기독교인들이 가장 읽기 힘들어하는 구약성경 가운데 하나입니다. 우선 레위기에 나오는 여러 가지 제사법이 낯설게 느껴질 뿐 아니라 또 오늘날 교회 안에서 적용되고 있지 않기 때문일 것입니다.

기독교인들에게는 구약의 제사 법규들이 예수 그리스도의 속죄에 대한 그림자 정도로서 이해되고 있으나 유대인들에게는 그렇지 않습니다. 그들은 어린아이들이 책을 읽을 수 있

길안내 애굽에서의 10대 재앙의 내용과 의미

	재 앙	내 용	심판의 의미
1	피 재앙 (7:14-25)	나일 강물이 피로 변함	나일 강의 수호신으로 숭배된 '크놈'과 '하피'
2	개구리 떼 (8:1-15)	개구리가 애굽 온 땅을 뒤덮어 큰 고통을 줌	다산의 우상으로 섬겼던 개구리 형상 '헥트'
3	이 떼 (8:16-19)	땅의 티끌이 이로 변하여 사람과 가축을 괴롭힘	애굽 사람들이 흙의 우상, 즉 토신으로 섬긴 '셉'
4	파리 떼 (8:20-32)	애굽 온 땅이 무수한 파리 떼로 인하여 심히 고통을 당함	파리 모양을 한 우상 '핫콕'
5	심한 돌림병 (9:1-7)	심한 돌림병에 걸려 애굽의 모든 가축들이 떼죽음을 당함	가축 형상의 우상들, 곧 암소 '하돌'과 황소 '아피스'
6	악성 종기 (9:8-12)	화덕의 재가 티끌이 되어 애굽 전역의 사람과 짐승에게 악성 종기를 일으킴	질병의 수호신으로 숭배된 '타이폰', 의술의 신으로 섬겨진 '임호텝'
7	무거운 우박 (9:13-35)	애굽 전역에 우박이 임해 사람, 가축, 밭 작물에 큰 피해를 줌	기후를 주관하는 신 '슈', 곡물의 수호신 '셋'
8	메뚜기 떼 (10:1-20)	동풍에 메뚜기 떼가 몰려와 애굽의 채소와 나무를 먹어치움	메뚜기 떼의 재앙을 막도록 숭배된 우상 '세라피아'
9	캄캄한 흑암 (10:21-29)	애굽 온 땅에 3일 동안 캄캄한 흑암이 임함	태양의 신 '라', 태양의 여신 '세케트'
10	초태생 죽음 (11:1-12:36)	애굽 온 땅의 모든 사람과 가축의 처음 난 것이 다 죽음	생명의 수호신 '이시스', 생명을 주는 신 '오시리스'

을 만한 나이가 되면 제일 먼저 가르치는 책이 바로 레위기입니다. 그만큼 유대인들은 하나님에 대한 희생 제사를 중하게 여겼고, 사실상 유대인들에게 있어서 희생 제사를 드리고 절기를 지키고 하는 것들은 그들 생활의 가장 중요한 부분이었습니다. 또한 레위기는 성결 또는 거룩을 강조하고 있는 책으로, 이러한 성결과 거룩은 더 어렸을 때부터 가르쳐야 한다고 생각했기 때문입니다.

사실 레위기는 신약성경의 배경에 대해 많은 것을 말씀해 주고 있으며, 특별히 그리스도의 속죄사역을 이해하는 데 큰 도움을 주고 있습니다. 구약의 희생 제사에 대한 이

나는 여호와 너희의 하나님이라 내가 거룩하니 너희도 몸을 구별하여 거룩하게 하고 땅에 기는 길짐승으로 말미암아 스스로 더럽히지 말라 나는 너희의 하나님이 되려고 너희를 애굽 땅에서 인도하여 낸 여호와라 내가 거룩하니 너희도 거룩할지어다(레 11:44-45)

해 없이는 기독교의 구원론을 바르게 이해할 수 없기 때문입니다. 사실 구약의 제사 제도는 하나님의 사랑을 보여줍니다. 하나님 앞에 범죄한 인간은 하나님 앞에 설 자격이 없습니다. 그런 인간들에게 하나님은 자신을 만날 수 있는 길을 제사라는 방법을 통하여 허락하신 것입니다. 인간적인 시각으로 보면 번거로운 제사 제도이지만 하나님은 그렇게라도 해서 하나님의 백성들을 만나기를 원하셨던 것입니다.

하나님은 이스라엘 백성들의 제사를 통하여 무엇을 원하셨을까요?

5. 레위기에는 크게 다섯 가지 제사법과 일곱 가지 규례를 말씀하고 있습니다. 다섯 가지 제사는 번제, 소제, 화목제, 속죄제, 속건제로 '죄인 된 인간이 거룩하신 하나님께 나아가는 법'이라고 말할 수 있습니다. 이 제사에는 어떻게든 인간을 용서하고 싶어 하시는 하나님의 마음이 잘 나타나 있습니다. 이 밖에 레위기에는 '거룩'이라는 단어가 90회나 나옵니다. 거룩은 하나님과의 친밀한 관계를 위한 필수 요건입니다. 그래서 하나님은 "너는 이스라엘 자손의 온 회중에게 말하여 이르라 너희는 거룩하라 이는 나 여호와 너희 하나님이 거룩함이니라"(레 19:2)고 말씀하십니다. 그리고 일곱 가지 규례는 바로 거룩하신 하나님과 동행하기 위한 하나님의 백성들의 성결을 보여주고 있습니다.

이는 번제와 소제와 속죄제와 속건제와 위임식과 화목제의 규례라 여호와께서 시내 광야에서 이스라엘 자손에게 그 예물을 여호와께 드리라 명령하신 날에 시내 산에서 이같이 모세에게 명령하셨더라(레 7:37-38)

아래 표를 통해 우리가 알 수 있는 각 제사의 목적은 무엇입니까?

이는 너희가 대대로 여호와 앞 회막 문에서 늘 드릴 번제라 내가 거기서 너희와 만나고 네게 말하리라(출 29:42)

길안내 목적에 따른 다섯 가지 제사법

제 사	방 법	의 미
번 제	가죽을 제외한 제물 전체를 불로 태워드림	생명 있는 것으로 자신의 생명을 대속
소 제	피가 없는 유일한 제사로 곡식 가루를 기름과 유향 등과 섞어 불사름	재산을 하나님께 바치는 헌신
화 목 제	기름, 간, 콩팥 등만 불사르고 나머지는 제사장과 제물을 바치는 자가 먹음	감사한 일이 있을 때 이웃과 나눠 먹게 하심
속 죄 제	제물에 안수하고 제사장이 제물의 피를 제단에 뿌림. 제사장, 족장, 평민 등 신분과 지위에 따라 제물이 다름	하나님과의 관계 재정립
속 건 제	하나님의 것이나 이웃의 것에 해를 가했을 때 5분의 1을 더해 하나님께 바치거나 이웃에게 보상하고 바침	공동체 회복

민수기

6. 민수기는 시내 산을 출발하여 가나안 입구인 모압 평지까지의 여정을 기록하고 있습니다.

민수기는 영어로 'Numbers', 즉 숫자라는 뜻입니다. 모세가 이스라엘 백성의 숫자를 계수한 두 번의 사건이 민수기에 기록되어 있기 때문입니다.

민수기 1장에는 모세가 가나안 땅으로 행군을 시작하기 전에 백성 숫자를 계수했던 1차 계수의 사건이 기록되어 있고, 민수기 26장에서는 40년간의 방황을 마치고 가나안 땅으로 들어가기 전에 다시 한 번 백성의 숫자를 계수한 2차 계수 사건이 기록되어 있습니다. 모든 백성을 다 계수한 것이 아니고, 이스라엘 백성 가운데 레위인을 제외하고 싸움에 나갈 수 있는 20세 이상 남자의 숫자만 계수했습니다. 레위인들을 계수에서 뺀 것은 그들이 성막 관리를 맡았기 때문입니다.

> 이스라엘 자손이 애굽 땅에서 나온 후 둘째 해 둘째 달 첫째 날에 여호와께서 시내 광야 회막에서 모세에게 말씀하여 이르시되 너희는 이스라엘 자손의 모든 회중 각 남자의 수를 그들의 종족과 조상의 가문에 따라 그 명수대로 계수할지니(민 1:1-2)

1차 계수를 했을 때에 이스라엘 백성의 20세 이상 남자는 603,550명이었는데, 40년의 세월이 지난 2차 계수 때는 오히려 1,820명이 감소한 601,730명이었습니다. 1차 계수할 당시 20세 이상의 남자들 가운데 여호수아와 갈렙을 제외하고는 다 광야에서 죽었기 때문일 것입니다. 그 이유는 무엇보다도 가데스바네아에서의 반역, 만나에 대한 불평과 원망, 모세와 아론의 권위와 지도력에 대한 불평 등 끊임없이 하나님의 약속을 신뢰하지 않고 자기 생각이나 자기 꾀나 죄성을 따라서 살았기 때문이었습니다.

이러한 이스라엘 백성들을 통해 오늘날 우리에게 주시는 교훈은 무엇입니까?

7. 민수기는 이스라엘 백성들이 시내 산에서 율법을 받고 가나안 땅으로 들어가기 전까지의 사건을 기록하고 있습니다. 모세가 이스라엘 백성을 계수하고 이스라엘 백성이 행진할 수 있도록 진형을 갖추고 행진을 시작하는 준비를 한 것이 전반부에 기록되어 있습니다.

그와 함께 올라갔던 사람들은 이르되 우리는 능히 올라가서 그 백성을 치지 못하리라 그들은 우리보다 강하니라 하고 이스라엘 자손 앞에서 그 정탐한 땅을 악평하여 이르되 우리가 두루 다니며 정탐한 땅은 그 거주민을 삼키는 땅이요 거기서 본 모든 백성은 신장이 장대한 자들이며 거기서 네피림 후손인 아낙 자손의 거인들을 보았나니 우리는 스스로 보기에도 메뚜기 같으니 그들이 보기에도 그와 같았을 것이니라(민 13:31-33)

이때 하나님의 성막은 이스라엘의 진영 한가운데 있었습니다. 이것은 하나님이 그들 가운데 함께 계신다는 것을 의미합니다. 이스라엘 12지파를 세 지파씩 나누어서 동서남북으로 배열했고, 진행할 때는 동남서북의 순서로 진행하도록 했습니다. 이것은 외적의 침입으로부터 보호할 수 있는 체제를 갖춘 것입니다. 또한 하나님께서 낮에는 구름기둥을, 밤에는 불기둥을 주심으로 함께하신 것은 이스라엘 백성이 가야 할 길을 인도하신 것입니다. 그리고 만나와 메추라기를 주셔서 배불리 먹게 하셨습니다.

우리가 광야와 같은 인생길을 갈 때도 마찬가지입니다. 하나님이 우리와 함께하시며, 보호하시고, 인도해 주십니다. 그러나 많은 이스라엘 백성들이 애굽에서 나왔지만 그들이 가나안 땅에는 입성하지 못하고 광야에서 죽었다는 사실을 기억해야 합니다.

너희의 자녀들은 너희 반역한 죄를 지고 너희의 시체가 광야에서 소멸되기까지 사십 년을 광야에서 방황하는 자가 되리라(민 14:33)

오늘날 많은 그리스도인들이 예수님을 영접하고 신앙생활을 시작합니다. 그러나 그들 중에 많은 사람들이 성령 충만을 통해 승리하는 풍성한 삶을 살지 못하고 그대로 광야를 방황하다 죽어갑니다. 참된 신앙생활의 기쁨과 능력을 경험하지 못한 채 광야를 방황하다가 그대로 죽어가는 것입니다.

믿는 사람들에게 광야는 무엇을 상징한다고 생각하십니까?

또 가나안은 믿는 자들에게 무엇을 상징한다고 생각하십니까?

---

8. 신명기는 모압 평지에서 행한 모세의 세 편의 설교입니다.

> 이스라엘아 들으라 우리 하나님 여호와는 오직 유일한 여호와이시니 너는 마음을 다하고 뜻을 다하고 힘을 다하여 네 하나님 여호와를 사랑하라 오늘 내가 네게 명하는 이 말씀을 너는 마음에 새기고 네 자녀에게 부지런히 가르치며 집에 앉았을 때에든지 길을 갈 때에든지 누워 있을 때에든지 일어날 때에든지 이 말씀을 강론할 것이며(신 6:4-7)

신명기는 영어로 'Deuteronomy'로 문자 그대로 '두 번째 율법'이라는 뜻입니다. 이는 모세가 '새로운 율법을 두 번째로 받았다'는 의미가 아니라 이미 시내 산에서 주어진 율법을 새로운 세대에게 새로운 의미를 부여하여 설명하는 것이라고 볼 수 있습니다. "모세가……이 율법을 설명하기 시작하였더라"(신 1:5)는 말에서 알 수 있는 것처럼 십계명의 의미와 본질이 무엇인가에 대한 설명이 바로 신명기의 핵심 내용인 것입니다.

출애굽기 20장의 십계명은 모세가 시내 산에서 받은 언약이기 때문에 '시내 산 언약'이라고 부릅니다. 그러나 신명기에서는 모세가 아모리 왕 시혼과 바산 왕 옥을 치고 가나안에 입성하기 전에 모압 땅에서 이스라엘 백성들에게 십계명을 새롭게 해설하고 언약을 맺었기 때문에 '모압 언약'이라고 부릅니다. 이는 내용이 다른 것이 아니라 장소가 다른 것입니다. 시간과 장소는 달라도 하나님의 말씀은 변하지 않습니다.

십계명의 내용을 요약하면 예수님은 무엇이라고 하셨습니까?(마 22:36-40)

길안내 모세란 이름은 '물에서 건지다'라는 뜻으로 바로의 공주가 물에 버려진 아이를 건져내어 아들 삼았기 때문에 이름을 그렇게 지은 것입니다. 모세가 태어날 당시 바로는 이스라엘 인구 억제 정책으로 모든 이스라엘 남자아이들을 죽이라는 명령이 내렸습니다. 그러나 하나님께서는 오히려 모세로 하여금 그를 죽이려 하는 권력 가운데 있는 애굽 공주의 양자가 되게 하여 40년 동안 학술을 익히게 하셨으며, 미디안 광야에서 또 40년을 인격적이고 신앙적으로 겸손해지도록 연단하셨습니다(출 2:1-25). 그리하여 모세는 하나님이 택하신 자기 민족을 하나님의 도우심으로 구원하게 됩니다.

이 구원의 역사는 구약의 최대의 사건이요, 본격적으로 이스라엘 백성이 하나님의 백성으로 세워지는 사건입니다. 하나님은 모세를 통해서 이스라엘 백성의 구원을 이루어 내셨습니다. 그래서 마태는 예수님을 모세와 비교했습니다. 모세가 이스라엘 백성들을 구원해 낸 것처럼 예수님은 온 인류를 구원해 내실 메시아요, 또 모세가 이스라엘 백성들에게 율법을 통해서 하나님의 말씀을 선포한 것처럼 예수님께서는 이 땅에 복음을 선포하셨다는 것입니다. 따라서 신약의 중심이 예수님이신 것처럼 모세는 구약에서 그 중심에 서 있다고 하겠습니다.

9. 신명기는 가나안을 눈앞에 두고 모세가 120세가 되어 죽기 직전에 행한 세 가지 설교라고 볼 수 있습니다. 신명기 1장 1절은 "이는 모세가 요단 저쪽 숩 맞은편의 아라바 광야 곧 바란과 도벨과 라반과 하세롯과 디사합 사이에서 이스라엘 무리에게 선포한 말씀이니라"라고 시작하고 있습니다. 이스라엘 백성들이 약속의 땅 바로 앞까지 왔지만 아직 가나안에 들어가지 못한 상황에서 모세는 그동안 베푸신 하나님의 은혜를 기억하라고 이야기하고, 앞으로 가나안에 들어간 후에도 하나님의 백성답게 살아가라고 했습니다.

먼저 1장부터 4장까지가 첫 번째 설교로, 광야 40년 동안의 죄악을 회고하는 것으로 과거에 대한 설교입니다. 5장부터 28장까지의 두 번째 설교는 시내 산에서 받은 두 돌비의 의미와 본질이 무엇인가를 설명해 줍니다. 즉 모세는 십계명을 현재의 상황에서 해설하고 설교하는 것입니다. 그리고 29장부터 30장까지는 세 번째 설교로서, 하나님은 우리 앞에 생명의 길과 사망의 길, 축복의 길과 저주의 길을 두셨으니 그중에서 축복의 길, 생명의 길을 택하여 가라는 내용이 기록되어 있습니다. 앞으로 가나안에 들어갈 차세대를 향한 미래적 설교라고 볼 수 있습니다. 그리고 31장부터 34장까지는 모세의 마지막 축복과 죽음을 기록하고 있습니다.

모세는 열 가지 재앙과 홍해의 기적을 통해 이스라엘 백성들을 출애굽시켰고, 험난한 40년 동안 광야를 다니며 그들을 이끌어 가나안 문턱에 와서 이제 약속의 땅을 눈앞에 두고, 마지막으로 이스라엘 백성들에게 유언과 같은 고별 설교를 하고 있는 것입니다.

그의 세 설교의 핵심은 각각 무엇이라고 생각하십니까?

10. 위의 그림 도표는 출애굽기에서부터 신명기까지의 이스라엘 백성들의 여정을 보여주고 있습니다. 지명과 사건을 따라 큰 사건 열 가지를 적어 보시기 바랍니다.

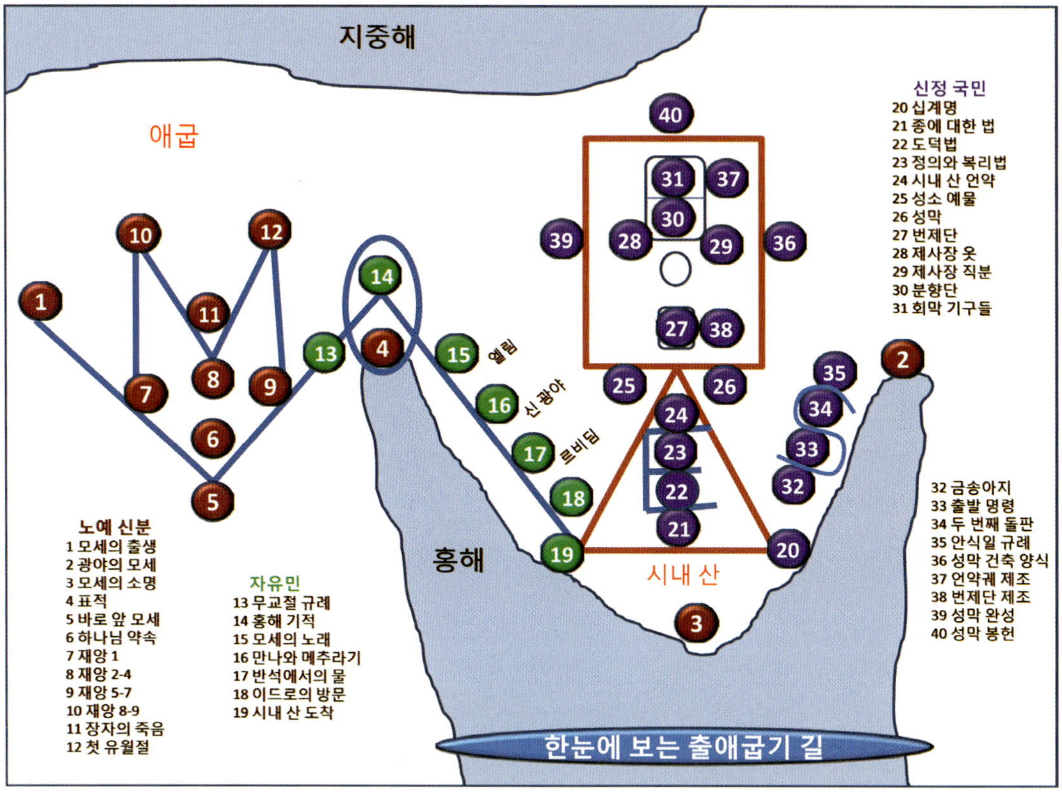

11. 위의 그림 도표는 모세가 이스라엘 백성들을 이끌고 출애굽하여 시내 산까지 도착한 여정을 보여주고 있습니다. 모세의 영어 이름 MOSES와 시내 산에서 받은 성막 양식을 따라 출애굽기의 각 장의 제목을 적어 보시기 바랍니다.

제 6 과

한눈에 보는 신정국가 Ⅱ

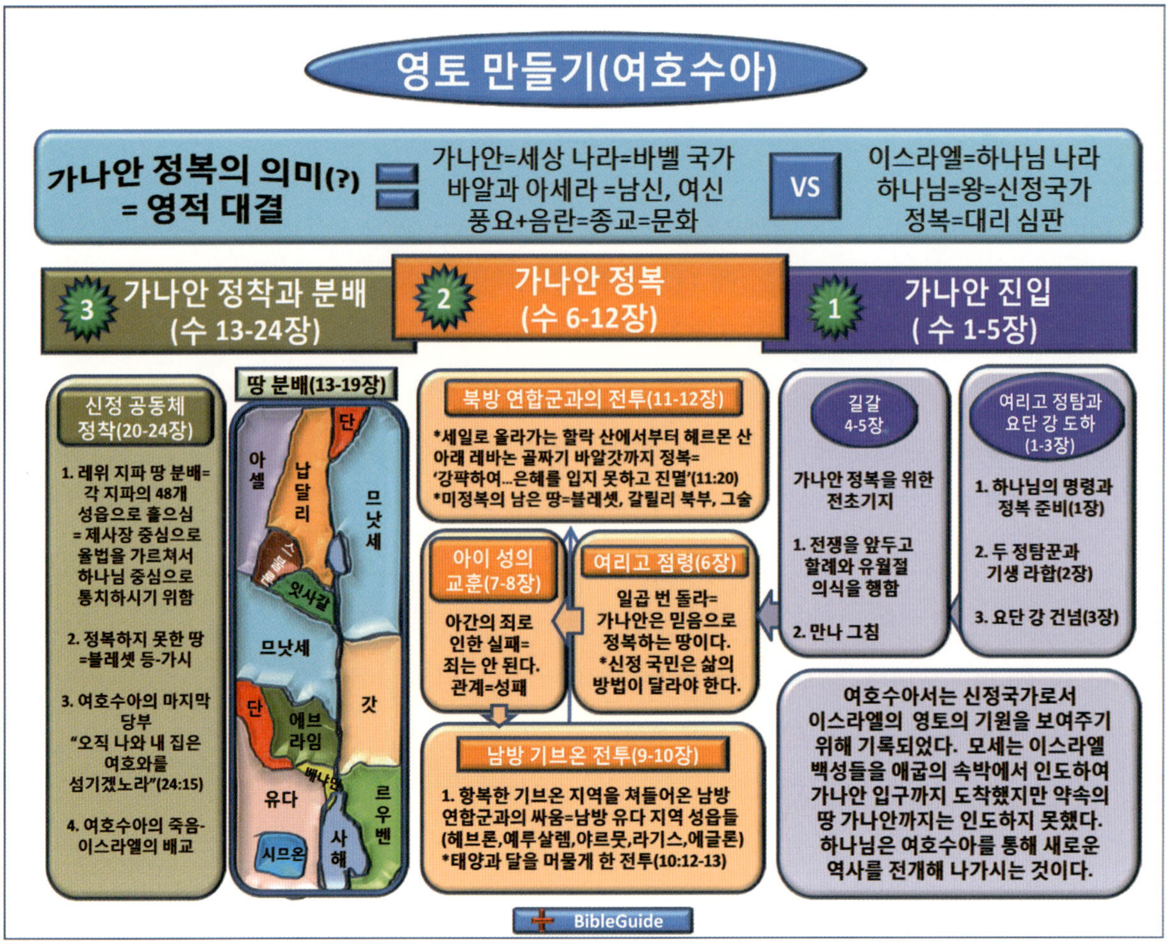

이스라엘 백성들의 가나안 정복은 하나님의 대리 심판인 동시에 신정국가의 영토를 만드는 영적 대결이었습니다. 하나님은 모세를 통하여 아브라함에게 약속하신 이스라엘 백성들의 출애굽의 대장정을 시작하게 하셨습니다. 출애굽은 출애굽 자체가 목적이 아니라 약속의 땅 가나안이 목적이었기에, 모세의 영도 아래 출애굽한(B.C. 1446년) 이스라엘 백성들은 한 세대를 거쳐 광야에서 방황한 후인 B.C. 1406년경부터는 여호수아의 영도 아래 가나안을 정복하고 이스라엘 지파별로 땅을 분배해 나갔습니다.

> 내 종 모세가 죽었으니 이제 너는 이 모든 백성과 더불어 일어나 이 요단을 건너 내가 그들 곧 이스라엘 자손에게 주는 그 땅으로 가라(수 1:2)

아브라함을 통해 약속하셨던 신정국민이 출애굽하여 이루어졌고, 레위기를 통해 신정국민에게 필요한 법을 주시고, 민수기와 신명기를 통해 하나님 나라 백성답게 살라고 훈련하신 후 이제 여호수아를 통해 '영토'를 찾게 하시는 것입니다. 이로써 신정국가의 요소가 다 갖춰지게 됩니다.

여호수아

1. 여호수아는 성경에 나오는 가장 위대한 장수 중 하나입니다.

그는 모세를 따라 전쟁에 나선 이후 가나안 땅에 들어가 정복 전쟁을 마칠 때까지, 곧 출애굽하여 가나안 정복이 일단락될 때까지 언제나 전쟁을 진두지휘한 장수였습니다. 본래 그는 에브라임 지파 사람으로 그의 이름은 호세아였는데, 모세가 그 이름을 '여호수아'라고 부른 뒤부터 그는 여호수아라고 불렸습니다(민 13:16). 호세아라는 말은 히브리어로 '구원'이라는 뜻이고, 여호수아는 '여호와는 구원하신다'라는 뜻입니다. 여호수아는 헬라어로 '예수아, 예수스, 예수' 등으로 신약성경에 번역되어서 우리 주님의 이름과 같습니다.

> 오직 강하고 극히 담대하여 나의 종 모세가 네게 명령한 그 율법을 다 지켜 행하고 우로나 좌로나 치우치지 말라 그리하면 어디로 가든지 형통하리니 이 율법책을 네 입에서 떠나지 말게 하며 주야로 그것을 묵상하여 그 안에 기록된 대로 다 지켜 행하라 그리하면 네 길이 평탄하게 될 것이며 네가 형통하리라(수 1:7-8)

여호수아는 가데스바네아에서 가나안을 정탐한 후 정탐꾼 대부분이 부정적인 보고를 하고 이로 인해 백성들의 분노와 원망이 들끓는 순간에도 긍정적인 신앙 자세를 잃지 않았습니다(민 14:6-9). 그는 갈렙과 함께 '하나님이 함께하시니 결코 두려워 말라'는 믿음의 보고를 하였고, 이를 통해 출애굽한 성인 남자 중에 여호수아와 갈렙만이 약속의 땅에 들어가는 축복을 받았습니다. 이처럼 하나님의 축복은 믿고 바라보는 자에게만 주어짐을 알 수 있습니다.

민수기 14장을 읽고 여호수아와 갈렙의 보고를 간략하게 핵심만 적어 보시기 바랍니다.

영적전쟁

2. 가나안 정복은 영적 전쟁이었습니다.

그 성 안에 있는 모든 것을 온전히 바치되 남녀노소와 소와 양과 나귀를 칼날로 멸하니라(수 6:21)

여호수아서를 읽어 나갈 때 우리에게 가장 반감이 드는 부분은, 가나안에 있는 원주민들을 어른에서부터 어린아이에 이르기까지, 그리고 가축까지도 진멸하라는 하나님의 명령일 것입니다. '어떻게 사랑이신 하나님께서 그렇게 몰인정하신가? 너무 잔인하신 것은 아닌가?' 하는 의문이 생깁니다. 그러나 이 전쟁은 단순한 전쟁이 아닌 영적 전쟁이요, 영적 대결이라는 차원에서 이해해야 합니다.

하나님은 아브라함에게 가나안 땅을 약속하실 때 400년 만에 돌아오리라고 약속하시면서 '아직은 아모리 족속의 죄가 차지 않았다'(창 15장)고 하셨습니다. 가나안 땅에 죄가 차기까지 기다리라는 것입니다. 가나안 정복은 단지 영토를 차지하는 전쟁이 아니라 이스라엘을 통한 죄에 대한 심판이요, 대리 전쟁이었습니다.

사실 가나안은 바벨 국가의 연장선에서 세상 나라를 대표하고 있습니다. 그들의 신은 풍요와 음란의 신인 바알과 아세라였고, 이것은 바벨 종교를 뿌리로 합니다. 그들의 제사법에 따라 아이들을 불에 태워 제물로 드리기도 했고, 신전의 여사제와 성관계를 맺기도 했습니다. 그들을 완전히 진멸하지 못하면 하나님 나라 백성들이 그들의 영향을 받게 되고 세속화되고 말 것이기 때문에, 철저하게 구별되기 위해 완전히 정복해야 했습니다. 이것은 하나님의 심판이었습니다.

여기서 우리에게 주는 교훈은 무엇입니까?

길안내

가나안 종교는 농사에 기반을 둔 풍요의 신이라고 할 수 있습니다. 그들은 참된 하나님 대신 자신들을 풍요롭게 해줄 남신과 여신을 만들어 섬겼습니다. 남신은 '바알'로 태양신이며, 여신은 '아세라'로 달신입니다. 그들은 이 두 신의 결합으로 많은 생산을 이루어 풍요롭게 될 수 있다고 믿고 있었습니다.

그들의 종교가 음란이었고, 음란이 곧 생활이었습니다. 그 신들에게 바치는 가장 좋은 제물은 그들의 어린 아기였고, 아기를 불태워 드린 후(렘 7:31; 대하 28:3)에 곧 신전의 여자 제사장과 성관계를 하는 것이 제사법이었습니다. 자식은 생산의 상징이었습니다. 자식은 가장 귀한 것이기 때문입니다. 헌물입니다. 가장 좋은 것을 드린다는 의미입니다. 이와 같이 자기 자녀를 불살라 드렸던 이곳 가나안 땅에서 수천의 영아 유골 항아리가 고고학자들에 의해 발굴되었습니다. 아골 골짜기입니다. 해골이라는 골짜기에서 말입니다.
정탐꾼을 숨겨 주었던 기생 라합이 바로 이 성창이었다고 봅니다. 사실 오늘날 올림픽을 시작할 때 하얀 옷을 입은 여자 사제들이 바로 옛날에는 그런 사람들입니다. 구약 시대뿐 아니라 바울 사도 시대의 고린도에도 이런 신전 창녀들이 많았습니다. 당시 고린도의 아프로디테 신전에만도 1,000명 정도의 이런 여사제(종교 창녀, 성창)들이 공적으로 성행위를 하고 있었습니다. 그리스 신화는 신화 그 자체가 아니었습니다. 실제로 지중해 연안 모든 나라에 다 퍼져 있었던, 그들의 난잡한 실제 종교였습니다.

-《어? 성경이 읽어지네!》 중에서-

가나안 진입

3. 여호수아서는 크게 세 부분으로 나눌 수 있습니다.

첫째는 가나안 정복을 준비하는 과정으로 여리고 정탐과 요단 강 도하, 그리고 길갈에서의 할례와 유월절 의식을 통한 결단의 모습입니다. 여리고 정탐을 통해 이미 '여호와 이레'로 준비하신 하나님의 역사를 보았고, 기생 라합의 믿음을 통해 확인했습니다.

> 그때에 여호와께서 여호수아에게 이르시되 그들을 두려워하지 말라 내가 그들을 네 손에 넘겨주었으니 그들 중에서 한 사람도 너를 당할 자 없으리라 하신지라(수 10:8)

요단 강을 건널 때는 제사장들이 먼저 언약궤를 메고 들어갔습니다. 언제나 하나님의 언약을 앞세우고 나아가겠다는 믿음을 보이는 행위입니다. 무엇보다도 이미 요단 강을 건넌 길갈에서는 전쟁을 앞에 두고 모든 남자들에게 할례를 행함으로 성결을 통한 믿음의 준비를 하고 있습니다. 만약 적들이 알고 공격을 해오면 꼼짝없이 당할 수밖에 없는 위험을 무릅쓰고 할례를 행한 것입니다. 전쟁은 군대의 숫자나 군대의 강함에 있는 것이 아니라 하나님께 속한 것이라는 믿음 때문에 하나님과의 관계에 우선하고 있는 것입니다.

영적 전쟁에서 우리가 우선적으로 준비해야 할 것은 무엇이라고 생각하십니까?

가나안 정복

4. 여호수아의 두 번째 부분은 이제 본격적으로 가나안을 정복하는 '정복 전쟁'에 있습니다.

> 여호수아가 이같이 그 온 땅 곧 산지와 온 네겝과 고센 온 땅과 평지와 아라바와 이스라엘 산지와 평지를 점령하였으니(수 11:16)

먼저 여리고 성과 아이 성을 정복한 후, 크게는 남부 연합군과의 전투, 그리고 북부 연합군과의 전투로 나눌 수 있습니다.

그런데 첫 번째 전투인 여리고 성 전투는 하나님의 말씀을 따라 성을 도는 것으로 시작합니다. 손자병법을 썼던 손자가 보면 웃을 일입니다. 그러나 이 전투는 가나안 전투의 성격뿐 아니라 가나안에서의 삶의 모습이 어떠해야 하는지를 보여주는 중요한 전투입니다. 가나안은 힘으로 정복하는 것이 아니라 믿음으로 정복해야 하는 나라라는 것입니다. 하나님을 의지하고 순종함으로 정복해 가는 나라라는 것입니다. 아이 성에서도 이것을 여지없이 보여주고 있습니다. 쉽게 생각했던 아이 성 정복은 아간의 거짓과 죄 때문에 실패하고 말았습니다.

영적 전쟁에서는 성결이 문제입니다. 하나님과의 관계 속에서 신실하고 진실함이 승리의 비결입니다.

다음의 지도를 보고 번호를 따라 지명과 제목을 적어 보시기 바랍니다.

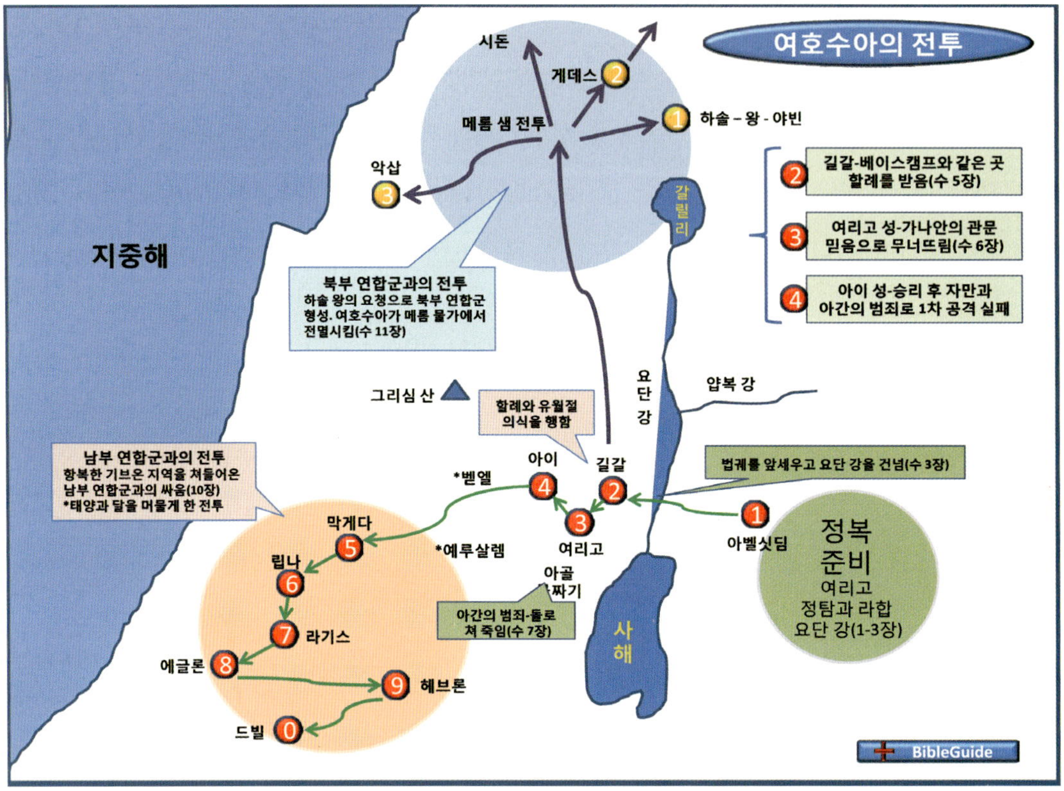

5. 여호수아는 7년 동안의 정복 전쟁을 통해 가나안의 대부분을 점령하고 약속의 땅에 정착하게 됩니다.

가나안 정착

물론 여호수아와 이스라엘 백성들은 가나안을 다 정복한 것은 아니었습니다. 지중해 서남부에 거주하는 블레셋과 지중해 북서부에 거주하는 페니키안, 그리고 갈릴리 바다 서쪽 지역인 그술 땅은 아직 점령하지 못했습니다. 특별히 블레셋은 앞으로 이스라엘 역사에서 계속해서 이스라엘을 괴롭히는 가장 큰 적이 되고 맙니다. 우리가 잘 알고 있는 다윗과 싸웠던 골리앗은 블레셋의 장수였으며, 네피림 아낙 자손이기도 합니다.

완전하게 정복하지 못한 것이 끝내 화가 되어 돌아오고 있는 것을 보게 됩니다. 여기서 얻을 수 있는 교훈은 무엇입니까?

땅분배

6. 여호수아는 가나안을 정복하고 난 후 각 지파에게 땅을 분배합니다.

여호수아서의 마지막 부분은 가나안 땅을 얻은 후 제비를 뽑아 레위 지파를 제외한 12지파에게 땅을 골고루 분배하는 과정입니다.

다음의 지도를 보고, 지도에 땅 분배에 따른 지파의 이름을 써 보시기 바랍니다.

> 여호와께서 모세에게 명령하신 대로 그들의 기업을 제비 뽑아 아홉 지파와 반 지파에게 주었으니 이는 두 지파와 반 지파의 기업은 모세가 요단 저쪽에서 주었음이요 레위 자손에게는 그들 가운데에서 기업을 주지 아니하였으니 이는 요셉의 자손이 므낫세와 에브라임의 두 지파가 되었음이라 이 땅에서 레위 사람에게 아무 분깃도 주지 아니하고 다만 거주할 성읍들과 가축과 재산을 위한 목초지만 주었으니 이스라엘 자손이 여호와께서 모세에게 명령하신 것과 같이 행하여 그 땅을 나누었더라(수 14:2-5)

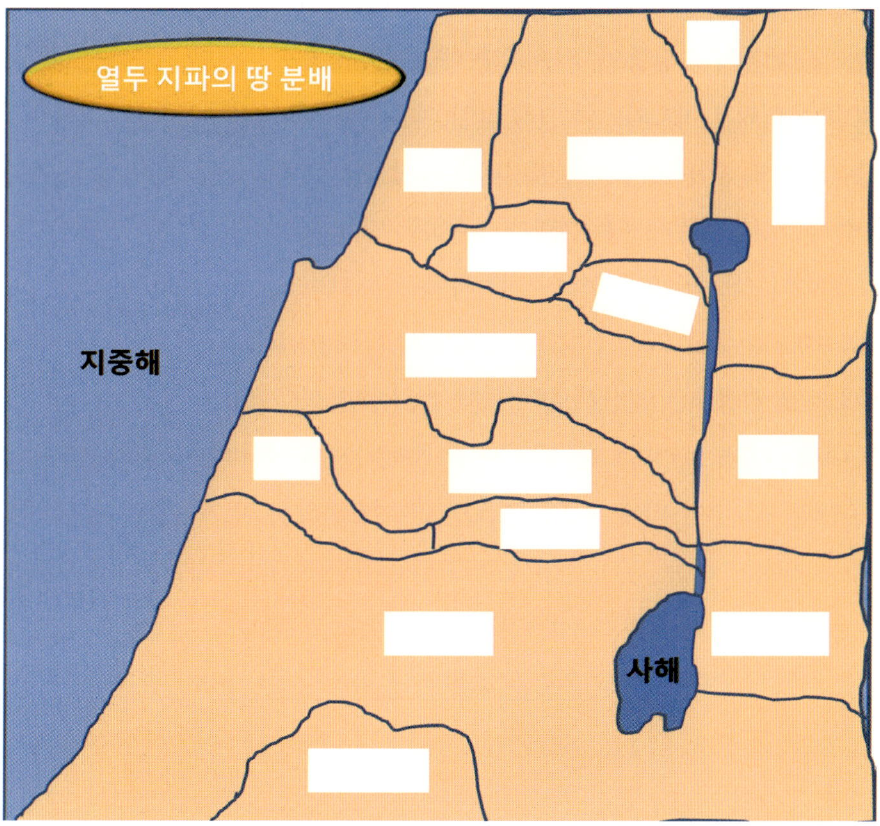

레위지파

7. 여호수아는 각 지파에게 땅을 분배하지만 레위 지파를 제외합니다.

레위 지파는 성막을 중심으로 섬기며 사는 지파이므로 이스라엘 모든 지파의 48개 성읍으로 흩어지게 했기 때문입니다.

이스라엘은 이제 하나의 완전한 국가로서의 체제를 갖추었지만 왕을 세우고 왕이 통치하는 나라가 아니었습니다. 레위 지파를 통해 하나님 중심의 지방자치제를 이룩한 것입니다.

레위 지파를 각 성읍에 흩어지게 하신 이유는 무엇이라고 생각하십니까?

고별설교

8. 여호수아서 마지막 2장은 여호수아의 고별 설교입니다.

여호수아는 모든 이스라엘 백성들을 세겜에 불러 모으고 마지막으로 간절한 부탁을 하고 있습니다.

"그러므로 이제는 여호와를 경외하며 온전함과 진실함으로 그를 섬기라 너희의 조상들이 강 저쪽과 애굽에서 섬기던 신들을 치워 버리고 여호와만 섬기라 만일 여호와를 섬기는 것이 너희에게 좋지 않게 보이거든 너희 조상들이 강 저쪽에서 섬기던 신들이든지 또는 너희가 거주하는 땅에 있는 아모리 족속의 신들이든지 너희가 섬길 자를 오늘 택하라 오직 나와 내 집은 여호와를 섬기겠노라 하니"(수 24:14-15).

> 여호수아가 이르되 그러면 이제 너희 중에 있는 이방 신들을 치워 버리고 너희의 마음을 이스라엘의 하나님 여호와께로 향하라 하니 백성이 여호수아에게 말하되 우리 하나님 여호와를 우리가 섬기고 그의 목소리를 우리가 청종하리이다 하는지라 그날에 여호수아가 세겜에서 백성과 더불어 언약을 맺고 그들을 위하여 율례와 법도를 제정하였더라(수 24:23-25)

이에 이스라엘 백성들은 일심으로 '여호와 하나님만 섬기겠다'고 대답합니다. 그러나 그들의 약속은 오래가지 못합니다. "이스라엘이 여호수아가 사는 날 동안과 여호수아 뒤에 생존한 장로들 곧 여호와께서 이스라엘을 위하여 행하신 모든 일을 아는 자들이 사는 날 동안 여호와를 섬겼더라"(수 24:31). 여호수아와 장로들이 세상을 떠났을 때 이스라엘 백성의 여호와 신앙도 떠났다는 말입니다.

여기서 우리가 배울 수 있는 교훈은 무엇입니까?

제 7 과

한눈에 보는 신정국가 Ⅲ

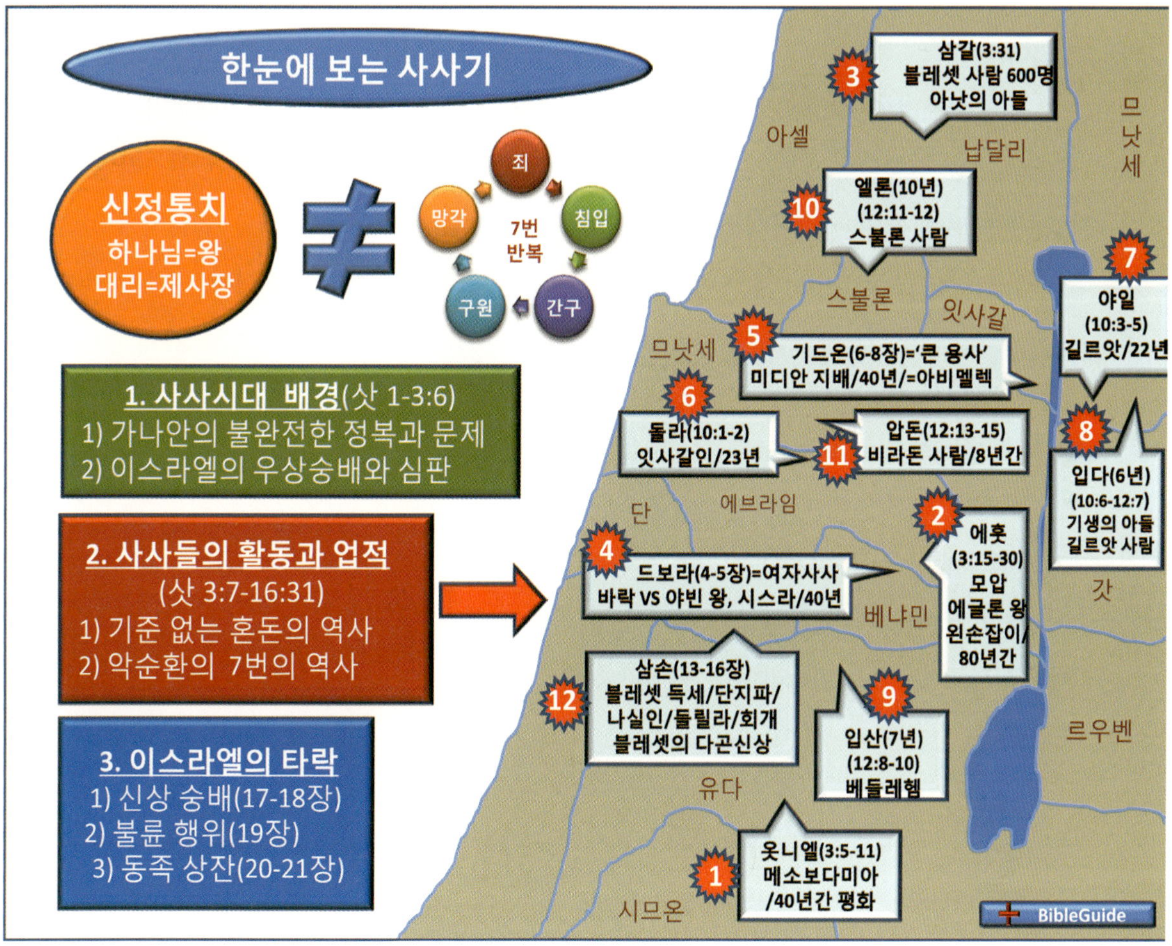

구약의 사사시대를 신정통치시대라고 말할 수 있습니다. 하나님은 모든 지도자를 선택하고 세우셨으며, 레위 지파를 48개 성읍에 흩어져 살게 하시며 제사 업무과 교육을 감당하게 하셨습니다. 여호수아의 영도 아래 가나안을 정복한 이스라엘 백성들은 각 지파에게 땅을 분배하고, 제사장 지파였던 레위 지파는 각 성읍에 흩어져 살면서 제사 중심, 하나님 중심으로 살게 한 것입니다. 이것은 신정통치를 위한, 일종의 레위 지파의 파송이었습니다. 인간 왕 대신 제사장을 통한 신정통치를 원하셨던 것입니다.

> 그때에는 이스라엘에 왕이 없었으므로 사람마다 자기 소견에 옳은 대로 행하였더라(삿 17:6)

> 그러므로 내가 또 말하기를 내가 그들을 너희 앞에서 쫓아내지 아니하리니 그들이 너희 옆구리에 가시가 될 것이며 그들의 신들이 너희에게 올무가 되리라 하였노라(삿 2:3)

그러나 이스라엘 백성들은 하나님을 떠나 죄를 짓습니다. 그럴 때면 그때까지 정복하지 못했던 이방 민족들을 통해서 침략과 어려움을 당하게 되고, 어려움에 처한 이스라엘 백성들이 하나님께 돌아와 간구하면 하나님은 사사들을 세우시고 이스라엘을 구원해 주셨습니다. 이런 일이 일곱 번이나 반복해서 일어나는 곳이 사사기입니다. 그러니까 '죄-침입(어려움)-간구-구원(사사)-망각-죄'라는 패턴이 반복되는 것입니다.

결국 사사시대의 마지막은 신상 숭배와 불륜 행위, 그리고 동족상잔이라는 비극적인 결말로 가고 맙니다. 그러면서도 하나님의 통치하심 아래서 살지 않고 자기들의 생각대로 살아가던 이스라엘은 회개하고 하나님께로 돌아온 것이 아니라 인간 왕을 세워 세상 나라처럼 강력한 나라를 원하게 됩니다. 여기에서 왕정통치가 시작하게 되고, 이스라엘은 통일왕국을 이루게 되는 것입니다.

> 백성이 여호수아가 사는 날 동안과 여호수아 뒤에 생존한 장로들 곧 여호와께서 이스라엘을 위하여 행하신 모든 큰 일을 본 자들이 사는 날 동안에 여호와를 섬겼더라(삿 2:7)

길안내

사사기는 히브리 성경에서 일곱 번째에 해당하며 유대인들의 성경에는 선지자 이전 선지서의 두 번째로 나타납니다. 여호수아의 죽음부터 사무엘상 1장에서 밝히는 대로 이스라엘 왕국이 세워지기까지의 기간에 활동했던 사사들의 활동을 기록한 것입니다.

사사기는 크게 세 부분으로 나눌 수 있는데, 첫째는 가나안 정복과 정착(1:1-3:6), 둘째는 사사들의 활동(3:7-16장), 그리고 그 외의 이스라엘 타락에 대한 보충 내용(17-21장)입니다.

사사들의 활동은 두 부분으로 나눌 수가 있는데, 사사들의 초기 사역(옷니엘, 에훗, 드보라와 바락, 기드온, 돌라와 야일)과 사사기 10장 6절-16장에 나타나는 또 다른 국면을 해결하는 사사들의 활동(입다, 입산, 엘론, 압돈, 삼손)을 담고 있습니다.

그리고 보충적인 내용으로는 미가의 신상과 레위 소년의 이야기(삿 17-18장), 에브라임 산지에 사는 레위 사람의 첩 사건(삿 19장)과 베냐민 지파와 다른 지파들 간의 전쟁(삿20-21장)이 그것입니다.

옷니엘

1. 최초의 사사 옷니엘

> 이스라엘 자손이 여호와의 목전에 악을 행하여 자기들의 하나님 여호와를 잊어버리고 바알들과 아세라들을 섬긴지라(삿 3:7)

가나안 정복 후 하나님의 사람 여호수아가 죽자 이스라엘은 하나님을 떠나 그 땅의 우상들을 숭배하게 됩니다. 이에 하나님은 완전히 정복하지 못한 이방 나라를 통해 이스라엘을 징벌하셨고, 이스라엘이 회개하면 사사를 세워 이방의 압제로부터 건져내셨습니다. 사사시대 340년은 이처럼 타락과 회개와 구원이 반복되는 역사였습니다. 이런 과정에서 하나님은 12명의 사사를 세워 이스라엘을 구원하셨는데 그중 첫 번째 사사가 '옷니엘'입니다.

사사시대 초기, 타락한 이스라엘은 하나님의 징벌로 메소포타미아 왕 구산 리사다임의 지배를 8년간 받고 있었습니다. 이스라엘은 하나님께 부르짖었고, 이에 하나님은 구산 리사다임의 압제에서 이스라엘을 구원할 사사를 세우셨는데, 그가 바로 갈렙의 아우이자 사위인 옷니엘입니다. 최초의 사사로 부름 받은 옷니엘은 이스라엘을 이방 왕의 압제에서 건져내었고 이후 40년 동안 평화롭게 나라를 다스렸습니다.

옷니엘의 뜻은 '하나님은 능력이시다'이고, 성경은 그나스의 아들인 옷니엘이 여분네의 아들인 갈렙의 아우라고 소개하고 있습니다(삿 1:13). 그렇다면 옷니엘은 갈렙과의 관계에서 아버지가 다른 동생이라고 할 수 있습니다. 그리고 가나안의 거인 족속인 아낙 사람들의 견고한 성읍 기럇 세벨을 쳐서 정복하는 자에게는 자신의 딸 악사를 아내로 주겠다는 갈렙의 약속에 따라 옷니엘이 그 성읍을 정복하여 악사를 취함으로써 옷니엘은 갈렙의 사위가 되었습니다.

사실 가나안 땅의 영토를 분배할 때 그 땅의 거인 족속인 아낙 사람들이 살고 있던 견고한 성 기럇 세벨을 놓고 모두 겁을 먹고 있었습니다. 그때 믿음의 용기로 당당하게 자원하여 그 성읍을 쳐서 취한 인물이 바로 옷니엘입니다. 우상이 범람하던 사사시대에도 옷니엘은 믿음을 잃지 않고 하나님 앞에서 고고하게 헌신의 삶을 살았습니다. 하나님은 이런 옷니엘을 주목하셨고, 그에게 이스라엘을 구원할 첫 번째 사사로서의 명예로운 사명을 주셨던 것입니다. 이 시대에도 옷니엘과 같은 믿음의 사람이 필요한 시대입니다.

옷니엘을 통하여 배워야 할 신앙 자세는 무엇이라고 생각하십니까?

에훗

2. 왼손잡이 사사 에훗

에훗은 베냐민 지파 출신으로서, 사사시대 초기 이스라엘이 모압 왕 에글론에게 지배를 받던 B.C. 1316년 경부터 80년간을 배경으로 활약했던 이스라엘의 두 번째 사사입니다. 당시 이스라엘은 가나안 땅에 정착한 지 1세기가 채 지나지 않은 때였지만 각 지파별 결속이 거의 와해되어 있었고, 그로 인하여 주변 이방 국가들로부터 자주 침략을 당하곤 했습니다. 더욱이 여호와 신앙으로 뭉쳐 있던 이스라엘이 갖가지 우상을 섬김으로 타락한 상태에 있었기 때문에 신앙적으로도 뿔뿔이 흩어져 외적의 침입에도 속수무책인 지경에 이르고 말았습니다.

> 이스라엘 자손이 여호와께 부르짖으매 여호와께서 그들을 위하여 한 구원자를 세우셨으니 그는 곧 베냐민 사람 게라의 아들 왼손잡이 에훗이라 이스라엘 자손이 그를 통하여 모압 왕 에글론에게 공물을 바칠 때에(삿 3:15)

이때 하나님은 '강하다', '연합하다'라는 뜻의 이름을 가진 에훗을 부르셨습니다. 그는 홀로 에글론 왕을 암살하고 이스라엘 백성들을 이끌고 에브라임 산지에서 군대를 소집하여 모압 군대를 격퇴한 용기 있는 장수이기도 했습니다. 그리고 모압을 격퇴한 후 80년 동안 이스라엘을 태평하게 하였을 정도로 지도자적 역량이 뛰어나고 하나님께 충성된 사람이었습니다(삿 3:30). 우리는 그에게서 두려움 없는 순종적인 믿음, 뛰어난 지략, 온전히 하나님의 말씀을 믿고 군대를 이끌고 나가 모압에게 승리했던 용기 있는 충성을 배울 수 있습니다.

에훗에게 배워야 할 교훈은 무엇이라고 생각하십니까?

드보라

3. 여자 사사 드보라

사사시대 당시 사사는 통치자와 선지자와 군대장관을 겸임하는 성직이었습니다. 이러한 힘든 사역에 랍비돗의 아내 드보라가 선택되었다는 사실에 놀라게 됩니다. 하나님은 개인의 영적인 자질을 우선시하시므로 성별을 앞세우지 않으시고 그 사람을 들어 쓰신다는 것을 알 수 있습니다.

드보라가 바락에게 이르되 일어나라 이는 여호와께서 시스라를 네 손에 넘겨주신 날이라 여호와께서 너에 앞서 나가지 아니하시느냐 하는지라 이에 바락이 만 명을 거느리고 다볼 산에서 내려가니(삿 4:14)

드보라는 여자였지만 이스라엘 군대를 지휘하는 전법에도 익숙한 지도자였습니다. 가나안 왕 야빈이 군대장관 시스라와 함께 이스라엘을 괴롭히자 1만 명의 군대를 이끌고 바락과 함께 전쟁에 나가 가나안 군대를 섬멸했습니다. 이때에 적장 시스라가 야엘의 집에 피신하였다가 말뚝에 박혀 죽게 된 사건은 유명한 이야기입니다(삿 4:21).

전쟁의 승패는 하나님께 있습니다. 그러나 전쟁을 이끄는 일은 사람의 몫입니다. 전력을 구비하는 일이나 군대를 통솔하는 일 등은 다 드보라의 역할이었습니다. 그 위에 전술이 필요했고 전략도 필요했습니다. 전쟁을 치르는 일은 하나님이 함께하시지만 사람이 해야 할 일이 많았던 것을 알 수 있습니다. 그러나 결국 드보라는 모든 승리를 하나님의 은혜로 고백하는 모습을 보여줍니다. 이것이 드보라로 하여금 40년 동안 이스라엘을 성공적으로 다스리게 한 원동력이었습니다.

나의 삶을 되돌아 볼 때 하나님의 은혜로 이루어진 것은 무엇입니까?

기드온

4. 300용사와 기드온

드보라에 의한 40년의 평화 기간이 끝날 무렵 이스라엘 민족은 미디안과 아말렉 족속에 의해 7년간이나(B.C. 1176~1169년) 압제와 수탈을 당하게 되었습니다. 당시의 미디안들은 아말렉 및 동방의 유목민들과 동맹을 맺고 있었고, 더욱이 일찍부터 약대를 길들여 고도의 기동성을 갖추고 있었기 때문에 군사적인 위력이 막강하였습니다. 이러한 미디안의 군사와 짐승들로 인해 전 이스라엘은 초토화되어 갔고, 이스라엘 사람들은 그들을 피해 산이나 동굴로 도피하는 생활을 하기에 이르렀습니다. 이러한 고통을 겪게 되자 비로소 이스라엘은 하나님께 구원을 부르짖었고, 이에 하나님은 기드온을 들어 이스라엘을 구원토록 하셨습니다.

> 여호와께서 기드온에게 이르시되 너를 따르는 백성이 너무 많은즉 내가 그들의 손에 미디안 사람을 넘겨주지 아니하리니 이는 이스라엘이 나를 거슬러 스스로 자랑하기를 내 손이 나를 구원하였다 할까 함이니라(삿 7:2)

기드온은 처음 소명을 받을 때와 위대한 지도자로서 세움을 받았을 때 하나님의 표징을 요구했습니다. 그가 하나님께 재차 표징을 요구한 것은 하나님께 대한 믿음이 연약했기 때문이기도 하지만 그만큼 부르심에 대한 신중함 때문이기도 했습니다. 특별히 소명을 확신한 후에는 300명밖에 되지 않는 용사만 남겨 두고 미디안과 싸우라고 하실 때에도 하나님의 말씀대로 순종하여 싸움에 나갔습니다. 또 승리 후에는 자신을 왕으로 추대하려는 백성들의 청을 거절하고 하나님께 영광을 돌리려 했던 겸허한 신앙인이 바로 사사 기도온입니다(삿 8:22-23).

그러나 힘과 지략을 다해 이스라엘을 구원하고 통치하였던 사사 기드온도 에봇을 만들어 우상숭배를 자초하였고, 또 그의 말년에 많은 아내와 첩을 거느림으로 부도덕한 우를 범하고 말았습니다(삿 8:24-31). 이처럼 하나님의 놀라운 역사를 행하는 사람일지라도 잠시 선 줄로 생각하면 오히려 넘어질 수 있다는 것을 알아야 합니다(고전 10:12).

왜 하나님은 기드온에게 300명밖에 되지 않는 용사와 더불어 싸우라고 하셨을까요?

입다

5. 기생의 아들 사사 입다

입다는 길르앗과 기생 사이에서 태어난 서자(삿 11:1)로 이복형제에 의해 부친의 집에서 추방당합니다(삿 11:2-3). 그러나 이스라엘이 암몬의 압제를 받을 때인 B.C. 1085년에 하나님께 부름을 받아 사사가 되어 그 후 6년 동안 활약한 인물입니다.

입다가 이를 보고 자기 옷을 찢으며 이르되 어찌할꼬 내 딸이여 너는 나를 참담하게 하는 자요 너는 나를 괴롭게 하는 자 중의 하나로다 내가 여호와를 향하여 입을 열었으니 능히 돌이키지 못하리로다 하니(삿 11:35)

입다가 사사로 활동하기 이전에 이미 이스라엘 민족은 B.C. 1179년에 시작된 미디안의 7년 압박과 기드온 밑에서의 평화 40년, 패역한 왕 아비멜렉의 통치 3년과 돌라와 야일의 치리 23년과 22년이라는 총 95년의 세월을 보냈습니다. 그럼에도 여전히 그들은 죄악된 길에서 돌이키지 않았습니다. 오히려 그들의 죄는 더욱 증가되어 가나안의 거짓 신을 포함하여 수리아와 시돈, 모압, 암몬, 그리고 블레셋의 신들을 섬기게 되었습니다(삿 10:6). 이러한 우상숭배를 행하는 타락으로 말미암아 이스라엘 민족은 다시 한 번 하나님의 징계로서 암몬 족속의 압제를 받게 된 것입니다(B.C. 1103년).

이스라엘은 암몬 족속으로부터 18년 동안 학대를 당하다가 비로소 하나님께 구원을 호소하였고, 길르앗 장로들의 요청에 의해 입다는 사사가 되었고 암몬과의 접전을 시작했습니다. 물론 장로들의 요청에 의한 것이었지만 그 가운데서도 이스라엘을 구원하고자 하신 하나님은 입다에게 역사하셔서 암몬 자손을 궤멸시키셨으며, 이스라엘에 평화를 가져오게 하셨습니다.

그러나 입다는 경솔한 서원을 행함으로 비록 전쟁에서는 승리했으나 딸을 잃는 슬픔을 맛보아야 했습니다. 이는 그가 하나님께 대가를 지불하고자 했던, 즉 전쟁에서 이길 수 있는 조건으로 제물을 바쳐야겠다는 생각을 할 정도로 하나님에 대한 잘못된 선입관을 지녔기 때문입니다. 그러나 그는 자신의 실수를 감수하고 서원대로 결단력 있게 행하였던 것을 볼 수 있습니다. 더욱이 이러한 그의 실천적 모본을 따라 그의 딸 역시 아비의 서원에 순종하였습니다.

우리가 입다에게서 배워야 할 것은 무엇입니까?

삼손

6. 나실인 사사 삼손

> 여호와의 영이 삼손에게 강하게 임하니 그가 손에 아무것도 없이 그 사자를 염소 새끼를 찢는 것같이 찢었으나 그는 자기가 행한 일을 부모에게 알리지 아니하였더라(삿 14:6)

삼손은 아버지 마노아가 자녀가 없을 때 여호와의 사자를 통해 예언을 받고 태어났습니다. 여호와의 사자는 마노아의 아내가 잉태하여 아들을 낳을 것이며, 그는 태어나서 죽을 때까지 나실인이 될 것이라고 하였습니다. 그리고 그 부모까지 포도주나 독주를 입에 대지 말며 부정한 음식을 먹지 않도록 지시하였습니다. 40년간이나 블레셋의 지배하에 억압되었던 이스라엘을 건져낼 목적으로 하나님이 삼손을 세우셨던 것입니다.

그러나 사역 초기부터 빗나가는 삼손의 모습을 보게 됩니다. 나실인으로서 결코 있을 수 없는 이방 여자와의 결혼만 봐도 알 수 있습니다. 더욱이 기생 들릴라와의 분별 없는 타락은 한심하기까지 합니다. 이런 일들로 인해서 수수께끼 때문에 베옷과 겉옷 30벌을 얻기 위해 아스글론 사람을 죽인 사건, 여우 300마리의 꼬리에 불을 붙여 곡식과 감람원을 다 불태워 버린 일, 블레셋의 다곤 신전으로 끌려가 눈이 뽑히고 맷돌을 돌리며 쇠고랑을 찬 불행한 생활 등이 일어난 것입니다.

결국 삼손은 하나님의 크신 은혜와 축복을 선용하지 못한 대표적인 인물 중 한 사람으로 기억되고 있습니다. 물론 나중에 그가 회개하였고, 마지막으로 다곤 신전의 기둥을 쓰러뜨리며 블레셋 사람 3,000명과 함께 세상을 떠났습니다. 하나님은 마지막 그의 임종을 통해서라도 그의 체면을 세워 주신 것입니다.

하나님은 사람을 선택하시고 그에게 사명과 사역을 맡기시며 그의 사역에 걸맞은 은혜와 영감과 능력을 겸하여 주십니다. 그러나 그가 하나님의 뜻에 따르고 순종하며 하나님이 원하시는 사람이 되고 안 되는 것은 그 개인에게 달려 있습니다.

나는 하나님의 부르심과 은사에 순종하며 충성하고 있습니까?

사사기 결말

7. 결국 사사기는 비극으로 끝나고 있습니다.

사사기의 마지막 장면은 미가의 신상과 단 지파 이야기, 그리고 베냐민 지파와 다른 지파 간의 동족상잔의 비극으로 마무리되고 있습니다. 이 사건들은 사사시대의 마지막이 얼마나 혼란스럽고 타락되었는지를 보여주고 있습니다.

미가가 그 은을 그의 어머니에게 도로 주었으므로 어머니가 그 은 이백을 가져다 은장색에게 주어 한 신상을 새기고 한 신상을 부어 만들었더니 그 신상이 미가의 집에 있더라(삿 17:4)

미가의 신상 사건은 어머니의 돈을 아들 미가가 훔쳐가고, 그 돈을 다시 찾은 감사로 신상을 만들고, 그 신상을 섬기기 위해 레위인을 자기 마음대로 데려다가 제사장을 삼고, 그리고 단 지파가 에브라임 산지를 떠나 새로운 땅으로 이주할 때 미가의 집에 있던 신상과 제사장 노릇 하던 레위인을 가로챈 사건입니다.

또 다른 사건은 레위인의 첩 사건입니다. 에브라임 산지에 거하는 레위 사람의 첩이 베들레헴에서 에브라임 산지로 돌아가는 길에 기브아의 비류들에 의해 겁탈당하고 결국은 사망에 이르고 맙니다. 그런데 레위인이었던 첩의 남편 역시 죽은 부인의 시체를 열두 덩이로 나누어 각 지파들에 보내는 끔찍한 일을 했습니다. 이 일로 베냐민을 응징하기 위해 단에서부터 브엘세바에 이르기까지 이스라엘 백성들이 나와 미스바와 벧엘에 모였으며, 베냐민 사람들은 기브아에 모였습니다. 결국 이 전쟁으로 말미암아 베냐민 한 지파가 초토화되는 비극적인 종말을 고하게 됩니다. 기브아를 발굴한 결과 성읍은 주전 12세기에 심하게 파괴되었으며, 사울이 성읍을 견고히 쌓을 때까지 성읍은 황폐된 채 버려졌다고 합니다. 이 사건은 그 당시 이스라엘이 얼마나 타락되었는지를 단적으로 보여주고 있습니다.

사사기의 마지막은 다음과 같이 마무리되고 있습니다. "그때에 이스라엘 자손이 그곳에서 각기 자기의 지파, 자기의 가족에게로 돌아갔으니 곧 각기 그곳에서 나와서 자기의 기업으로 돌아갔더라 그때에 이스라엘에 왕이 없으므로 사람이 각기 자기의 소견에 옳은 대로 행하였더라"(삿 21:24-25). 이것은 사사시대가 지파 동맹 관계에서 왕정체제로 돌아서는 과도기였음을 보여주는 것입니다.

그 집에 이르러서는 칼을 가지고 자기 첩의 시체를 거두어 그 마디를 찍어 열두 덩이에 나누고 그것을 이스라엘 사방에 두루 보내매(삿 19:29)

위의 두 사건의 공통점은 무엇이라고 할 수 있습니까?

롯기

8. 룻기는 사사시대와 왕정시대를 이어 주는 연결고리 역할을 합니다.

그리고 사사시대를 배경으로 하는 룻기는 바로 이스라엘의 가장 위대한 왕이었고 하나님의 마음에 합한 왕이었던 다윗 왕의 계보를 말씀하고 있습니다. 룻은 시대적으로 사사들이 이스라엘을 치리하던 때의 인물로서, 이스라엘과 모압 간의 잠시 동안 평화가 이뤄졌던 때를 배경으로 하고 있습니다(그림 참조).

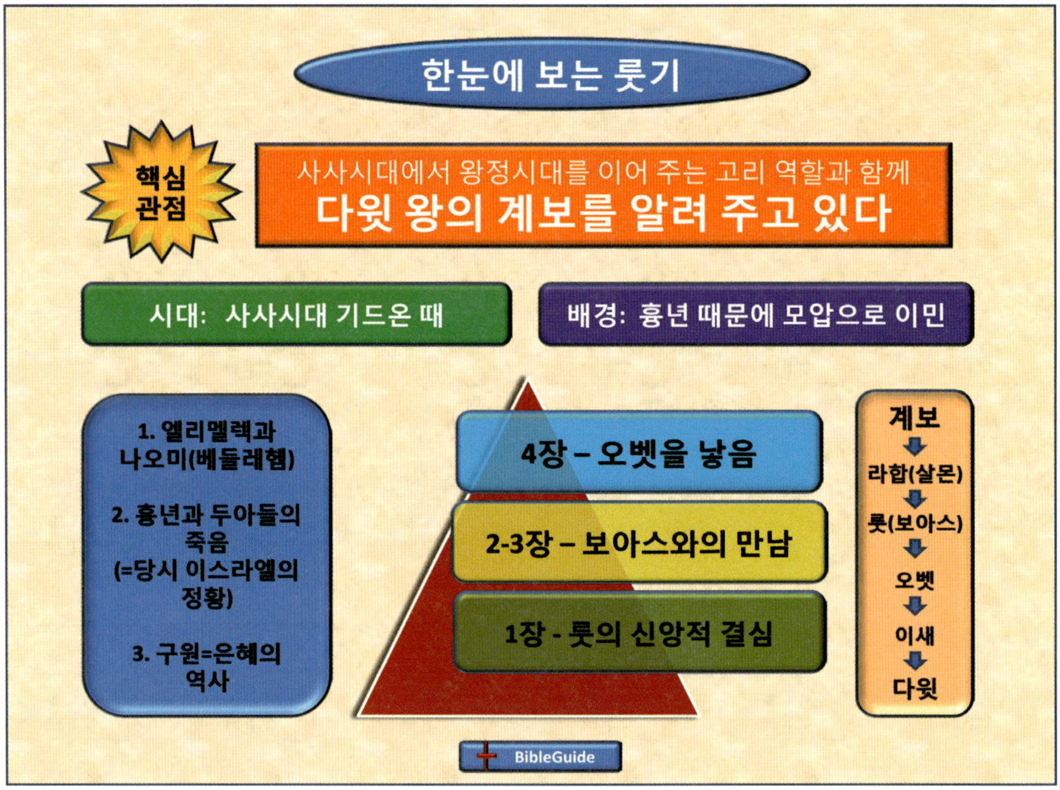

사사시대의 이스라엘은 이방인의 침입과 더불어 백성들의 타락으로 말미암아 12지파 간의 알력이 극도에 달했던 혼란한 시기였습니다. 더욱이 그 땅에 기근이 일어 많은 백성들이 어려움을 당하였는데, 이때에 엘리멜렉의 일가는 기근을 피하고자 유다 베들레헴을 등지고 이방 땅 모압으로 이주하였습니다.

> 룻이 이르되 내게 어머니를 떠나며 어머니를 따르지 말고 돌아가라 강권하지 마옵소서 어머니께서 가시는 곳에 나도 가고 어머니께서 머무시는 곳에서 나도 머물겠나이다 어머니의 백성이 나의 백성이 되고 어머니의 하나님이 나의 하나님이 되시리니(룻 1:16)

한편 이같이 이스라엘이 타락했을 때에 모압 여인인 룻이 이스라엘 사람 엘리멜렉의 아들과 결혼하고, 결국 시어머니인 나오미를 통해 하나님을 영접하여 구원에 이르렀다는 사실은 하나님의 놀라운 구속사적 은총을 예표하고 있습니다. 즉 하나님은 혈통적 이스라엘 백성에게만이 아니라 모든 믿음의 백성들에게 진정한 구원의 은혜를 베푸시는 하나님이시라는 것입니다.

한편 당시 이스라엘에는 아들이 없는 과부가 남편의 형제나 친척과 결혼하는 결혼 풍습이 있었습니다. 룻이 베들레헴으로 귀향한 후 나오미의 친척인 보아스와 결혼함으로써 그리스도의 족보에 오르는 영광을 얻은 것도 이 풍습에 의한 것이었습니다. 여기서 우리는 하나님이 당신의 구속사를 전개해 나가시되 그 당시의 시대적 환경을 적절히 사용하심을 발견하게 됩니다. 뿐만 아니라 하나님께서 쓰시기에 합당하게 준비된 신실한 믿음의 여인 룻을 볼 수 있습니다.

본래 하나님을 알지 못했던 모압 여인 룻은 나오미를 통해 하나님을 영접하였고, 고향을 버리고 시모를 따르느냐 아니면 고향에 남아 있느냐 하는 위기의 순간에 "어머니의 하나님이 나의 하나님"이라는 놀라운 신앙고백을 하였습니다(룻 1:16). 룻은 남편을 잃고 시모를 따라 낯선 땅에 거하게 된 암담한 현실 속에서도 낙심하지 않았고, 오히려 이방인으로서 받게 될 냉대나 육체적인 어려움 등도 감수한 채 시모를 부양하기 위해 이삭 줍기를 자처하며 적극적인 삶의 모습을 보여주었습니다(룻 2:2). 이런 룻에게 하나님은 보아스를 보내주셨고, 보아스에게서 다윗 왕이, 그리고 그리스도가 연결되는 것입니다.

이런 의미에서 룻기는 사사시대에서 왕정시대로 넘어가는 연결고리의 역할과 함께 다음에 등장할 다윗 왕의 계보를 보여주고 있는 중요한 책입니다.

룻과 함께 그리스도의 계보 안에 들어 있는 이방여인은 누구입니까? 여기서 얻을 수 있는 교훈은 무엇입니까?

제 8 과

한눈에 보는 왕정통치 Ⅰ

사무엘서에서는 이제 사사시대를 넘어 왕정시대의 시작과 함께 다윗 왕이 등장합니다. 가나안 정복 후 하나님의 사람 여호수아가 죽자 이스라엘은 하나님을 떠나 그 땅의 우상들을 숭배하게 되었습니다. 이에 하나님은 완전히 정복하지 못한 이방 나라를 통해 이스라엘을 징벌하셨고, 이스라엘이 회개하면 사사를 세워 이방의 압제로부터 건져내셨습니다. 이것이 사사시대의 반복된 역사라고 했습니다.

이제 마지막 사사인 사무엘이 등장합니다. 사무엘도 마지막 사사이기 때문에 사무엘상·하도 사사기에 연결되어 있다고 보아야 합니다. 그러나 사무엘은 이스라엘의 초대 왕이었던 사울과 두 번째 왕이었던 다윗을 세우면서 사사시대에서 왕정시대로 연결하는 중요한 역할을 담당하게 됩니다. 무엇보다도 사사시대의 타락한 이스라엘의 신앙과 비교할 때, 사무엘을 부르시고 그의 신앙을 통해 결국 하나님 나라를 이루어 가시는 하나님의 열심과 믿음을 가진 남은 자를 남겨 놓으시고 쓰시는 하나님의 인도하심을 보게 됩니다.

> 사무엘이 기름 뿔병을 가져다가 그의 형제 중에서 그에게 부었더니 이날 이후로 다윗이 여호와의 영에게 크게 감동되니라 사무엘이 떠나서 라마로 가니라 (삼상 16:13)

사무엘상·하는 크게 첫째로 사무엘의 생애(삼상 1-8장), 둘째로 사울 왕의 생애(삼상 9-15장), 그리고 셋째로 다윗 왕의 생애(삼상 16장-삼하 끝)로 나눌 수 있습니다. 여기에서 중심인물은 어디까지나 다윗 왕입니다. 다윗 왕의 등장은 무엇보다도 그에게 약속하신 하나님의 언약에 있습니다. "네 집과 네 나라가 내 앞에서 영원히 보전되고 네 왕위가 영원히 견고하리라 하셨다 하라"(삼하 7:16)는 언약은 바로 예수 그리스도를 통해서 이루어지기 때문입니다. 신약에 와서 '다윗의 자손 예수 그리스도'라는 말은 바로 이 언약에 근거한 것으로, 다윗에게 하신 언약이 예수 그리스도를 통해서 이루진 것을 의미하는 '신앙고백'이었습니다.

사무엘

1. 사무엘은 마지막 사사이자 첫 번째 선지자로서 사울을 이스라엘의 첫 번째 왕으로 세웁니다.

사사시대 말기와 통일왕국시대의 과도기인 B.C. 1075~1017년경에 주로 활동했습니다.

> 사무엘이 이르되 온 이스라엘은 미스바로 모이라 내가 너희를 위하여 여호와께 기도하리라 하매(삼상 7:5)

우리가 알듯이 사사시대의 이스라엘은 온갖 죄악과 불신앙의 만연으로 혼돈과 무질서가 극에 달했고, 계속되는 위기 속에서 지파 간의 연대의식이 와해된 상태였습니다. 이런 이유로 인하여 백성들은 이스라엘 전체를 통치할 수 있는 강력한 지도자를 절실히 갈구하였고, 특별히 철제 무기를 독점하여 팔레스타인의 패권을 계속 장악하고 있던 블레셋의 압제에서 구원할 구원자를 간절히 요망하고 있었습니다. 이러한 시대적 요구에 걸맞게 하나님에 의해 세움을 받은 사람이 사무엘입니다. 사무엘은 제사장, 선지자, 그리고 왕의 사역이 전문적으로 분리되기 이전 마지막 지도자로서 이 세 영역의 사역을 혼자 감당했습니다.

사무엘은 '그의 이름은 하나님' 또는 '여호와께 구하여 얻은 자'라는 뜻의 이름으로, 에브라임 산지 라마다임소빔에서 레위 족속 그핫의 후손으로 엘가나와 한나 사이에서 맏아들로 출생하였습니다. 그는 어머니 한나가 드린 서원기도의 응답으로 태어나 일찍부터 하나님 앞에 드려졌습니다. 그는 엘리 대제사장 집안의 부도덕한 환경 속에서도 하나님과 사람에게 인정받을 만큼 성실하고 신실한 믿음을 소유했고, 블레셋과의 전쟁의 위기 속에서 칼과 창을 의지하지 않고 미스바에 모여 금식하며 회개할 만큼 전적으로 하나님만 의지하는 신앙을 소유하고 있었습니다(삼상 7:6).

또한 사무엘은 해마다 벧엘과 길갈과 미스바로 순회하며 백성들을 다스릴 만큼 부지런하고 책임감이 강했으며, 백성들과 사울 왕을 위해 중보기도에 힘썼고, 그들을 위해 기도하지 않는 것을 '죄'로 여길 만큼 백성들에 대한 사랑과 긍휼이 풍부한 선지자였습니다. 한편으로 사무엘은 백성들 위에 군림하거나 일체의 뇌물을 취하지 않을 만큼 청렴결백하고, 온 백성들의 추앙을 받을 만큼 진실했으며, 사울이 아말렉을 다 진멸치 않고 탈취물 가운데 좋은 것을 남기자 이를 단호히 꾸짖을 만큼 결단력 있고 악에 대하여 엄격한 선지였습니다(삼상 15:7-23).

사무엘은 무엇보다도 이스라엘의 3대 직분을 한 몸에 지닌 자(삼상 3:20-21, 7:15-17, 9:9) 곧 마지막 사사요 선지자요 제사장으로서, 제사장인 동시에 왕이요 선지자 되신 구원자 그리스도를 예표하고 있습니다(시 110:4).

사사시대 말기의 이스라엘 신앙과 비교해 볼 때 사무엘의 신앙의 다른 점은 무엇입니까?

여호와께서 사무엘에게 이르시되 백성이 네게 한 말을 다 들으라 이는 그들이 너를 버림이 아니요 나를 버려 자기들의 왕이 되지 못하게 함이니라(삼상 8:7)

사울

2. 사울은 이스라엘의 첫 번째 왕으로 사사시대를 넘어 왕정시대를 열어 갑니다.

사사시대 말기의 이스라엘은 강력한 블레셋의 침공을 자주 받아 왔고, 또 모든 사람이 자기의 소견에 옳은 대로 행함으로써 도덕적인 혼란과 방종이 난무하였습니다. 바로 그러한 때에 기도의 선지자 사무엘이 이스라엘을 다스림으로 비로소 이스라엘에 평안과 공의가 확립됩니다.

그러나 사무엘이 나이 들어 그의 아들들을 사사로 세우자 이스라엘 민족은 사무엘의 통치를 거부하고 그들이 보기에 가장 이상적인 제도, 곧 이방 민족과 같이 왕을 세워 줄 것을 요구하는 반역을 행하였습니다. 이러한 시대적 요구에 힘입어 사울이 이스라엘 통일왕국의 초대 왕으로 세워졌습니다. 사울은 '여호와께 구하다'라는 뜻으로 베냐민 지파 기스의 아들이었습니다. 그는 첫째 아내인 아히노암을 통해 요나단, 이스위, 말기수아, 아비나답을 낳았고, 첩 리스바에게서 알모니와 므비보셋을 낳았으며, 메랍과 미갈이라는 두 딸을 두었습니다.

당시 블레셋의 압박과 그들의 영토 확장으로 인해 예배의 중심지가 실로에서 길갈로 옮겨졌는데, 사울은 바로 옛 성역인 길갈에 왕국을 세우고 활동하였습니다. 사울은 아버지의 명령에 따라 잃어버린 암나귀를 열심히 찾던 도중 사무엘을 만나 기름 부음을 받았을 정도로 작은 일에도 성실하며 책임을 다하는 사람이었습니다. 사울은 성실했을 뿐만 아니라 사환의 충고에도 귀를 기울일 줄 알고, 자신을 반대한 사람들에게도 관대함과 용서를 베풀며 하나님만을 바라보았던 사람입니다(삼상 9:1-11:13).

그랬던 그가 하나님을 무시하고 자신의 욕망과 명예를 가까이했을 때는 시기와 질투와 경솔함으로 실수와 죄악을 일삼게 됩니다. 블레셋과의 전투에서는 사무엘을 끝까지 기다리지 못하고 제사장만이 드릴 수 있는 제사를 직접 드리고 말았습니다(삼상 13:8-15). 이는 사울이 하나님의 규례에 대한 순종보다 지금의 상황에서는 어쩔 수 없다는 이기적인 상황윤리에 빠졌음을 보여주고 있습니다. 또한 사울은 블레셋과의 싸움에서 형식적으로 여호와를 위하여 단을 쌓았는데(삼상 14:33-35), 이는 하나님의 능력을 거부하면서도 외형적으로는 열심 있는 척 행동한 것이었습니다.

> 모든 백성이 길갈로 가서 거기서 여호와 앞에서 사울을 왕으로 삼고 길갈에서 여호와 앞에 화목제를 드리고 사울과 이스라엘 모든 사람이 거기서 크게 기뻐하니라(삼상 11:15)

나중에 사울은 아말렉과의 싸움에서 승리했으나 오히려 사무엘로부터 폐위 선언을 듣게 되었습니다. 왜냐하면 그가 아말렉의 모든 소유를 진멸하라는 하나님의 명령을 어기고 좋은 전리품을 남겼으며, 또 자신을 내세우고자 기념비를 세우고 자신의 잘못을 백성들에게 전가시키는 등 극도로 교만해졌기 때문입니다. 여기서 사무엘은 '제사보다 순종이 낫다'는 유명한 말씀을 남깁니다(삼상 15:4-23).

> 사무엘이 이르되 여호와께서 번제와 다른 제사를 그의 목소리를 청종하는 것을 좋아하심같이 좋아하시겠나이까 순종이 제사보다 낫고 듣는 것이 숫양의 기름보다 나으니 이는 거역하는 것은 점치는 죄와 같고 완고한 것은 사신 우상에게 절하는 죄와 같음이라(삼상 15:22-23)

나아가 사울은 자기 자신을 과신하고, 왕위에 대한 집착과 다윗에 대한 질투 때문에 결국 남을 미워하고 죽이고 음모하는 비참한 인생을 살게 되었고, 종국에는 수치스런 죽음을 맞이하였습니다(삼상 18:6-25, 19장, 31:1-13). 이렇게 이스라엘의 초대 왕이었던 사울은 시작은 좋았지만 끝이 좋지 않은 사람의 모습을 보여주고 있습니다.

사울의 가장 큰 잘못은 무엇이라고 생각하십니까?

길안내 블레셋 민족

블레셋 민족은 그레데 섬에서 나왔다고 전해집니다(신 2:23; 암 9:7). B.C. 1190년 애굽에서 라암셋 3세에게 패배당하여 팔레스타인의 갈멜 산 이남의 연안 평원에 정착했습니다. 영토는 욥바로부터 가사의 남쪽까지 이르는 서남부 팔레스타인의 해안 평야였습니다. 이 지방이 블레셋이라 불리고 또한 가나안 전체가 팔레스타인이라 불리게 된 것도 '블레셋 사람'에서 기원합니다.

그들은 마루나(물고기의 신) 혹은 아스다롯 등의 우상을 섬기며 제사했고, 이스라엘 민족의 가나안 침입 이래 적대국으로서 여러 가지 복잡한 관계를 가졌던 민족이었습니다. 이 민족은 B.C. 1200년경 소아시아의 서남 해안 에게 해 바다 여러 섬으로부터 지중해 연안을 소란하게 하고 애굽까지 그 세력을 뻗친 강력한 해양 민족이었습니다.

다윗

3. 사울에 이어 이스라엘의 두 번째 왕으로 다윗이 왕위에 오릅니다.

다윗은 이새의 막내아들로 베들레헴이라는 시골에서 태어났습니다. 소년의 몸으로 그 가정의 전 재산이 될 만한 큰 양 떼를 관리하였고, 성실과 열심으로 맡겨진 일을 감당했습니다. 양을 치다가 사자와 곰을 만났을 때 목숨을 걸고 그들을 쳐 죽이고 양과 자신을 지켜낸 것을 보아도 그가 맡겨진 일에 얼마나 성실하고 충성하며 열심이었는지를 알 수 있습니다.

다윗이 블레셋 사람에게 이르되 너는 칼과 창과 단창으로 내게 나아오거니와 나는 만군의 여호와의 이름 곧 네가 모욕하는 이스라엘 군대의 하나님의 이름으로 네게 나아가노라(삼상 17:45)

무엇보다도 그는 믿음의 사람이었습니다. 다윗의 어머니를 하나님의 여종으로 표현한 것을 보아서도 그 어머니의 신앙을 짐작할 수 있습니다(시 86:16, 116:16). 다윗은 자기가 갖고 태어난 자질 위에 가정에서 받은 종교적인 감화가 하나님의 사람이 되어가는 데 촉진제가 되었을 것입니다.

다윗이 어린 소년으로서 블레셋의 장수 골리앗을 쓰러뜨리고 달려가서 골리앗의 칼을 빼앗아 그 머리를 쳐서 가져온 사건은 너무나도 잘 알려져 있는 일입니다. 다윗의 승리는 힘이나 전술이나 전투력의 승리가 아니라 신앙의 승리였습니다. 골리앗은 칼과 창과 단창을 의지해 나왔지만 "나는 만군의 여호와의 이름 곧 네가 모욕하는 이스라엘 군대의 하나님의 이름으로 네게 나아가노라"고 한 다윗의 신앙적 고백이 두 사람의 싸움을 결판 지었기 때문입니다.

다윗이 이르되 나의 형제들아 여호와께서 우리를 보호하시고 우리를 치러 온 그 군대를 우리 손에 넘기셨은즉 그가 우리에게 주신 것을 너희가 이같이 못하리라(삼상 30:23)

이스라엘 전체 군대가 패전을 예상하여 낙담했고, 특별한 체격과 뛰어난 전술과 능력을 지닌 골리앗을 당할 사람이 아무도 없었습니다. 이러한 조건하에서 그와 맞서 싸울 것을 자원했던 다윗의 용기는 사람의 담력이 아니라 순전한 신앙의 용기였던 것입니다. 다윗의 이러한 영적인 담력과 전술이 물맷돌과 함께하신 하나님의 응답으로 골리앗을 쓰러뜨릴 수 있었습니다. 이것이 바로 불가능도 가능하게 하고, 없는 가운데 있는 것같이 부르기도 하고 죽은 자도 살

이에 다윗이 여호와의 명령대로 행하여 블레셋 사람을 쳐서 게바에서 게셀까지 이르니라(삼하 5:25)

릴 수 있는 믿음의 능력인 것입니다.

"사울이 죽인 자는 천천이요 다윗이 죽인 자는 만만이라"는 군중의 환호에 자극을 받고 다윗을 미워하기 시작한 사울은 결국 다윗을 죽이려는 결심을 합니다. 그 뒤로 다윗은 아홉 번이나 죽음의 고비를 거치는 등 큰 시련을 겪었습니다. 다윗은 블레셋 사람 가드 왕에게 보호를 요청할 때는 몸을 대문에 그적거리고 침을 흘리며 미치광이 짓까지 하였습니다(삼상 21:13). 또 들과 산과 황무지의 굴을 전전하면서 겪은 피난 생활은 참으로 고통스러운 시절이었습니다. 그 가운데서도 엔게디의 굴에서 사울의 옷자락만 베고 살려 준 일이나 사울의 진영에 들어갔다가 창과 물병만 가지고 나오고 사울의 목숨을 살려 준 일들 속에서 우리는 다윗의 성품과 신앙을 보게 됩니다. 하나님이 기름 부으신 사람에 대해 결코 자기가 해하지 않겠다는 마음으로 끝까지 사울을 용서한 것을 보면 다윗은 참으로 위대한 사랑의 소유자였습니다.

여호와께서 다윗을 모든 원수의 손과 사울의 손에서 구원하신 그날에 다윗이 이 노래의 말씀으로 여호와께 아뢰어 이르되 여호와는 나의 반석이시요 나의 요새시요 나를 위하여 나를 건지시는 자시요 내가 피할 나의 반석의 하나님이시요 나의 방패시요 나의 구원의 뿔이시요 나의 높은 망대시요 그에게 피할 나의 피난처시요 나의 구원자시라 나를 폭력에서 구원하셨도다(삼하 22:1-3)

다윗은 이렇게 13년 이상의 시련기를 거쳐 왕위에 오르게 되었습니다.

길안내

다윗과 요나단

요나단은 '여호와께서 주셨다'는 뜻입니다. 요나단은 사울 왕의 장남이었으며, 1천 명의 군사를 거느리는 장관이었습니다. 요나단은 다윗과 언약을 세워 서로 돕고 협력하는 혈맹 관계를 맺었습니다. 목숨을 대신하는 우정을 나누는 친구요, 피와 성은 다르지만 형제간같이 서로 사랑하는 사이가 되었던 것입니다.

요나단은 탈선한 아버지 때문에 전쟁에 나갔다 길보아 산에서 사울과 함께 전사하고 말았습니다. 그 후 왕위에 오른 다윗이 요나단의 아들 므비보셋이 로드발에 생존해 있다는 말을 듣고 그를 왕궁으로 불러들였습니다. 다윗은 요나단을 생각하여 므비보셋을 궁중에서 살게 하였으며, 특별히 우대하여 자기 식탁에서 함께 식사하게 하였습니다. 이것은 요나단에게 받은 사랑의 빚에 보답하는 예우였습니다. 또한 다윗은 사울의 재산을 회수하여 므비보셋에게 돌려주었고, 그를 돕는 자로 시바를 맺어 주어 그를 보살피게 하였으며, 평생 므비보셋의 신변을 보장하며 그가 편안히 지내도록 했습니다. 요나단이 위기에 처한 다윗을 끝까지 도운 것이 므비보셋에게 큰 은혜가 된 것입니다.

하나님의 사람인 다윗도 왕위에 올라 나라가 번영하고 국토가 확장되며 그 영광이 더해 갈 때 실수를 했습니다. 밧세바를 범하고 그 남편 우리아를 일부러 전선에서 죽게 하는 이중적인 큰 죄를 범한 것입니다. 그러나 다윗은 신속히 회개하고 하나님의 권고에 전적으로 순종하는 태도를 보였습니다. 나단 선지자가 와서 비유를 통해 권고할 때 다윗은 즉시 죄를 자복하고 하나님의 용서를 받았습니다.

또한 다윗에게도 가정의 어려움이 있었습니다. 다윗의 아들 암논이 이복 여동생 다말을 범한 후 다말을 외면하는 사건을 저질렀습니다(삼하 13:1-36). 그러자 다말의 오빠 압살롬이 암논을 죽이고 말았습니다. 그리고 나중에는 압살롬이 아버지 다윗에게 반기를 들고 사람들을 선동합니다. 4년 후에 자기를 따르는 무리가 많아지자 고향 헤브론으로 갔다가 거기서 자신을 따르는 무리에게 왕으로 추대되고, 다윗의 신하였던 아히도벨도 여기에 가담하게 되었습니다. 압살롬이 다윗을 치러 오자 다윗은 적은 무리와 함께 예루살렘에서 도망을 칩니다. 후에 왕위에 복귀하긴 하지만 다윗은 아들에게 반역을 당하는 큰 고통을 겪은 것입니다.

또 말년에 다윗은 교만해져서 인구 조사를 했습니다(삼하 24:1-25). 그 결과 하나님께서 셋 중의 하나를 택하라 하셨습니다. 7년의 기근, 3개월의 전쟁, 3일 동안의 온역인데, 이 중에서 다윗이 선택한 것은 세 번째 것으로 3일 간의 온역이었습니다. 그는 3일 동안의 온역으로 7만 명이 죽는 아픔을 맛보았습니다.

열왕기상에 보면, 다윗이 늙은 후 후궁 학깃을 통해 얻은 아들 아도니야가 왕이 되기 위해 모반을 획책하는 일이 일어납니다(왕상 1:5-10). 이때 요압과 제사장 아비아달도 가담했습니다. 그러나 선지자 나단과 제사장 사독은 끝내 솔로몬의 편에 서서 문제를 잘 해결하였고, 결국 아도니야는 처형당했습니다. 이렇게 다윗의 말년은 평탄하지 못했습니다.

다윗의 생애를 살펴볼 때, 그가 죄를 범하게 된 이유는 무엇이라고 생각하십니까?

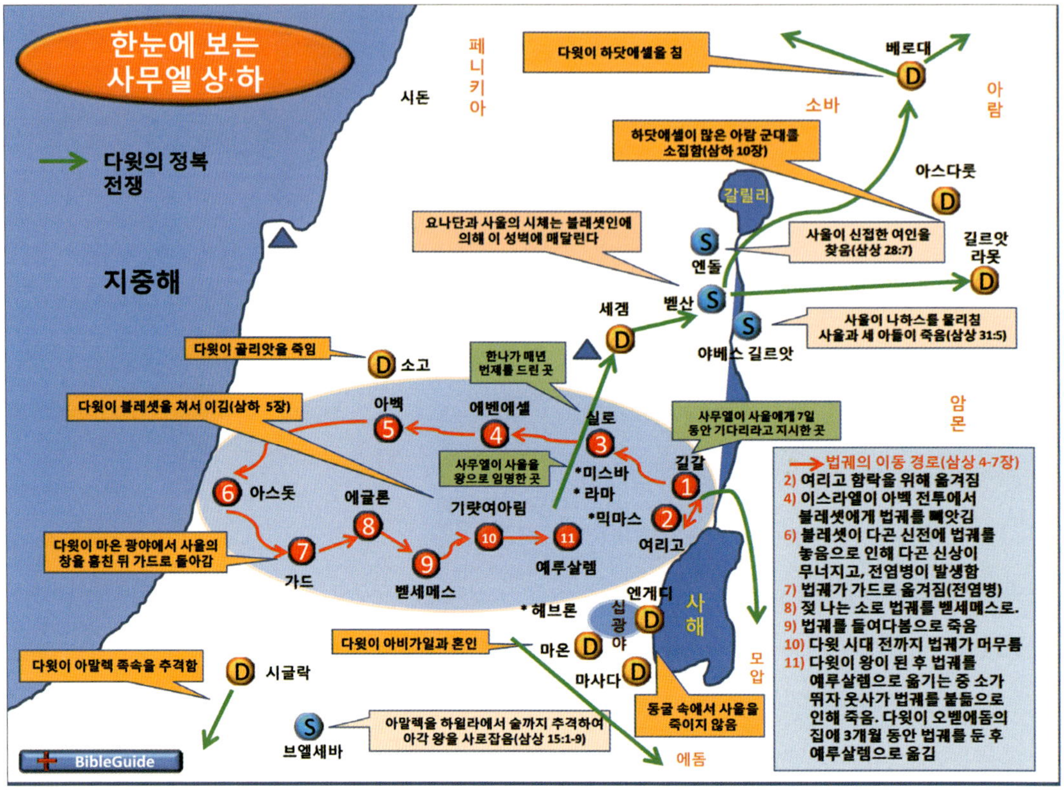

4. 위의 그림 지도를 보고 번호를 따라 법궤가 이동한 경로의 도시 이름을 적어 보시기 바랍니다.

또한 다윗의 정복 전쟁에서 중요한 도시 이름과 사건을 적어 보시기 바랍니다.

다윗에게서 본받아야 할 두드러진 성품은 무엇입니까? 다섯 가지만 적어 보십시오.

제 9 과

한눈에 보는 왕정통치 Ⅱ

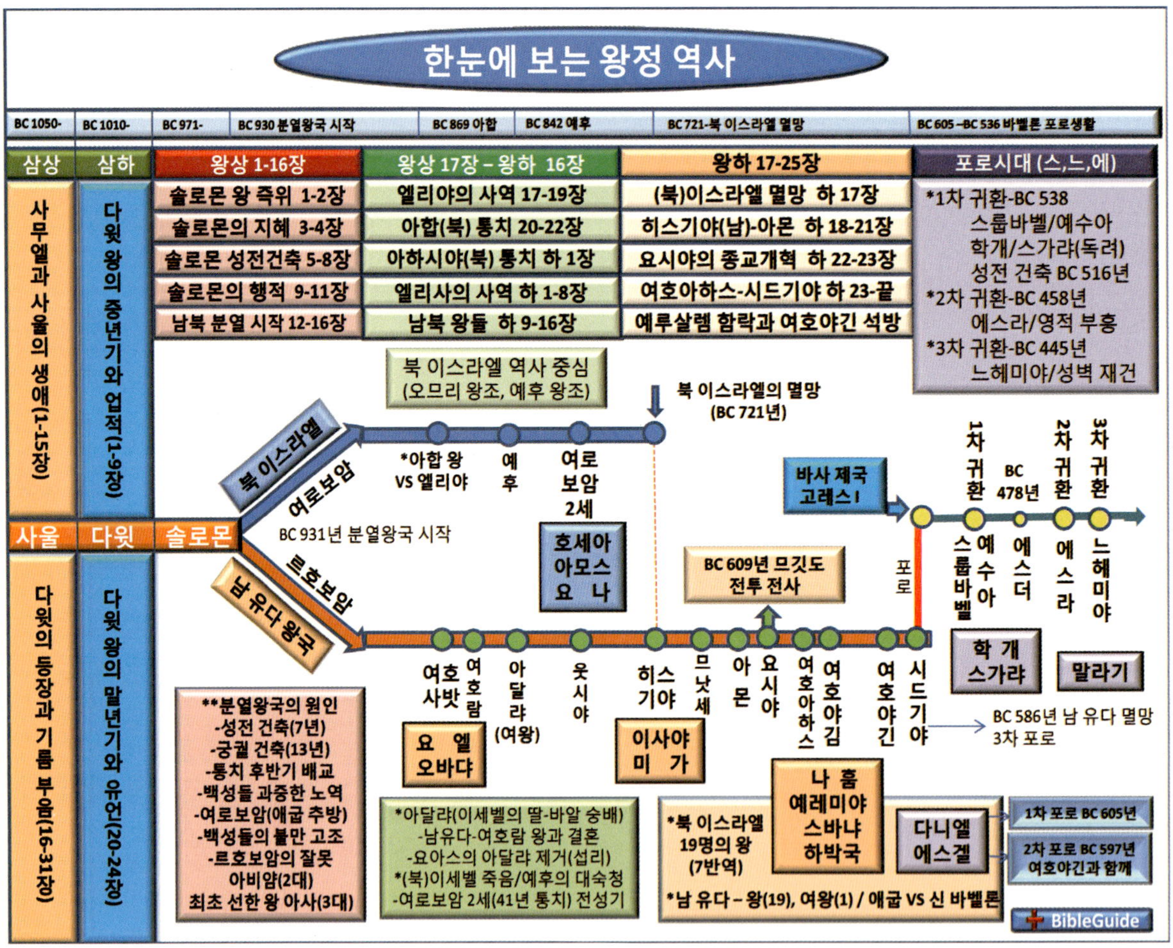

-《어? 성경이 읽어지네!》에서 참고-

위대한 왕이었던 다윗이 죽자 솔로몬이 통일왕국의 제3대 이스라엘 왕이 되었습니다. 솔로몬은 선왕 다윗과 밧세바 사이에서 난 둘째 아들로, 왕이 되자 하나님께 일천번제를 드리며 지혜를 구하였고, 응답 받은 지혜로 통치하여 부귀와 영화를 누렸습니다. 솔로몬은 선왕 다윗의 활발했던 정복과 통치를 기반으로 근동 지역에서 명실상부한 최강대국으로 부상한 이스라엘을 정치, 경제, 문화적으로 더욱 발전시켰으며, 활발한 외교와 무역 사업으로 이스라엘의 국내적인 지위를 한층 드높였습니다. 이 같은 정치, 경제적 기반 위에 거대한 성전과 왕궁 건축, 그리고 기타 건축 사업들을 훌륭히 수행해 냈습니다.

> 내가 또 네가 구하지 아니한 부귀와 영광도 네게 주노니 네 평생에 왕들 중에 너와 같은 자가 없을 것이라(왕상 3:13)

그러나 지나친 노동력과 무리한 세금 징수, 이방 여인들과의 정략적 결혼 등이 걸림돌이 되었습니다. 이방 왕비(첩)들이 가져온 우상숭배로 말미암아 이스라엘은 영적 타락의 길을 걷게 되었고, 무리한 세금 징수로 백성들의 원성을 샀습니다. 이와 같이 솔로몬의 통치 40년 동안 이스라엘은 최고의 영광과 부와 권위를 누렸지만 영적으로는 타락의 길에 들어감으로써 하나님의 징계를 받아, 급기야는 그 아들 대에 가서 이스라엘이 둘로 갈라지게 되는 위기를 자초하고 말았습니다.

솔로몬 왕이 죽자, 이스라엘 백성들은 왕이 된 그의 아들 르호보암에게 부역과 세금을 삭감해 줄 것을 요청했습니다. 그런데 르호보암은 오히려 더 큰 부역과 세금을 징수하는 철권통치를 했습니다. 이 일로 말미암아 솔로몬 왕의 신하였던 여로보암을 중심으로 열 지파가 통일왕국으로부터 독립을 선언하였었고, 그들은 북쪽을 중심으로 모여 이름을 '이스라엘'이라고 정하였습니다. 따라서 남쪽에 남아 있던 두 지파는 솔로몬의 아들인 르호보암을 중심으로 그 이름을 '유다'로 정했습니다. 이로써 통일왕국 이스라엘은 북왕국 이스라엘과 남왕국 유다로 갈라져 분열왕국 시대를 맞게 되었습니다.

결과적으로 북 이스라엘은 서로 죽이고 빼앗는 왕권 다툼으로 19명의 왕이 다스리다가 앗수르에게 멸망을 당하여, 앗수르의 인종 혼합 정책으로 말미암아 혼혈족인 '사마리아인'으로 남게 됩니다. 반면 남 유다는 다윗의 혈통인 19명의 왕과 다윗의 혈통이 아닌 1명의 여왕이 다스리다가

> 내 아버지께서 너희에게 무거운 멍에를 메게 하였으나 이제 나는 너희의 멍에를 더욱 무겁게 할지라 내 아버지는 채찍으로 너희를 징계하였으나 나는 전갈 채찍으로 너희를 징계하리라 하소서(왕상 12:11)

바벨론에게 망하여, 포로로 끌려가는 치욕을 당하게 되었습니다.

솔로몬의 통치
(왕상 1-11장)

1. 솔로몬은 다윗에 이어 이스라엘을 부강한 나라로 만들고 성전과 함께 왕궁을 짓습니다.

솔로몬 왕이 여호와의 성전을 위하여 만드는 모든 일을 마친지라 이에 솔로몬이 그의 아버지 다윗이 드린 물건 곧 은과 금과 기구들을 가져다가 여호와의 성전 곳간에 두었더라(왕상 7:51)

그러나 솔로몬이 왕위에 오르는 것은 쉬운 일이 아니었습니다. 다윗 왕의 다른 아들 아도니야가 스스로 왕이 되고자 나섰고, 그는 곧 대세를 장악하여 왕이 될 수 있는 상황이었습니다. 그러나 나단 선지자는 아도니야가 왕이 되는 것이 하나님이 뜻이 아님을 알았고, 다윗에게 이 사실을 알려서 다윗의 허락을 받아 솔로몬을 왕으로 세웠습니다(왕상 1-2장).

솔로몬이 왕이 되면서 제일 먼저 한 일은 온 백성과 더불어 하나님 앞에 나와 소위 일천 번제라는 전무후무한 제사를 드린 것이었습니다. 그리고 그는 하나님께 다른 것이 아닌 지혜를 구하여, 하나님께로부터 지혜는 물론이고 그가 구하지 않았던 부와 재물과 존귀까지 받게 되었습니다.

솔로몬은 먼저 하나님의 성전을 지었습니다. 다윗이 그렇게 짓기를 소원했던 성전을 하나님께서 다윗에게 알려 주신 대로 정성과 성실을 다해 7년에 걸쳐 완성한 것입니다. 그러고 나서는 왕궁을 짓기 시작했습니다. 당시 이스라엘의 위엄에 걸맞은 왕궁이 필요했을 것입니다. 그러나 자신의 왕궁을 짓는 데만 13년이 걸렸습니다. 곧 20년 동안을 성전과 왕궁 건축에 힘을 쏟은 것입니다. 따라서 여기에 필요한 만큼 백성들의 부역과 세금이 과중해졌습니다(왕상 5-8장).

솔로몬은 40년 동안의 통치 기간 중 반 이상을 성전 건축과 왕궁 건축에 쏟았습니다. 그리고 통치 후반기에 여러 가지 잘못을 범하게 됩니다. 무엇보다도 정략적으로 이방 여인들과 결혼하여 후비를 700명이나 두었고, 이 왕비들이 들여온 우상숭배를 따라가게 되었습니다(왕상 9-11장). 이로 인해 통일왕국 이스라엘은 북 이스라엘과 남 유다로 갈라지는 분열왕국의 기로에 서고 말았습니다. 솔로몬 왕 말기부터 영적인 타락과 백성들의 원성으로 인해 분열왕국의 조짐이 시작되었다고 볼 수 있습니다.

솔로몬이 타락한 이유가 무엇이라고 생각하십니까?

분열왕국 시작
(왕상 12-15장)

2. 솔로몬이 죽자 이스라엘은 남북으로 분열하여 두 개의 왕국이 됩니다.

솔로몬 왕이 40년을 통치하고 60세의 나이에 죽자 뒤를 이어 다윗의 혈통이요 솔로몬의 아들인 르호보암이 왕위에 오르게 됩니다. 르호보암은 왕이 된 후 주위 백성들의 탄원과 원로들의 진언을 무시한 채 강압 정치를 실시함으로써, 이스라엘 열두 지파 가운데 열 지파가 반발하여 이스라엘의 남북 분열을 초래하고 말았습니다.

만일 이 백성이 예루살렘에 있는 여호와의 성전에 제사를 드리고자 하여 올라가면 이 백성의 마음이 유다 왕 된 그들의 주 르호보암에게로 돌아가서 나를 죽이고 유다의 왕 르호보암에게로 돌아가리로다 하고 이에 계획하고 두 금송아지를 만들고 무리에게 말하기를 너희가 다시는 예루살렘에 올라갈 것이 없도다 이스라엘아 이는 너희를 애굽 땅에서 인도하여 올린 너희의 신들이라 하고 하나는 벧엘에 두고 하나는 단에 둔지라 이 일이 죄가 되었으니 이는 백성들이 단까지 가서 그 하나에게 경배함이더라(왕상 12:27-30)

북쪽 열 지파는 솔로몬 왕 당시 오늘날 노역 감독관으로 있다가 솔로몬 왕에 의해 애굽으로 추방당한 '여로보암'을 왕으로 세웠습니다. 북왕국 이스라엘의 초대 왕이 된 여로보암은 왕이 된 후 자신들의 손으로 지은 예루살렘의 성전을 가진 유다로부터 종교적으로 독립하는 동시에 왕권도 강화하기 위하여, 북쪽 지역인 벧엘과 단에 금송아지를 만들어 놓고 "이는 너희를 애굽 땅에서 인도하여 올린 너희의 신들이라"(왕상 12:28)고 백성들에게 우상숭배를 강요했습니다. 그리고 레위 자손이 아닌 보통 백성으로 제사장을 삼아 우상을 숭배하게 만들었습니다. 그래서 북왕국 이스라엘의 죄를 지적할 때마다 '느밧의 아들 여로보암의 죄'라고 말하는 것입니다.

르호보암의 잘못은 무엇입니까?

아합과 이세벨
그리고 엘리야
(왕상 16-22장)

3. 북왕국 이스라엘의 유명한 두 왕조는 오므리 왕조와 예후 왕조인데, 이 중에서 오므리 왕조는 대부분 아합 왕과 이세벨의 이야기입니다.

북왕국 이스라엘의 초대 왕이었던 여로보암이 죽자 그의 아들이었던 나답이 왕이 됩니다. 그러나 나답은 바아사의 반역으로 살해되고 바아사가 왕이 되어 엘라로 이어집니다. 엘라는 신하였던 시므리의 반역으로 살해되고, 이때 역시 엘라 왕의 신하였던 '오므리'가 시므리를 죽이고 왕이 되었습니다. 이것이 '오므리 왕조'의 시작입니다. 그리고 오므리의 아들이 그 유명한(?) 아합 왕입니다. 오므리 왕조는 4대에 걸쳐 왕이 되지만 대부분이 아합 왕에 대한 이야기라고 할 수 있습니다.

아합 왕보다 더 유명한(?) 사람은 그의 아내였던 '이세벨'입니다. 그는 이방 여인으로서 철저한 바알 숭배자였습니다. 바알은 모세가 그렇게 부탁하고, 여호수아가 그렇게 경계했던 가나안의 대표적인 우상입니다. 그런데 이 바알 우상이 아합 왕 때에 이세벨을 통해 왕궁으로 들어온 것이 북왕국 전역으로 퍼지는 계기가 되었으며, 이 일로 인해 여호와 하나님의 신앙이 멸절되는 위기에 처하게 되었습니다. 이때 하나님께서 세우신 선지자가 '엘리야'였습니다.

길르앗에 우거하는 자 중에 디셉 사람 엘리야가 아합에게 말하되 내가 섬기는 이스라엘의 하나님 여호와께서 살아 계심을 두고 맹세하노니 내 말이 없으면 수년 동안 비도 이슬도 있지 아니하리라 하니라(왕상 17:1)

엘리야 선지자는 북왕국 이스라엘의 제7대 왕인 아합 왕 통치 때(B.C. 874~853년)부터 8대 아하시야 왕(B.C. 853년)과 제9대 여호람 왕의 통치(B.C. 852~842년) 초기에 하나님의 메시지를 선포하는 사역을 감당하였습니다. 그는 갈멜 산에서 바알과 아세라 선지자 850명과 대결하여 이스라엘 백성들에게 여호와만이 참 하나님이시라는 확신을 심어 주었고, 3년 반 동안의 기근과 가뭄 속에서도 끝까지 인내하고 기도로써 비를 내리게 하였습니다. 그뿐 아니라 엘리사를 선지자로 양성하고, 사무엘이 세운 선지학교를 계속 이어나갔습니다.

물론 이 위대한 선지자 엘리야도 이세벨이 그를 죽이려 하는 위기에 처했을 때 낙담하고 좌절하는 인간의 연약한 모습을 드러냈습니다. 그러나 하나님께서는 이러한 엘리야에게 힘과 용기와 큰 능력을 주심으로 그가 궁극적으로 승리할 것이라는 확신을 주셨습니다.

아합 왕은 '수리아'라고도 불리는 '아람'과의 전쟁에서 비참하게 죽고, 개가 아합 왕의 피를 핥습니다. 정말 비참한 죽음입니다. 그러면서 열왕기상이 끝나고 열왕기하가 시작되는데, 거기에는 병거를 타고 하늘로 올라가는 엘리야의 승천이 기록되어 있습니다. 하나님 나라를 대표해서 싸웠던 엘리야와 세상 나라의 상징인 바알을 택했던 아합의 결말을 대조하는 것입니다.

바알은 어떤 우상입니까? 왜 하나님은 바알과 같은 우상숭배를 싫어하십니까?

길안내 남 유다 왕국의 유일한 여왕 아달랴는 북왕국 이스라엘의 아합 왕과 이세벨 사이에서 난 딸이요, 오므리 왕의 손녀입니다. 아달랴는 정략결혼에 의해 남 유다 왕국의 제5대 왕이었던 요람(여호람) 왕과 결혼하였습니다. 남 유다의 제4대 왕이었던 여호사밧이 남북의 평화를 위하여 아달랴를 며느리로 받아들인 것입니다.

지독한 바알 숭배자였던 어머니 이세벨 못지않게 철저한 바알 숭배자였던 그녀는 남편을 충동하여 우상을 숭배하게 하고 악정을 행하게 합니다. 아들이었던 아하시야 통치 기간 중에도 섭정을 하고, 급기야 자신의 아들이 전쟁 중에 살해되자 아예 다윗 가문의 씨를 말리기 위해 피비린내 나는 쿠데타를 일으켜 여왕이 된 후 6년 동안 통치하였습니다. 그러나 하나님의 섭리 가운데 자신의 손자요 아하시야의 아들인 '요아스'가 유모의 도움으로 극적으로 구출되어 성전에 숨어서 6년 동안 지낸 후, 제사장 여호야다의 도움을 받아 아달랴가 제거됩니다. 그리고 "다윗의 위가 영원하리라"고 약속하셨던 하나님의 약속대로 다윗의 혈통인 요아스가 남왕국 유다의 제8대 왕으로 등극하게 됩니다.

여호람과 엘리사 (왕하 1-8장)

4. 아합 왕에 이어 아하시야와 여호람이 왕이 됩니다.

성경은 "그가 여호와 앞에서 악을 행하여 그의 아버지의 길과 그의 어머니의 길과 이스라엘에게 범죄하게 한 느밧의 아들 여로보암의 길로 행하며 바알을 섬겨 그에게 예배하여 이스라엘의 하나님 여호와를 노하시게 하기를 그의 아버지의 온갖 행위같이 하였더라"고 기록하고 있습니다(왕상 22:51-53). 그리고 그는 엘리야의 예언대로 병들어 죽었습니다. 그 후 아합의 또 다른 아들이었던 여호람(요람)이 북왕국 이스라엘의 왕이 되었습니다. 그러나 "그러나 그가 느밧의 아들 여로보암이 이스라엘에게 범하게 한 그 죄를 따라 행하고 떠나지 아니하였더라"(왕하 3:3)고 했습니다.

아하시야의 어머니 아달랴가 그의 아들이 죽은 것을 보고 일어나 왕의 자손을 모두 멸절하였으나 요람 왕의 딸 아하시야의 누이 여호세바가 아하시야의 아들 요아스를 왕자들이 죽임을 당하는 중에서 빼내어 그와 그의 유모를 침실에 숨겨 아달랴를 피하여 죽임을 당하지 아니하게 한지라 요아스가 그와 함께 여호와의 성전에 육 년을 숨어 있는 동안에 아달랴가 나라를 다스렸더라(왕하 11:1-3)

이때 하나님이 세우신 선지자는 엘리야의 생도였던 엘리사입니다. 그는 여호람 왕의 통치 시기에 활약하기 시작하여 예후, 여호아하스, 요아스 왕 즉위 초까지인 B.C. 852~798년경까지 활동했습니다. 엘리사는 엘리야를 만난 후 과감히 농부의 신분을 버리고 그를 따를 만큼 결단력이 있었고, 엘리야를 끝까지 따르며 은혜 받을 기회를 놓치지 않을 만큼 열정적이고 헌신적이었으며, 엘리야의 승천 때에 갑절의 영감을 구하여 얻을 만큼 지혜롭고 충성된 사람이었습니다. 비록 자신의 사환이라 할지라도 범죄하였을 때 단호히 정죄하고 문둥병의 형벌을 내릴 만큼 사사로운 정에 이끌리지 않고 공의를 실천하였고, 수넴 여인의 아들이 죽었을 때 자기의 몸을 맞대어 그 아이를 살아나게 한 실천적인 사랑을 소유했으며, 사마리아 성이 아람 군대에게 포위되었을 때에도 두려워하지 않고 하나님의 말씀을 왕과 백성에게 선포할 만큼 담대한 신앙의 소유자였습니다.

하나님은 어두운 세상 가운데서도 엘리야와 엘리사 같은 선지자들을 세우셔서 자신의 백성들을 인도하기 원하셨던 것입니다.

엘리사 선지자의 활동 중 가장 두드러진 사역은 무엇입니까?

예후 왕조의 시작과 북 이스라엘의 멸망 (왕하 9-17장)

5. 오므리 왕조는 아합 왕의 바알 숭배로 말미암아 4대 만에 '예후'에 의해 철저하게 멸절되고 맙니다.

여호람 휘하의 군대장관이었던 예후는, 하나님의 명령을 따라 아합의 아들이며 오므리 왕조의 마지막 왕이었던 여호람(요람)을 활로 죽였는데, 이때 남 유다 왕이었던 아하시야(이세벨의 외손자요 아달랴의 아들) 왕도 죽입니다. 그리고 태연히 머리를 꾸미고 눈을 그리다가, 자기를 보고 "주인을 죽인 너 시므리여 평안하냐?"고 힐난하는 이세벨을 내시를 통해 창밖으로 던져 죽게 만듭니다. 그리고 아합의 아들 70명이 사마리아에서 살해됩니다.

> 예후가 힘을 다하여 활을 당겨 요람의 두 팔 사이를 쏘니 화살이 그의 염통을 꿰뚫고 나오매 그가 병거 가운데에 엎드러진지라 예후가 그의 장관 빗갈에게 이르되 그 시체를 가져다가 이스르엘 사람 나봇의 밭에 던지라 네가 기억하려니와 이전에 너와 내가 함께 타고 그의 아버지 아합을 좇았을 때에 여호와께서 이같이 그의 일을 예언하셨느니라(왕하 9:24-25)

바알 숭배와 여호와의 예언자들을 죽인 오므리 왕조에 대한 하나님의 심판을 대행하도록 선택 받았음에도 불구하고 그는 너무 잔인하고 포악했으며, 바알 산당을 헐고 그 자리를 변소로 삼았지만 나중에는 그도 결국 금송아지를 숭배한 것을 볼 때 위선적이고 이중적인 신앙을 소유한 왕이었음을 알 수 있습니다(왕하 10:29-31).

여기서 우리가 주목해 봐야 할 예후 왕조의 왕들 중에 '여로보암 2세'가 있습니다. 그는 북 이스라엘 왕 중에서 가장 오랜 기간인 41년을 통치한 왕으로 북 이스라엘의 전성기를 이루었기 때문입니다. 그는 영토를 확장하고, 사치와 향락과 죄악을 일삼았던 왕이기도 합니다. 이때 활동한 선지자들이 바로 아모스, 호세아 선지자들이며, 요나 선지자도 이때 활동했습니다(북 이스라엘의 선지자는 이들 셋이 전부입니다).

요나 선지자는 특별히 이스라엘을 망하게 하는 앗수르의 수도 니느웨에 하나님의 말씀을 선포하라는 사명을 받았습니다. 최초로 이방 선교에 대한 사명을 받은 선지자였습니다. 요나가 물고기 뱃속에서 3일 주야를 보낸 후에 물고기의 뱃속에서 나온 것은 예수 그리스도께서 무덤에서 3일간 머무시다가 부활하신 것을 상징하기도 합니다.

우리는 여기서 하나님의 택하신 백성들과 왕들이 타락하여 우상으로 돌아간 세대 속에서도 선지자들을 세우시며, 이방 민족이라 할지라도 회개하고 돌아오길 원하시는 하나님의 간절한 마음과 열심을 보게 됩니다.

한편 북 이스라엘의 왕들 이야기 속에 남 유다 왕국의 왕들에 대한 이야기는 간간이 기록하고 있습니다. 북 이스라엘의 왕 요아스(여호아스)의 이야기와 함께 유다 왕 아마샤의 이야기, 여로보암 2세의 이야기 속에 유다 왕 아사랴의 이야기가 짧게 기록되어 있습니다.

유다의 아사랴 왕의 제38년에 북 이스라엘에는 여로보암 2세의 아들 스가랴가 왕이 되지만 얼마 되지 않아 '살룸'의 반역으로 죽고, 살룸이 제15대 북 이스라엘의 왕이 되지만 한 달 만에 '므나헴'에게 살해당하고, 므나헴이 10년간 북 이스라엘을 다스립니다. 므나헴의 아들 브가히야가 므나헴의 뒤를 이어 왕이 되었지만 '베가'가 반역하여 왕을 살해하고 왕이 되었지만 앗수르의 침략을 받아 많은 백성들이 앗수르에 포로로 잡혀갔습니다. 이때 '호세아'가 베가를 죽이고 왕위에 오릅니다. 그러나 호세아 왕 제9년에 앗수르 왕 살만에셀은 북 이스라엘의 수도인 사마리아를 3년간 포위한 끝에 사마리아를 점령하고 백성들을 끌어다가 이방 여러 나라에 흩어지게 하고, 북 이스라엘에는 다른 이방 나라 민족을 이주시켜 살

호세아 제구년에 앗수르 왕이 사마리아를 점령하고 이스라엘 사람을 사로잡아 앗수르로 끌어다가 고산 강 가에 있는 할라와 하볼과 메대 사람의 여러 고을에 두었더라 이 일은 이스라엘 자손이 자기를 애굽 땅에서 인도하여 내사 애굽의 왕 바로의 손에서 벗어나게 하신 그 하나님 여호와께 죄를 범하고 또 다른 신들을 경외하며 여호와께서 이스라엘 자손 앞에서 쫓아내신 이방 사람의 규례와 이스라엘 여러 왕이 세운 율례를 행하였음이라(왕하 17:6-8)

게 함으로 혼혈족인 사마리아인이 탄생되었고, 종교도 여호와 신앙에서 다신 종교로 바뀌고 말았습니다.

이렇듯 하나님 신앙을 떠나 우상을 숭배하던 북 이스라엘은 결국 완전히 멸망하고 만 것입니다.

신약시대에 유대인들은 사마리아인들과 상종하지 않았습니다. 그 이유가 무엇입니까?

남왕국 유다의 마지막 왕들 (왕하 18-25장)

6. 남왕국 유다도 바벨론에게 멸망당하고 맙니다.

열왕기는 북 이스라엘을 중심으로 기록되었지만 북 이스라엘 멸망 후에는 남 유다의 마지막 왕들에 대해 간략하게 기록하고 있습니다.

> 히스기야가 이스라엘 하나님 여호와를 의지하였는데 그의 전후 유다 여러 왕 중에 그러한 자가 없었으니(왕하 18:5)

북왕국 이스라엘이 멸망할 때 남왕국 유다 왕은 '히스기야'였습니다. 히스기야는 25세에 유다 제13대 왕으로 즉위하여 25년간 통치하였습니다. 특별히 그가 통치하던 시대는 앗수르 왕 살만에셀 5세에 의해 북왕국이 멸망당함과 동시에 그 여세를 몰아 앗수르가 남 유다를 끊임없이 위협하는 등 국내외적으로 위기감이 한참 고조되어 있던 때였습니다.

그는 우상숭배에 빠졌던 부친 아하스 왕과는 달리 하나님께 인정받을 만큼 여호와만을 전적으로 의지하고 정직히 행한 왕이었습니다. 예루살렘 성전을 수리하고, 우상숭배의 단을 제거하며, 유월절을 다시 제정할 만큼 과감한 개혁을 시도했습니다. 앗수르 침공으로 위험에 처했을 때, 또 자신이 병들었을 때 기도함으로 해결함을 받을 만큼 전적으로 기도에 힘쓴 왕이기도 했습니다.

그러나 바벨론 사자들에게 유다의 보물을 공개하며 자랑하는 허영심으로 인한 경솔함을 보여주기도 했습니다. 히스기야 왕 때 활약한 선지자로는 이사야와 미가가 있고, 히스기야 이후 므낫세와 아몬 왕까지 앗수르의 위협이 계속되어 갈등하게 됩니다.

요시야 왕에서 시드기야 왕까지 후반기 유다 왕들의 재위 시기에 신 바벨론이 새로운 세력으로 등장하여서 바벨론과 갈등을 겪다가, 결국은 유다가 바벨론에게 정복당하여 포로로 끌려가게 되었습니다.

요시야와 같이 마음을 다하며 뜻을 다하며 힘을 다하여 모세의 모든 율법을 따라 여호와께로 돌이킨 왕은 요시야 전에도 없었고 후에도 그와 같은 자가 없었더라(왕하 23:25)

히스기야 왕 이후 마지막 시대에 등장하는 왕 중에 기억할 만한 왕으로 '요시야' 왕이 있습니다. 그는 남 유다 제16대 왕으로 8세에 즉위하여 31년간 통치하였는데, 이 시기는 남 유다 왕국의 마지막 시대로 접어든 B.C. 640년경부터 왕국 분열 후 유다 역사상 가장 부흥했던 시기인 B.C. 609년까지입니다. 당시의 대외 정세를 살펴보면, 남 유다를 계속하여 위협하던 앗수르는 무리한 대외 정복 정책으로 국력을 많이 낭비하여서 급기야는 B.C. 612년에 바벨론에 의해 수도 니느웨 성이 함락되어 멸망하였습니다. 그리고 신흥 바벨론이 앗수르를 제치고 새로운 국제 질서의 주도권을 잡고 일어났지만 그 세력이 활발해진 것은 요시야 왕 말기부터였습니다. 곧 8세 소년으로 요시아가 왕에 오른 때에는 앗수르의 힘은 약화되었고 바벨론은 대외적으로 큰 영향을 행사하지 못하던 시기였습니다. 그런 이유로 요시야 통치 초기의 유다 왕국은 평화로운 중에 여호와의 신앙을 제정할 수 있었습니다.

8세의 어린 나이에 왕으로 즉위한 뒤 선왕들과는 달리 다윗의 율례를 모범으로 삼아 그 율례대로 선정을 베풀었고, 대대적인 회개운동 후에 우상숭배의 제단과 그 형상, 또 이를 주관하는 자들까지도 제거했습니다(왕하 23:4-15). 그러나 그는 애굽 왕 바로느고를 통한 하나님의 경고를 듣지 않고 끝까지 므깃도 전투를 감행하다 죽임을 당하고 말았습니다.

갈대아 사람이 또 여호와의 성전의 두 놋 기둥과 받침들과 여호와의 성전의 놋 바다를 깨뜨려 그 놋을 바벨론으로 가져가고 또 가마들과 부삽들과 부집게들과 숟가락들과 섬길 때에 쓰는 모든 놋그릇을 다 가져갔으며(왕하 25:13-14)

요시야 왕 이후 마지막 유다 왕들은 애굽과 신 바벨론 사이에서 하나님을 의지하지 못하고 이 눈치 저 눈치를 보며 이쪽저쪽으로 비위를 맞추다 결국 바벨론에게 멸망하여 백성들은 포로로 끌려갔습니다. 예레미야 선지자를 통해서 예언하신 말씀이 성취되었던 것입니다.

남 유다의 마지막 왕들 중에서 히스기야와 요시야를 통해서 우리에게 주시는 교훈은 무엇입니까?

길안내 이스라엘 백성들에게 '성전'의 의미는 '하나님의 임재와 통치하심'에 있습니다. 그러므로 바벨론에 의해 성전이 파괴되었다는 것은 하나님의 통치하심이 그들을 떠났다는 의미입니다.

이스라엘은 3차에 걸쳐 바벨론에 의해 포로로 끌려갑니다. 제1차(B.C. 605년)에 바벨론의 느부갓네살 왕은 다니엘과 그 친구들을 끌고 갑니다. 이때 하나님은 예레미야를 통해 바벨론에 항복할 것과 포로로 잡혀간 기간이 70년이 될 것이라 말씀하셨습니다(렘 25:12, 29:10). 제2차(B.C. 597년)에 유다 왕 여호야김은 바벨론에 항거하다가 죽습니다. 제3차(B.C. 586년) 때에 시드기야 왕이 두 눈이 뽑힌 채 백성들과 함께 잡혀갔습니다.

이스라엘의 귀환도 세 차례에 걸쳐 이루어지는데 1차(B.C. 538년)에는 스룹바벨이 중심이 되어 49,897명이 귀환합니다. 2차(B.C. 458년)에는 에스라의 인도하에 1,754명이 귀환합니다. 3차 귀환(B.C. 445년)은 느헤미야에 의해 진행됩니다.

그런데 바벨론 포로 기간이 70년이라고 하지만 연대기적으로 문제가 있습니다. 다니엘 9장 1-2절에서 이스라엘 포로기간을 70년으로 말씀합니다. B.C. 605년 1차 포로에서 B.C. 538년 1차 귀환까지 계산해도 67년인데, 2차, 3차 포로 및 귀환으로 계산하면 그 기간은 훨씬 짧아집니다. 성경에 오류가 있는 것일까요?

이것은 성전 중심의 역사관으로 볼 때 해석이 가능합니다. 성전 파괴(B.C. 586년)와 재건(B.C. 516년) 사이가 정확히 70년이기 때문입니다. 이스라엘에게 있어서 중심은 성전입니다. 그리고 성전은 바로 예수 그리스도를 예표하고 있습니다. 학개 2장 9절에 "이 성전의 나중 영광이 이전 영광보다 크리라"고 하신 말씀은 바로 예수 그리스도의 성전 되심을 계시한 것입니다. 오늘 우리는 성전 된 그리스도를 중심으로 성경을 이해하고 역사를 이해해야 합니다.

7. 다음의 그림 도표를 보고 북왕국 이스라엘의 왕들 중에 이전의 왕을 살해하고 왕이 된 왕들은 7명의 왕입니다. 그들의 이름을 적어 보시기 바랍니다.

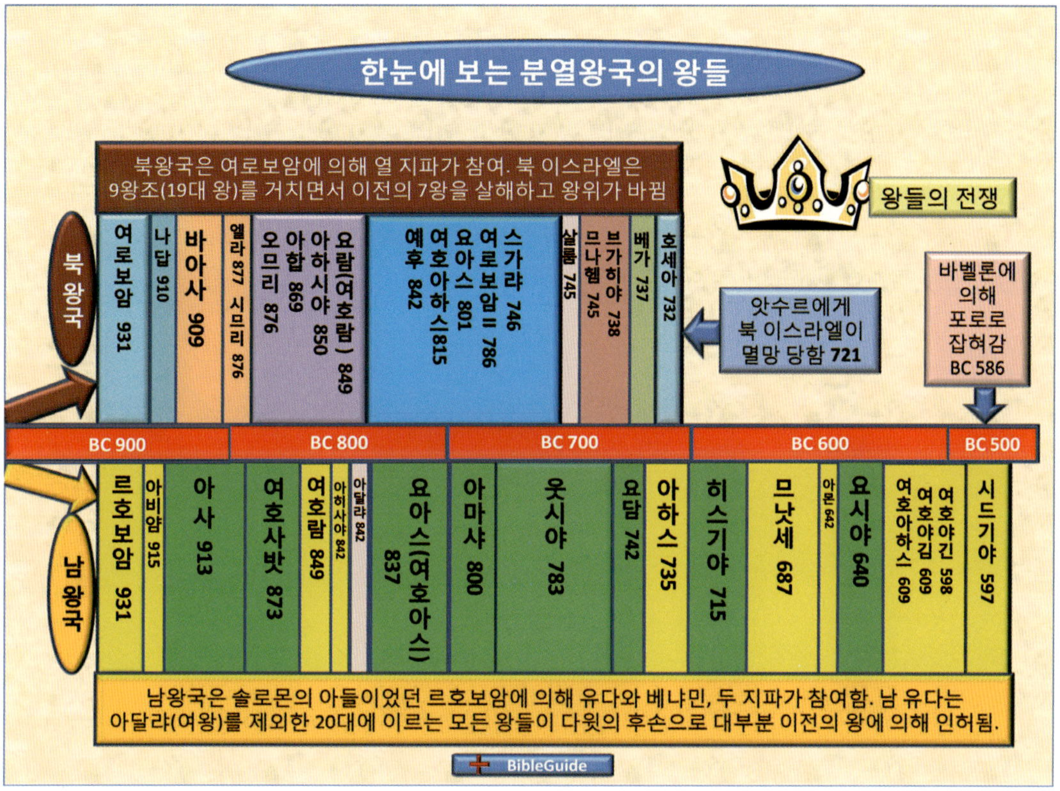

8. 남왕국 유다의 왕들 중에 선한 왕은 누구였습니까? 그리고 그들의 업적은 무엇이었는지 적어 보시기 바랍니다.

9. 남왕국에서 유일하게 다윗의 혈통이 아니면서 왕이 된 사람은 누구입니까? 그는 어떻게 왕이 되었습니까? 그리고 어떻게 왕위를 잃어버렸습니까?

10. 이스라엘의 역사를 통해 열왕과 열국의 흥망성쇠가 하나님의 손에 달려 있음을 보게 됩니다. 북왕국 이스라엘과 남왕국 유다가 각각 앗수르와 바벨론에게 멸망당한 이유가 무엇이라고 생각하십니까?

제 10 과

한눈에 보는 왕정통치 Ⅲ

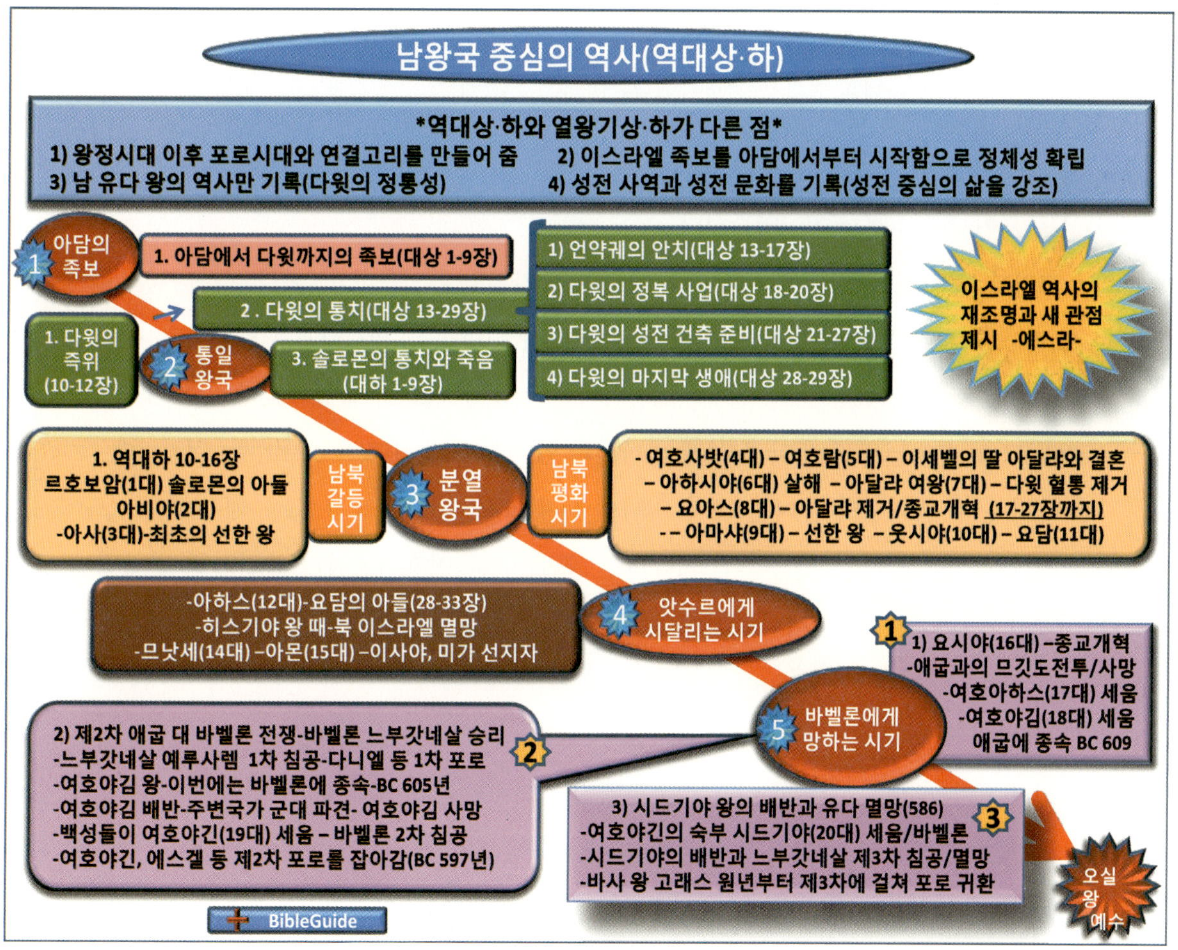

역대기는 아담의 계보에서부터 시작하여 남왕국을 중심으로 이스라엘의 역사를 재조명하고 있습니다. 열왕기와 역대기를 비슷한 책으로 생각하기 쉽습니다. 그러나 열왕기와 역대기는 많은 차이가 있습니다. 우선 열왕기는 솔로몬 왕에서부터 시작하여 예루살렘의 멸망까지, 북 이스라엘 왕국을 중심으로 분열왕국 시대를 남북 양 왕조의 역사를 비교적 객관적으로 기록하고 있습니다. 반면에 역대기는 아담의 족보로 시작하여 남 유다 왕국만의 역사를 포로 귀환 시대까지 기록하고 있습니다.

아담, 셋, 에노스, 게난, 마할랄렐, 야렛, 에녹, 므두셀라, 라멕, 노아, 셈, 함과 야벳은 조상들이라(대상 1:1-4)

곧 역대기는 역사가 한참 흐른 후 포로 생활을 끝마치고 예루살렘으로 귀환하여 성전 재건과 함께 하나님 신앙의 회복과 민족의 새로운 부흥을 간절히 원했던 시기에 기록되었다는 것입니다. 역대기를 시작하면서 9장에 걸쳐 아담의 계보를 기록한 것은, 이스라엘 역사의 시작이 바로 온 우주만물을 창조하신 창세기의 하나님으로부터 시작된 역사라는 정체성을 확인시켜 주려는 것이었습니다.

그리고 왜 역대기는 남 유다 왕국의 역사만을 기록하고 있을까요? 이것은 하나님의 관점에서 역사를 재조명하고 앞으로 흘러갈 하나님 나라의 방향을 제시하기 위해서입니다. 이 시점에서 이미 완전히 멸망한 북이스라엘의 역사는 언급할 필요가 없었고, "다윗의 위가 영원하리라"고 하셨던 남왕국 유다를 통해 하나님의 약속이 계속될 것을 보여주는 것입니다.

나아가 이 하나님의 나라는 유다 지파인 다윗의 자손으로 장차 오실 예수 그리스도에게까지 연결되어 있다는 것입니다. 왜냐하면 포로 귀환 이후 400년의 중간기를 지나면 바로 신약이 시작되기 때문입니다. 무엇보다 율법에 정통한 학사였던 에스라는 하나님의 관점과 함께 '성전 중심'에서 기록하고 있음을 보게 됩니다. 하나님 신앙의 회복은 성전 제사의 회복과 무관하지 않기 때문입니다.

특별히 역대기는 포로 차세대인 에스라를 통해 기록하게 함으로써 왕정시대 이후 포로시대까지를 연결해 주는 역할을 해주는 책입니다. 역대기는 크게 일곱으로 나눌 수 있는데, 첫째로 아담의 족보(대상 1-9장), 둘째로 다윗의

사울이 죽은 것은 여호와께 범죄하였기 때문이라 그가 여호와의 말씀을 지키지 아니하고 또 신접한 자에게 가르치기를 청하고 여호와께 묻지 아니하였으므로 여호와께서 그를 죽이시고 그 나라를 이새의 아들 다윗에게 넘겨주셨더라(대상 10:13-14)

통치(대상 10-29장), 셋째로 솔로몬의 통치(대하 1-9장), 넷째로 남북의 갈등 시기(대하 10-16장), 다섯째 남북의 평화 시기(대하 17-27장), 여섯째로 앗수르에게 시달리는 시기(대하 28-33장), 일곱째 바벨론에게 망하는 시기(34-36장)로 되어 있습니다.

길안내

에스라는 제2차 포로 귀환을 인솔한 대제사장 아론의 후손으로 포로 차세대로 페르시아에서 태어난 율법학사였습니다. 바사 왕 아닥사스다 I세(B.C. 464~424년) 당시에 활동한 인물로 느헤미야의 주도하에 이루어진 제3차 포로 귀환(B.C. 445년) 이후에도 유다 백성들의 율법 교육과 개혁 운동의 선구자 역할을 하였습니다.

에스라는 율법에 익숙한 학사이자 제사장이면서도 귀환에 앞서 겸손히 하나님의 도우심을 간구하고, 귀환 후에도 문제가 생길 때마다 금식하며 회개한 기도의 사람이었습니다(스 8:21-23, 9:3-15, 10:1-15). 귀환 시 여러 가지 바사 왕의 도움도 사양하고 하나님만을 의지한 성실한 믿음의 소유자이기도 했습니다(스 8:21-23).

에스라는 백성이 하나님 앞에 죄악을 저질렀을 때에 마치 자신이 잘못한 것인 양 옷을 찢고 금식하며 회개했고(스 9:5), 이스라엘 민족의 이방인과의 통혼에 대한 소식을 듣고 회개를 독려한 후에 이방 여인들을 돌려보내도록 단호한 개혁을 단행하기도 했습니다(스 10:3).

"에스라가 여호와의 율법을 연구하여 준행하며 율례와 규례를 이스라엘에게 가르치기로 결심하였었더라"(스 7:10).

역대상:
다윗의 이야기

1. 역대상의 내용은 사무엘하의 내용을 정리한 것과 같고, 그 중심인물은 다윗 왕입니다.

그러나 사무엘하에서 언급된 다윗의 기록과 역대상에 기록된 다윗의 생애는 다른 점이 있습니다. 우선 사무엘하에는 역대기에서 9장에 걸쳐 나오는 계보가 없습니다. 반대로 역대기에는 사무엘하에 나오는 다윗의 밧세바와의 사건이 기록되어 있지 않습니다. 당시의 시점에서는 밧세바 사건을 중요하게 생각하지 않았을 것입니다. 특별히 역대기에서 강조하고 있는 성전의 사역과는 무관한 것으로 여겨졌을지 모릅니다. 그래서 역대기에서는 사무엘하에

서처럼 다윗의 치세보다는 성전 건축을 준비하고 있는 다윗을 모습을 부각시키고 있습니다.

그러나 다윗의 인구 조사는 역대기에도 기록되어 있습니다. 왜 다윗의 인구 조사에 대해 하나님께서 진노하셨을까요?

> 다윗 왕이 온 회중에게 이르되 내 아들 솔로몬이 유일하게 하나님께서 택하신 바 되었으나 아직 어리고 미숙하며 이 공사는 크도다 이 성전은 사람을 위한 것이 아니요 여호와 하나님을 위한 것이라(대상 29:1)

역대하: 남왕국 열왕들

2. 역대하는 남왕국의 20명의 왕들의 대한 이야기입니다.

열왕기상·하는 북왕국 이스라엘의 역사를 중심으로 하지만 남왕국 유다의 역사도 함께 기록하고 있습니다. 그러나 역대하에서는 다윗의 아들 솔로몬 왕으로 시작하여 남왕국의 20명의 왕들에 대한 역사만을 기록하고 있습니다. 이 중 아달랴 여왕을 제외한 19명의 왕들이 다윗의 혈통이며, 비교적 안정된 통치를 이루었습니다. 여기에 등장하는 20명의 왕들 중에 8명만이 하나님 앞에 선하다는 평가를 받았습니다.

> 다윗의 아들 솔로몬의 왕위가 견고하여 가며 그의 하나님 여호와께서 그와 함께하사 심히 창대하게 하시니라(대하 1:1)

솔로몬 왕이 잘한 것들은 무엇이며, 잘못한 것들은 무엇이라고 생각하십니까?

분열왕국: 남북 갈등 시기

3. 분열왕국이 시작되면서 남북이 갈등하는 시기의 처음 세 왕은 르호보암(1대), 아비야(2대), 아사(3대)입니다(대하 10-16장).

솔로몬 왕 이후 그의 아들이었던 르호보암이 통일왕국의 왕이 되지만 얼마 지나지 않아 열 지파가 동맹하여 북 이스라엘을 세우고 여로보암을 왕으로 세움으로 분열왕국의 역사가 시작되었습니다.

이들의 갈등은 남 유다의 제3대 왕이었던 아사 왕까지 이어집니다. '르호보암'은 솔로몬 왕과 암몬 여자 나아마 사이에서 태어난 아들로 처 18명, 후궁 60명, 아들 28명과 딸 60명을 두었습니다(대하 11:21). 르호보암이 통일왕국의 왕위에 오를 당시 이스라엘은 정치·경제·문화적으로 번영과 부를 누리고 있었지만, 내적으로는 각 지파들 간의 갈등 심화와 솔로몬 때부터 쌓였던 세금과 부역 등으로 인한 수많은 불평들이 백성들 안에 잠재해 있었습니다. 그리고 결국은 이것이 남북 왕국 분열의 근본 원인이 되었습니다.

> 왕이 포학한 말로 대답할새 르호보암이 원로들의 가르침을 버리고 젊은 신하들의 가르침을 따라 그들에게 말하여 이르되 내 아버지는 너희의 멍에를 무겁게 하였으나 나는 더 무겁게 할지라 내 아버지는 가죽 채찍으로 너희를 치셨으나 나는 전갈 채찍으로 치리라 하니라(대하 10:13-14)

또한 종교적으로도 여호와 신앙이 극도로 와해된 채 이방 신앙에 젖어들고 있었습니다. 성경은 "르호보암의 나라가 견고하고 세력이 강해지매 그가 여호와의 율법을 버리니 온 이스라엘이 본받은지라"(대하 12:1)라고 기록하고 있습니다. 이러한 르호보암의 잘못으로 분열왕국의 길을 걷게 됩니다.

그의 근본적인 잘못은 무엇이었습니까?

---

4. 유다의 제2대 왕은 르호보암의 아들 '아비야'로, 열왕기상 15장 1절에는 '아비얌'으로 기록되어 있습니다. 그는 40만 군대를 일으켜 당시 이스라엘의 초대 왕이었던 여로보암의 80만 군대와 싸워서 이기기도 했습니다. 이것을 계기로 북 이스라엘의 여로보암은 더 이상 강성하지 못하고 하나님의 치심으로 죽었습니다.

그가 3년을 다스렸고, 그 뒤를 이어 최초의 선한 왕이었던 제3대 '아사' 왕이 즉위하여 41년간을 다스렸습니다. 아사 왕은 즉위 초기에 외적으로 온갖 우상을 파괴하였고, 내적으로 백성들에게 하나님의 율법과 명령을 지켜 행하도록 하는 종교개혁을 단행하였습니다. 종교개혁을 단행할 때에 아사 왕은 자신의 모친이라 할지라도 우상을 숭배한 죄에 대하여는 단호히 처단할 정도로 단호했습니다. 그뿐만 아니라 구스의 백만 대군을 격퇴하고 대내외적으로 선정을 베풀었습니다.

> 아사가 그의 하나님 여호와 보시기에 선과 정의를 행하여 이방 제단과 산당을 없애고 주상을 깨뜨리며 아세라 상을 찍고 유다 사람에게 명하여 그 조상들의 하나님 여호와를 찾게 하며 그의 율법과 명령을 행하게 하고 또 유다 모든 성읍에서 산당과 태양상을 없애매 나라가 그 앞에서 평안함을 누리니라(대하 14:2-5)

그러나 즉위 말기에 교만해져서 하나님보다는 자신을 과신하고 타락함으로써 결국 하나님의 징계를 받아 병으로 죽고 말았습니다.

아사 왕이 오늘날 우리에게 주는 교훈은 무엇입니까?

분열왕국: 남북 평화 시기

5. 남 유다의 4대 왕인 '여호사밧' 때부터 남북이 평화의 시기를 맞습니다.

남북 평화 시기의 여덟 왕은 여호사밧(4대), 여호람(요람)(5대), 아하시야(6대), 아달랴(7대), 요아스(여호아스)(8대), 아마샤(9대), 웃시야(아사랴)(10대), 요담(11대)입니다(대하 17-27장).

> 여호사밧이 부귀와 영광을 크게 떨쳤고 아합 가문과 혼인함으로 인척관계를 맺었더라(대하 18:1)

제3대 왕 아사 때까지만 해도 남북 왕국은 계속 긴장 관계에 있었으나 제4대 왕인 여호사밧 때부터는 남북 왕국 사이의 관계가 상당히 우호적으로 변했습니다. 그것은 일차적으로 당시 북쪽에서 아람이 세력을 크게 확장하여 위협해 오고 있었기 때문에 이에 공동으로 대처하기 위한 정치적 목적에 따른 것이었습니다. 그리고 이때 북 이스라엘의 아합의 아내였던 이세벨이 딸 아달랴를 여호사밧의 아들 '여호람'에게 시집 보내면서 남북이 화해하는 평화의 시기가 된 것이었습니다.

여호사밧은 이방 연합군의 침입이라는 큰 위기 앞에서 오직 하나님의 구원을 요청하는 간절한 기도를 드렸던 기도의 사람이지만 바알 숭배자였던 아합과 동맹을 맺는 일생 일대의 실수를 범하고 말았습니다. 이로 인해 이세벨의 딸 아달랴가 어머니 이세벨처럼 바알을 섬기면서 남 유다에도 우상을 가져왔고, 여호람과 사이에서 낳은 제6대 왕이 된 '아하시야'가 북이스라엘의 예후에 의해서 살해되자 스스로 여왕(제7대)이 되어 다윗의 모든 혈족을 제거하려고 했습니다.

> 그가 이스라엘 왕들의 길로 행하여 아합의 집과 같이 하였으니 이는 아합의 딸이 그의 아내가 되었음이라 그가 여호와 보시기에 악을 행하였으니(대하 21:6)

그러나 다윗의 모든 혈족이 몰살되는 가운데서도 하나님의 섭리로 어린 '요아스'가 성전 안에서 6년 동안 고모 여호세바의 손에 숨겨져 살아남았습니다. 후에 요아스는 제사장 여호야다의 도움을 받아 제8대 왕에 올라 아달랴를 제거하고 제2의 종교개혁을 단행하였습니다. 그러나 여호야다 사후에는 바알의 지도자들과 방백의 충동에 따라 악정을 행하고 말았습니다. 처음 신앙을 잃어버린 것입니다.

요아스를 통해서 배울 수 있는 교훈은 무엇입니까?

여호야다가 자기와 모든 백성과 왕 사이에 언약을 세워 여호와의 백성이 되리라 한지라 온 국민이 바알의 신당으로 가서 그 신당을 부수고 그의 제단들과 형상들을 깨뜨리고 그 제단 앞에서 바알의 제사장 맛단을 죽이니라(대하 23:16-17)

6. 40년을 통치하고 요아스가 죽자 아들 '아마샤'가 제9대 왕으로 즉위하였습니다. 그는 29년 동안 다스리며, "아마샤가 여호와께서 보시기에 정직하게 행하기는 하였으나 온전한 마음으로 행하지 아니하였더라"(대하 25:2)고 기록한 것처럼 선한 왕이었지만 온전하지는 않았다고 평가를 받았습니다. 그는 부왕을 암살한 자를 처형할 때 당시의 관습에 의하지 않고 그의 아들들을 사하여 주기도 했습니다.

아마샤에 이어 '웃시야'가 남 유다의 제10대 왕위에 올라 52년 동안이나 통치하게 됩니다. 아사랴라고도 불리는 웃시야는 북 이스라엘 왕 여로보암 2세와 동시대의 인물로, 16세에 왕위에 올라 먼저 하나님의 뜻을 구한 것으로 보아 신실한 믿음을 소유한 자였습니다(대하 26:4-5). 그뿐 아니라 블레셋, 아라비아, 마온을 치고, 암몬의 조공을 받는 등 솔로몬 이후 남 유다에 가장 큰 정치적 번영을 가져왔습니다.

그러한 그도 나중에 교만해져서 제사장의 직분을 침해하여, 문둥병의 징벌을 받게 되었습니다(대하 26:23). 성경은 "그가 강성하여지매 그의 마음이 교만하여 악을 행하여 그의 하나님 여호와께 범죄하되 곧 여호와의 성전에 들어가서 향단에 분향하려 한지라"(대하 26:16)고 기록하고 있습니다.

웃시야의 잘못은 무엇입니까?

7. 요아스에 이어 4대인 웃시야의 아들 '요담'에 이르기까지 계속 선한 왕으로 인정을 받았습니다. 요담은 25세 때 제11대 유다 왕으로 즉위하여 16년간 다스렸습니다. 성경은 그에 대하여 "요담이 그의 하나님 여호와 앞에서 바른길을 걸었으므로 점점 강하여졌더라"(대하 27:6)고 기록하고 있습니다.

요담이 강해진 이유가 무엇입니까?

앗수르에게 시달리는 시기

8. 앗수르는 북왕국 이스라엘을 멸망시켰을 뿐만 아니라 남왕국 유다도 위협하고 있었습니다.

이렇게 앗수르에게 시달리던 시기의 왕들은 아하스(12대), 히스기야(13대), 므낫세(14대), 아몬(15대)입니다(대하 28-33장).

요담이 죽자 그의 아들 '아하스'가 20세에 제12대 유다 왕으로 즉위하여 16년간을 통치합니다. 그러나 아하스는 아버지 요담과 같지 않고 자기 아들을 제물로 바치고, 성전 기구들을 훼파할 정도로 우상숭배에 물들었던 왕입니다. 이사야의 예언을 듣고도 하나님의 은혜와 능력을 거부한 채 앗수르를 의지할 만큼 하나님보다 자기 생각을 앞세웠던 왕으로, 결과적으로 도움이 될 줄 알았던 앗수르가 도리어 유다를 점령하여 막대한 공물을 요구하는 등 유다를 더 비참한 지경에 이르도록 하고 말았습니다(대하 28:16-25). 성경은 "이 아하스 왕이 곤고할 때에 더욱 여호와께 범죄하여"(대하 28:22)라고 기록하고 있습니다.

> 이 아하스 왕이 곤고할 때에 더욱 여호와께 범죄하여 자기를 친 다메섹 신들에게 제사하여 이르되 아람 왕들의 신들이 그들을 도왔으니 나도 그 신에게 제사하여 나를 돕게 하리라 하였으나 그 신이 아하스와 온 이스라엘을 망하게 하였더라(대하 28:22-23)

그러나 그의 아들 '히스기야'는 그의 아버지와 달랐습니다. 히스기야는 국내적으로는 극도의 종교적 타락으로 병들고, 대외적으로는 B.C. 721년 앗수르 왕 살만에셀 5세가 북왕국을 멸망시킴과 동시에 그 여세를 몰아 남왕국 유다를 끊임없이 위협하는 시기에 제13대 유다 왕으로 즉위하여 25년간 다스렸습니다. 히스기야는 부왕 아하스의 타락한 정치의 전철을 밟지 않고 먼저 종교개혁을 실행하여 국가적인 신앙의 회복을 꾀하였을 뿐만 아니라 예루살렘 성전을 수리하고 우상숭배의 단을 제거하며, 유월절을 다시 제정할 만큼 과감한 개혁을 시도했습니다(대하 29:3). 또한 앗수르 침공으로 위험에 처했을 때에 기도하였고, 자신이 병들었을 때에 기도함으로 15년이나 생명을 연장 받을 정도로 하나님을 의지하고 기도에 힘쓴 선한 왕이었습니다.

히스기야가 마음의 교만함을 뉘우치고 예루살렘 주민들도 그와 같이 하였으므로 여호와의 진노가 히스기야의 생전에는 그들에게 내리지 아니하니라(대하 32:26)

그러나 히스기야 왕에게도 실수가 있었습니다. 그의 실수는 무었입니까? 그리고 히스기야 왕 때 활약했던 선지자는 누구입니까?

---

9. 히스기야에게서 가장 사악한 왕 중에 하나인 '므낫세'가 나옵니다. 므낫세는 히스기야의 아들로 남 유다 제14대 왕으로 12세에 등극하여 55년간을 통치하였습니다.

므낫세는 우선 선왕 히스기야가 반 앗수르 정책을 편 것과는 달리 친 앗수르 정책으로 일관하였습니다. 이는 당시 앗수르가 두로와 애굽 등 지중해 지역 국가들을 거의 다 정복하는 등 당시 가장 강력한 대제국을 형성하였기 때문입니다. 게다가 각종 이방 종교를 들여오고 사술과 우상숭배를 하되, 자신뿐 아니라 백성을 꾀어 악을 행하게 한 사악한 왕이었습니다. 이로 말미암아 므낫세는 하나님의 징계를 받아 앗수르의 포로 신세가 되어 혹독한 시련을 당하였습니다(대하 33:11).

이러한 죄는 아들인 제15대 왕 '아몬'에게까지 이르게 됩니다. 성경은 "아몬이 왕위에 오를 때에 나이가 이십이 세라 예루살렘에서 이 년 동안 다스리며 그의 아버지 므낫세의 행함같이 여호와 보시기에 악을 행하여 아몬이 그의 아버지 므낫세가 만든 아로새긴 모든 우상에게 제사하여 섬겼으며"(대하 33:21-22)라고 기록하고 있습니다.

그나마 므낫세는 하나님의 징계와 회개 후에 이방신을 제하고 여호와 하나님만 섬길 것을 백성에게 명하였지만(대하 33:15-16), 아몬은 "이 아몬이 그의 아버지 므낫세가 스스로 겸손함같이 여호와 앞에서 스스로 겸손하지 아니하고 더욱 범죄하더니 그의 신하가 반역하여 왕을 궁중에서 죽이매 백성들이 아몬 왕을 반역한 사람들을 다 죽이고 그의 아들 요시야를 대신하여 왕으로 삼으니라"(대하 33:23-

므낫세가 왕위에 오를 때에 나이가 십이 세라 예루살렘에서 오십오 년 동안 다스리며 여호와 보시기에 악을 행하여 여호와께서 이스라엘 자손 앞에서 쫓아내신 이방 사람들의 가증한 일을 본받아 그의 아버지 히스기야가 헐어 버린 산당을 다시 세우며 바알들을 위하여 제단을 쌓으며 아세라 목상을 만들며(대하 33:1-3)

25)고 기록하고 있습니다. 여기서 우리는 진실한 회개가 얼마나 중요한지를 배울 수 있습니다. 그래서 죄를 지어서 망하는 것이 아니라 회개하지 않아서 망한다고 말하는 것입니다.

우리가 죄를 지었을 때 하나님이 원하시는 것은 무엇입니까?

바벨론에게 멸망하는 시기

10. 남왕국 유다도 결국 바벨론에게 정복을 당하고 맙니다.

바벨론에게 망하는 시기의 마지막 왕들은 요시야(16대), 여호아하스(17대), 여호야김(18대), 여호야긴(19대), 시드기야(20대)입니다(대하 34-36장).

아몬의 뒤를 이어 그의 아들 '요시야'가 8세의 어린 나이에 남 유다의 제16대 왕에 즉위하여 31년간 통치했습니다. 이때는 남 유다를 계속하여 위협하던 앗수르의 세력이 매우 약화된 시기였습니다. 앗수르는 600년 동안 메소포타미아 지역을 지배하면서 그동안 무리한 대외 정복 정책 때문에 국력을 많이 낭비하였고 급기야 B.C. 612년에 신흥 국가 바벨론에게 정복당하여 멸망했습니다. 신흥 바벨론이 앗수르를 정복하고 새로운 국제 질서의 주도권을 잡은 것입니다. 그러나 그 세력이 활발하여지는 것은 요시야 왕 말기부터였습니다. 그러므로 8세에 왕위에 오른 요시야 왕은 이 힘의 공백 상태에서 비교적 평화로운 상태에서 국내적인 통치에 힘을 쏟고, 하나님 신앙을 회복하는 개혁을 제정할 수 있었습니다.

그는 율법서를 발견한 후 말씀을 읽으며 옷을 찢고 눈물로 회개했고, 백성들과 더불어 여호와 앞에서 말씀에 순종하겠다는 언약을 맺었습니다. 대대적인 회개 운동 후에 우상을 숭배하던 제단과 그 형상, 또 그것을 주관하던 자들까지도 제거할 만큼 적극적인 개혁을 이루었습니다(왕하 23:4-15).

요시야가 왕위에 오를 때에 나이가 팔 세라 예루살렘에서 삼십일 년 동안 다스리며 여호와 보시기에 정직하게 행하여 그의 조상 다윗의 길로 걸으며 좌우로 치우치지 아니하고 아직도 어렸을 때 곧 왕위에 있은 지 팔 년에 그의 조상 다윗의 하나님을 비로소 찾고 제십이년에 유다와 예루살렘을 비로소 정결하게 하여 그 산당들과 아세라 목상들과 아로새긴 우상들과 부어 만든 우상들을 제거하여 버리매 (대하 34:1-3)

그러나 요시야 왕의 통치 말기에 앗수르를 멸망시킨 신흥 바벨론이 활발하게 국제 질서의 새로운 주역으로 떠오르기 시작합니다. 이에 질세라 애굽도 당시의 패권 경쟁에 뛰어듭니다. 그래서 신흥 바벨론의 나보폴라살과 애굽의 바로느고 간에 전쟁이 팔레스타인 북쪽에 있는 '갈그미스'에서 벌어지게 됩니다. 이때가 B.C. 609년입니다. 애굽이 이 전쟁을 하기 위해 갈그미스로 가려면 유대 땅을 거쳐야 하는데 요시야 왕은 이를 허락하지 않고, 애굽의 바로느고와 그 군대가 므깃도에 있을 때 뒤쫓아 갔다가 결국 애굽과의 므깃도 전투에서 전사하고 말았습니다.

이에 토지가 황폐하여 땅이 안식년을 누림같이 안식하여 칠십 년을 지냈으니 여호와께서 예레미야의 입으로 하신 말씀이 이루어졌더라(대하 36:21)

요시야가 죽자 남 유다 백성들은 서둘러 요시야의 아들 '여호아하스'를 제17대 왕으로 세웁니다. 그러나 애굽이 므깃도 전투를 끝내고 바로 갈그미스로 올라가 신흥 바벨론과 전쟁을 마치고 돌아오는 길에 남 유다에 들러 3개월 된 왕 여호아하스를 폐하고 대신 여호아하스의 형인 '여호야김'을 제18대 왕으로 세웠습니다. 그리고 이때부터 남 유다는 애굽의 지배하에 놓이게 되었습니다.

여호야김이 왕이 되어 3년이 지난 후인 B.C. 605년에 바벨론이 애굽과 또 한 차례의 전쟁을 했는데, 이번에는 바벨론이 애굽을 물리치고 기세를 몰아 남 유다의 예루살렘까지 정복했습니다. 이제 남 유다는 애굽이 아니라 바벨론의 속국이 된 것입니다. 그리고 이때 바벨론의 느부갓네살 왕이 아버지 나보폴라살의 죽음으로 갑자기 바벨론으로 돌아가면서 유다에서 포로들을 끌고 갔습니다. 이때 끌려간 사람들 중에 다니엘과 세 친구들도 있었습니다.

이렇게 여호야김 왕은 3년을 바벨론의 속국으로 지내다가 반기를 듭니다. 이때 예레미야 선지자가 바벨론의 말을 들어야 한다고 눈물로 진언을 하지만 오히려 핍박을 받습니다. 이 소식을 들은 바벨론의 느부갓네살 왕은 직접 유다를 치지 않고 주변의 나라들을 통해 남 유다를 치고, 여호야김은 비참하게 죽습니다. 여호야김이 죽자 백성들은 그의 아들 여호야긴을 제19대 왕으로 세웠습니다. 이때가 B.C. 597년입니다.

여호야긴이 왕으로 추대된 지 3개월 후, 이번에는 느부갓네살이 직접 쳐들어왔습니다. 그리고 여호야긴 대신 그의 작은아버지요 요시야의 아들인 '시드기야'를 제20대 왕으로 세웠습니다. 이때도 여호야긴의 집안 사람들과 포로 1만 명, 성전의 금 기명들과 왕궁의 보물들을 바벨론으로 가져갔습니다. 시드기야는 바벨론에게 충성을 맹세하고 나라를 다스리게 됩니다.

그러나 그도 바벨론을 배반하여 반기를 들다가 결국 느부갓네살이 예루살렘을 포위하여 성벽이 허물어지고 성전이 불탔으며, 남 유다는 바벨론에게 완전히 함락되고 말았습니다.

하나님께서는 이처럼 이방 나라를 통해서 유다를 징계하셨습니다. 그 이유는 무엇입니까?

길안내 눈물의 선지자 예레미야

제사장 힐기야의 아들로 베냐민 땅 아나돗에서 출생하여 남 유다 요시야 왕 제13년 곧 B.C. 627년부터 예루살렘 멸망(B.C. 586년) 이후 유다의 남은 백성들이 애굽에 이주하여 정착할 때인 B.C. 580년까지 약 50여 년 동안 사역하였습니다. 선민 이스라엘의 구원을 위해 많은 눈물을 흘리며 기도한 까닭에 '눈물의 선지자'라고 불립니다. 유대 전승에 의하면 평생 독신으로 살다가 말년에 애굽에 끌려가(렘 43:5-7) 돌에 맞아 순교했다고 전해집니다.

예레미야 사역 초기의 국제 정세는 바벨론과 앗수르가 세력 다툼을 하느라고 남 유다에 관심이 없었기 때문에 유다로서는 다소 평화로운 상태였습니다. 또한 내적으로는 선왕 요시야가 등극하여 성전을 정결케 하고 우상을 제거하는 등 내실을 다지던 시기였습니다. 그러나 B.C. 609년 요시야가 므깃도 전투에서 애굽 왕 느고(Neco, B.C. 610~595년)와 싸우다가 전사한(대하 35:20-24) 뒤로 하나님이 아닌 애굽을 의지 대상으로 삼은 왕들의 악행과 실정이 계속됨에 따라 유다는 급속히 쇠퇴의 길로 치달았습니다. 그리하여 유다는 B.C. 605년 바벨론에 의해 첫 침공을 당하여 복속된 이래 B.C. 597년과 B.C. 586년 거듭해서 침공을 당함으로써 마침내 멸망했습니다.

이렇게 볼 때 예레미야가 활동하던 시기는 이스라엘 민족이 가장 참혹하고도 광범위하게 시련을 당한 비운의 시기였음을 알 수 있습니다. 그러나 예레미야는 백성들의 박해로 인해 자신의 선지자직에 대해 수없이 갈등과 회의를 거치면서도 끝끝내 유다에 대한 하나님의 심판 메시지를 눈물로 전했고, 몇 차례에 걸친 투옥과 박해에도 불구하고 끝까지 하나님의 말씀을 전했습니다. 예레미야는 유다의 암담한 미래를 예언함과 동시에 회복의 소망도 외쳤습니다.

11. 다음의 지도에서 요시야 왕이 애굽 왕 느고와 싸우다 전사했던 곳을 찾아 그 이름을 적어 보시기 바랍니다.

-Pillar Church에서 인용-

12. 위의 지도에서 신흥 바벨론과 애굽이 두 차례에 걸쳐서 싸웠던 지역을 이름을 찾아 적어 보시기 바랍니다.

제 11 과

한눈에 보는 포로귀환

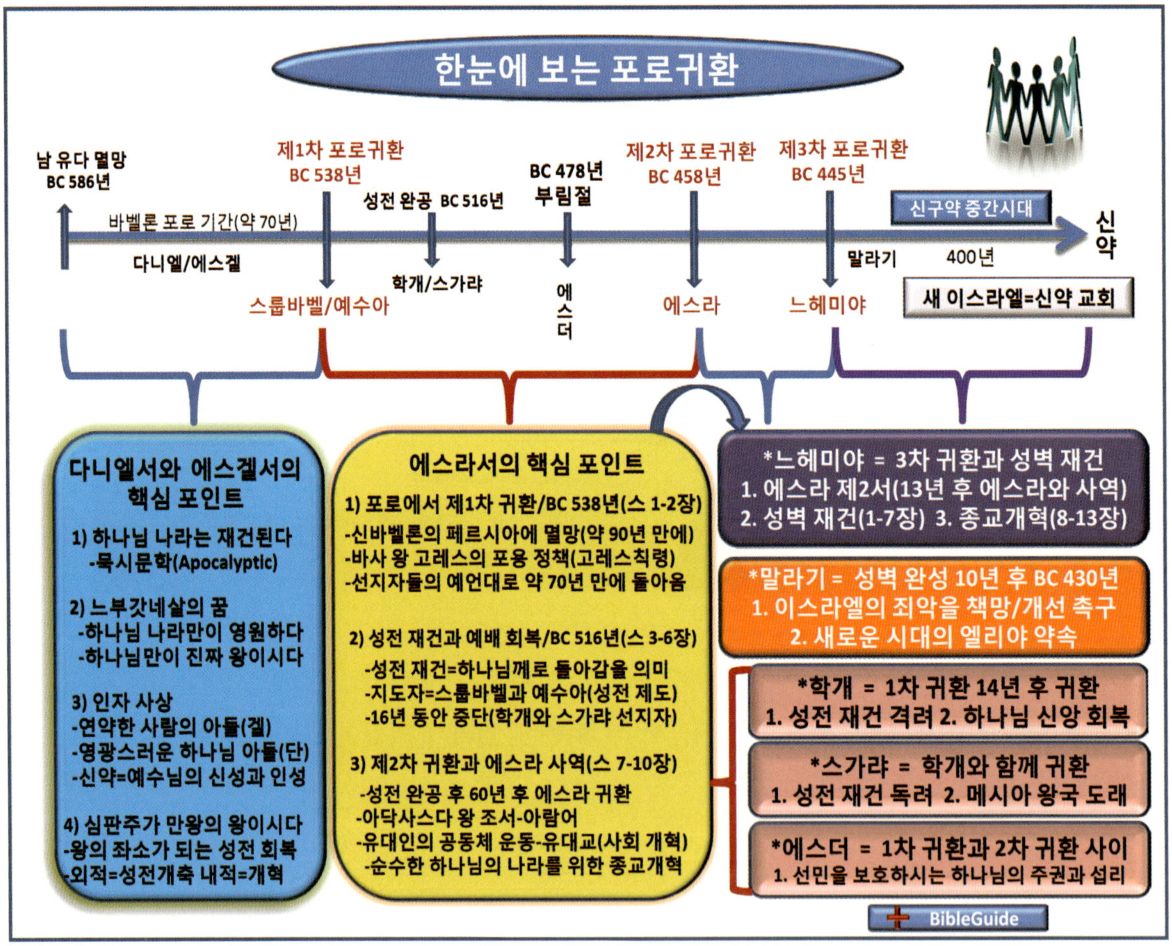

예레미야 선지자의 예언대로 남왕국 유다 백성들은 70년간의 포로 생활을 마치고 돌아오게 됩니다.

바사 왕 고레스는 말하노니 하늘의 하나님 여호와께서 세상 모든 나라를 내게 주셨고 나에게 명령하사 유다 예루살렘에 성전을 건축하라 하셨나니(스 1:2)

인간이 타락하여 바벨 제국을 만들고 바벨 탑을 쌓자 하나님은 그들을 심판하신 후 아브라함을 부르셔서 신정국가인 이스라엘을 세우셨습니다. 모세를 통하여 법을 주시고, 여호수아를 통하여 땅을 주셨습니다. 제사장 나라인 이스라엘을 통하여 모든 민족이 하나님께 돌아오고 복을 받게 되기를 원하셨던 것입니다.

그러나 이 하나님 나라는 최대의 위기를 맞았습니다. 북왕국 이스라엘에 이어 남왕국 유다마저 바벨론에게 망하여 제3차에 걸쳐 포로로 끌려가게 되었기 때문입니다. 언제나 하나님의 임재가 있었던 성전이 철저하게 무너지고 주권마저 잃어버린 것입니다.

포로생활은 70년 동안이나 계속되었습니다. 이때 이스라엘 백성들은 마음속에 '과연 하나님은 살아 계신가? 이대로 하나님의 나라는 사라지고 마는가?' 하는 의문을 품었습니다. 그리고 자신들의 지난날을 되돌아보며 바벨론의 한 강변에 나와 예루살렘을 바라보며 눈물로 기도하였습니다. 이때 하나님은 제1차 때 포로로 잡혀온 다니엘과 제2차 때 포로로 잡혀온 에스겔을 통하여 하나님의 나라는 반드시 회복될 것이라는 꿈과 환상을 주십니다. 이것을 'Apocalyptic' 즉 '묵시문학'이라고 부릅니다. 지금은 이스라엘을 징계하기 위해 이방 나라를 사용하시지만 정해진 때가 되면 하나님은 그들을 심판하시고 영원한 하나님의 나라를 세우시겠다는 것입니다.

그리고 시간이 흘러 포로 3~4세로 여겨지는 에스라는 이들 선지자의 말씀을 알고 믿고 있었습니다. 그래서 그는 역대기를 통해 이스라엘의 역사를 새롭게 조명해 주고, 나아가 하나님의 나라가 아담에서 시작하여 아브라함과 다윗, 그리고 메시아이신 예수 그리스도로 연결되는 방향성을 보여주었습니다. 이것을 마태는 1장 1절에서 "아브라함과 다윗의 자손 예수 그리스도의 계보라"고 말씀하고 있습니다. 에스라는 이러한 방향성 아래서 예루살렘으로 귀환한 이스라엘 백성들에게 성전을 재건하고 제사를 회복하여 여호와 하나님께 돌아오라고 간절히 촉구하였습니다. 성전 재건은 단지 눈에 보이는 건물이 아니라 하나님의 임재와 하나님의 통치하심으로 돌아가는 중심 사상이었기 때문입니다.

그러기에 제1차 포로 귀환 후 14년이 지나고도 성전 재건이 지지부진하자 학개 선지자와 스가랴 선지자는 성전 재건을 중단하지 말아야 한다고 촉구합니다. 그리고 느헤미야는 무너진 성벽을 재건하여 성전 중심의 신앙을 추구하도록 독려합니다.

성벽 완성 후 10년이 지나자 구약의 마지막 선지자인 말라기가 또 나태해진 이스라엘의 죄를 책망하는 동시에 새로운 시대에 엘리야가 등장할 것을 예언하였습니다.

그리고 400년의 중간기를 지나 말라기 선지자가 예언했던 광야에서 외치는 자의 소리인 침례 요한이 나타나, 진정한 왕으로 오시는 예수 그리스도의 길을 예비하였습니다.

인자와 같은 이가 있어 내 입술을 만진지라 내가 곧 입을 열어 내 앞에 서 있는 자에게 말하여 이르되 내 주여 이 환상으로 말미암아 근심이 내게 더하므로 내가 힘이 없어졌나이다 내 몸에 힘이 없어졌고 호흡이 남지 아니하였사오니 내 주의 이 종이 어찌 능히 내 주와 더불어 말씀할 수 있으리이까 하니 또 사람의 모양 같은 것 하나가 나를 만지며 나를 강건하게 하여 이르되 큰 은총을 받은 사람이여 두려워하지 말라 평안하라 강건하라 강건하라 그가 이같이 내게 말하매 내가 곧 힘이 나서 이르되 내 주께서 나를 강건하게 하셨사오니 말씀하옵소서(단 10:16-19)

다니엘

1. 다니엘은 유다 지파에 속한 왕족 출신으로, 바벨론의 1차 침략 때(B.C. 605년) 포로로 잡혀갔습니다.

다니엘이 바벨론에 포로로 잡혀가던 해에 그 유명한 애굽과 바벨론 간의 제2차 갈그미스(Carchemish) 전투가 벌어졌습니다. 이 전투에서 바벨론이 승리한 후 고대 근동의 패권을 차지하게 되었고, 남 유다도 바벨론의 통치를 받게 되었습니다.

당시 남왕국 유다는 애굽 왕 바로 느고(Neco)에 의해 즉위하게 된 제18대 왕 여호야김(B.C. 609~598년)이 통치하고 있었는데 애굽이 갈그미스 전투에서 패배함에 따라 남왕국 유다도 바벨론 왕 느부갓네살의 노를 사게 되어 유다의 왕족과 귀족들이 포로로 끌려갔습니다.

다니엘은 B.C. 605년 제1차 바벨론 포로 때로부터 바벨론 제국을 정복했던 바사 왕 고레스의 통치 원년인 B.C. 538년까지 바벨론에서 공식적으로 활동하였습니다. 그가 바벨론에 있는 동안 교체된 바벨론 왕들의 계보를 살펴보면, 느부갓네살 2세(B.C. 605~562년)에 이어 에윌므로닥(B.C. 562~560년), 네리글리살(B.C. 560~556년), 라바시말둑(B.C. 556년), 나보니두스(B.C. 556~539년), 벨사살(B.C. 550~539년)이 차례로 등극하였으며, 나보니두스와 벨사살은 상당 기간 동안 공동 통치를 하였습니다.

그리고 바사 왕 고레스가 B.C. 539년에 바벨론 제국을 멸망시킴으로써 바사 제국이 근동 지역에 패권국으로 등장하게 되었습니다.

다니엘은 왕의 진미를 거부하면서까지 자신의 몸을 우상의 제물로 더럽히지 않기를 원했고, 그의 신앙으로 인하여 방백들의 음모에 의해 사자굴 속에 던져지기까지 하면서도 결코 하나님을 향한 신앙과 기도를 타협하지 않았던 믿음의 사람이었습니다. 또한 다니엘은 자신을 위한 기도뿐 아니라 이스라엘 민족의 죄악의 심각성을 깨닫고 이에 금식하며 회개하며 중보했고(단 9:1-19), 구약의 선지자들 가운데 바벨론, 페르시아, 헬라, 로마 등의 4대 제국의 흥망사를 중심으로 역사의 전개 과정을 가장 직접적이면서도 분명하게 예언한 선지자였습니다(단 7:15-18).

> 다니엘이 이 조서에 왕의 도장이 찍힌 것을 알고도 자기 집에 돌아가서는 윗방에 올라가 예루살렘으로 향한 창문을 열고 전에 하던 대로 하루 세 번씩 무릎을 꿇고 기도하며 그의 하나님께 감사하였더라(단 6:10)

다니엘이 포로이면서도 하나님 신앙을 지킬 수 있었던 것은 무엇 때문이라고 생각하십니까?

에스겔

2. 에스겔은 사독 계열의 제사장 부시의 아들로 제2차 바벨론 포로로 잡혀와 그발 강가의 델아빕을 중심으로 22년간 예언 활동을 한, 제사장 출신의 선지자입니다.

에스겔은 여호야김 왕의 아들인 제19대 왕이었던 여호야긴이 3개월 만인 B.C. 597년에 바벨론을 배반하자 제2차 출동한 느부갓네살의 군대에 의해 예루살렘이 함락되면서 바벨론으로 끌려가게 되었는데, 이때 에스겔도 포로로 끌려갔습니다. 그 후 유다의 마지막 왕 시드기야(B.C. 597~586년)가 바벨론에 반란을 일으켰다가 이를 계기로 B.C. 586년 유다는 느부갓네살에 의해 완전히 패망하기에 이르렀습니다.

이처럼 에스겔이 활동을 하던 시대는 이스라엘이 역사 속에서 그 국가적 형태를 잃어버리는 비운의 시기요, 포로로 잡혀가 있던 어두운 시대였습니다. 이러한 상황 가운데에서 에스겔은 많은 환상을 보았으며, 이스라엘이 곧 회복되어 옛 영광을 재현한다는 소망을 백성들에게 전했습니다.

> 갈대아 땅 그발 강 가에서 여호와의 말씀이 부시의 아들 제사장 나 에스겔에게 특별히 임하고 여호와의 권능이 내 위에 있으니라(겔 1:3)

에스겔은 기이할 정도의 상징적 행동으로 예언 활동을 하였으며(겔 4:4-8, 5:1-4, 6:11, 12:2-7), 보통 사람의 상식으로는 이해될 수 없는 행동, 즉 쇠똥으로 구운 떡을 먹는다든지 아내의 죽음을 애도하지 않는다든지 하는 특이한 명령도 이행할 정도로 철저한 순종의 사람이었습니다(겔 4:4-17, 12:3-5, 24:16-27). 예언 활동을 하다 죽임을 당하였다는 전승으로 미루어 맡은 바 사명에 끝까지 충성을 다하는 충실한 선지자였습니다.

모든 일이 형통하고 삶이 풍요한 때는 누구나 미래에 대한 희망을 갖게 마련입니다. 그러나 암울한 날들이 계속되고 도무지 내일이 희망차 보이지 않을 때, 바로 그러한 때에 에스겔은 하나님의 주권을 믿었습니다. 이러한 에스겔을 통해서 배울 수 있는 교훈은 무엇입니까?

길안내 바사 왕 고레스

앗수르와 애굽, 그리고 남 유다 왕국을 지배했던 신흥 바벨론은 페르시아로 알려진 바사 제국에 의해 90년도 채 되지 않아 멸망하고 말았습니다. 지금의 '이란'(Iran)이라는 지명은 레자 샤 팔레비(Reza Shah Pahlavi, 1925~1941년)에 의해 처음으로 불리게 되었습니다.

고레스는 캄비세스 1세의 아들로 바사 제국의 초대 왕(B.C. 546~529년)이며, 바벨론을 정복한 사람입니다. 그는 B.C. 549년 메대의 속박을 벗어나 B.C. 546년 리디아를 물리치고 동시에 그리스의 이오니아를 정복했으며, 동으로 옮겨 인도 지경에까지 확장했습니다. 고레스는 B.C. 539년 10월 29일에 바벨론에 입성했으며, 자신을 백성들의 해방자로 자처했습니다. 그래서 그는 바벨론에 남겨 두었던 신상들을 원래 있던 성읍들로 되돌려 보냈으며, 포로 된 사람들을 귀향시키는 인정어린 정책을 시행했습니다.

그의 온건한 정치는 자연히 히브리인에게도 파급되었으며, 그는 이스라엘 민족에게 유다로 돌아가서 성전을 재건하라고 허락했습니다. 그는 아들 캄비세스에게 왕위를 물려준(B.C. 530년) 후 원정을 나갔다가 그 해 가을 전투에서 전사했다고 전해집니다.

포로귀환 성전재건

3. 예레미야 선지자의 예언대로 포로 귀환과 함께 성전 재건도 이루어졌습니다.

에스라서는 "바사 왕 고레스 원년에 여호와께서 예레미야의 입을 통하여 하신 말씀을 이루게 하시려고 바사 왕 고레스의 마음을 감동시키시매"(스 1:1)라는 말씀으로 시작하고 있습니다. 바벨론이 바사에게 멸망당하면서 바사 왕 고레스를 통하여 포로 귀환이 이루어지게 되었습니다. 이것은 우연히 된 일이 아니라 하나님께서 예레미야 선지자를 통하여 예언하신 약속의 말씀대로 이루어진 것입니다. 에스라서에는 두 차례의 포로 귀환에 대한 역사가 기록되어 있는데, 제1차 포로 귀환은 스룹바벨에 의한 것이었고, 제2차 포로 귀환은 에스라에 의해 주도되었음을 기록하고 있습니다.

> 저녁 제사를 드릴 때에 내가 근심 중에 일어나서 속옷과 겉옷을 찢은 채 무릎을 꿇고 나의 하나님 여호와를 향하여 손을 들고 말하기를 나의 하나님이여 내가 부끄럽고 낯이 뜨거워서 감히 나의 하나님을 향하여 얼굴을 들지 못하오니 이는 우리 죄악이 많아 정수리에 넘치고 우리 허물이 커서 하늘에 미침이니이다 우리 조상들의 때로부터 오늘까지 우리의 죄가 심하매 우리의 죄악으로 말미암아 우리와 우리 왕들과 우리 제사장들을 여러 나라 왕들의 손에 넘기사 칼에 죽으며 사로잡히며 노략을 당하며 얼굴을 부끄럽게 하심이 오늘날과 같으니이다(스 9:5-7)

한편 에스라는 포로 귀환과 함께 성전 재건의 역사를 연대순으로 기록하고 있습니다. 성전 재건은 예배의 회복과 함께 여호와 신앙의 회복이라는 중요한 의미를 담고 있기 때문입니다. 이스라엘 백성들은 그렇게 애타게 기다리고 소망했던 예루살렘에 돌아와 예배 처소를 재건한다는 위대한 꿈에 젖어, 가장 먼저 그것을 실행에 옮기기 시작했습니다. 다윗 왕의 후손이었던 스룹바벨의 영도하에 제단을 쌓고 번제를 드리는 등의 일부터 시작합니다.

그러나 성전이 완공되기까지는 재정 부족, 노동력 부족, 주위 세력들의 노골적인 방해로 말미암아 B.C. 536년에 시작된 성전 재건은 B.C. 534년부터 B.C. 520년까지 약 15년간이나 중단되기도 했습니다. 이때 성전 재건을 독려하기 위해서 파송된 선지자가 학개와 스가랴입니다. 학개 선지자는 성전 재건과 함께 하나님 신앙을 회복하기를 촉구했고, 스가랴 선지자는 성전 재건과 함께 메시아 왕국의 도래를 예언하였습니다. 결국 스룹바벨과 이스라엘 백성들은 성전을 완공하여 감격어린 예배를 드리게 되었습니다.

이렇게 제1차 포로 귀환과 성전이 재건된 후 제2차 포로 귀환이 있기 전에 '에스더'를 통해 이스라엘 백성들을 보호하시는 하나님의 주권과 섭리의 역사가 있습니다. 그리고 에스라의 주도하에 제2차 포로 귀환이 있고, 이제 에스라를 통하여 민족적인 회개운동과 단호한 개혁이 단행되었습니다. 성전 재건과 함께 이스라엘의 신앙 회복 운동이 본격적으로 일어나기 시작한 것입니다.

> 에스더가 모르드개에게 회답하여 이르되 당신은 가서 수산에 있는 유다인을 다 모으고 나를 위하여 금식하되 밤낮 삼 일을 먹지도 말고 마시지도 마소서 나도 나의 시녀와 더불어 이렇게 금식한 후에 규례를 어기고 왕에게 나아가리니 죽으면 죽으리이다 하니라(에 4:15-16)

에스라가 단행했던 개혁으로는 어떤 것이 있습니까?

길안내 에스더

에스더는 '별'을 뜻하는 바벨론 식 이름으로, 히브리 이름은 '하닷사'입니다(에 2:7). 에스더는 바벨론에 포로로 잡혀간 베냐민 사람 아비하일의 딸로, 사촌 모르드개 밑에서 자라 바사 왕 아하수에로(Xerxes, B.C. 485~464년)의 왕비가 되었습니다(에 2:17).

이 당시는 B.C. 586년 바벨론 왕 느부갓네살에 의해 예루살렘이 함락된 지 약 100여 년이 지났으며, B.C. 537년 스룹바벨에 의한 제1차 바벨론 포로 귀환이 있은 지 약 60년이 지난 때입니다. 바사 제국은 아하수에로의 통치하에 지중해 지역에서 경제적, 정치적으로 극도의 번영을 누리고 있었습니다. 이렇게 번영한 바사 제국하에서 많은 이스라엘 포로들은 고국으로 돌아갈 것을 희망하기는커녕 하나님의 선민으로서의 의식도 거의 상실한 채, 일신의 안일만을 도모하며 안주하고 있었습니다.

이러한 때에 뜻밖에 하만에 의해 온 유대 백성들이 멸절 위기에 직면하게 되었고, 이에 왕후로 있던 에스더의 활약으로 그 위기에서 구출되는 위대한 구원 사건을 체험했습니다. 이를 계기로 유대 백성들은 자신들이 하나님의 선민임을 새삼 인식하고, 또 하나님이 이방 지역에서도 당신의 백성들을 보호 인도하고 계심을 체험했습니다.

에스더는 동족이 전멸될 위기 속에서 자신의 부귀영화를 다 버릴 뿐 아니라 목숨을 건 믿음을 통해 동족을 살리고 하나님의 은혜를 경험할 수 있었습니다.

느헤미야

4. 느헤미야는 예루살렘 성벽 재건을 이룹니다.

느헤미야는 유다 지파 하가랴의 아들로, 동생은 예루살렘의 통치자가 된 '하나니'였습니다(느 7:2).

느헤미야는 바사 왕 아닥사스다 1세(B.C. 464~424년) 당시에 술관원으로 있었습니다. 당시 바사는 애굽을 정복하고 헬라와의 평화 조약 등으로 극도의 번영을 누리고 있던 때여서 속국들에게 매우 관대함을 보였습니다. 이런 배경하에서 느헤미야는 제3차 바벨론 포로 귀환(B.C. 445년)을 주도하였고, 또한 국가의 회복에 상당하는 의미를 가지는 수도 예루살렘 성벽 재건 공사를 이룩하였습니다.

이제 종이 주의 종들인 이스라엘 자손을 위하여 주야로 기도하오며 우리 이스라엘 자손이 주께 범죄한 죄들을 자복하오니 주는 귀를 기울이시며 눈을 여시사 종의 기도를 들으시옵소서 나와 내 아버지의 집이 범죄하여(느 1:6)

느헤미야는 성벽 공사를 와해시키려는 계속적인 이민족의 음모와 조롱, 방해 공작 속에서도 흔들림 없이, 하나님의 도우심을 굳건히 믿고 역사를 진행시킴으로써 그 큰 성벽 공사를 52일간이라는 짧은 기간 동안에 완공하는 기적을 이루어 냈습니다(느 4-6장).

이는 우리의 대적 마귀가 우는 사자와 같이 삼킬 자를 찾으며 우리를 넘어뜨리려는 이때에도 흔들림 없이 하나님의 역사에 더욱 힘써야 할 우리가 어떻게 그들의 공격에 대처해야 할지를 교훈해 주고 있습니다. 무엇보다도 느헤미야는 에스라로 하여금 하나님의 율법을 선포하도록 하여 말씀의 권위를 회복시키고, 이 말씀에 입각하여 개혁을 단행함으로써 이스라엘을 회개케 하고 신앙을 부흥시킬 수 있었습니다(느 8-10장). 참으로 진정한 개혁은 오직 말씀을 통해서 이루어지는 것임을 알 수 있습니다.

느헤미야와 이스라엘 백성들이 온갖 방해에도 불구하고 성벽 재건의 역사를 마칠 수 있었던 이유는 무엇이라고 생각하십니까?

-Pillar Church에서 인용-

5. 제1차 포로 귀환을 주도하고 성전을 완공한 사람은 누구입니까?

6. 성전 재건이 지연될 때 성전 재건을 독려하기 위해 온 선지자들은 누구입니까?

7. 제2차 포로 귀환을 주도한 사람은 누구입니까? 그리고 제3차 포로 귀환과 성벽 재건을 주도한 인물은 누구입니까?

길안내 부림절

지금까지도 유대인들이 지키는 절기 가운데 '부림절'이 있습니다. 히브리 말로 제비를 '부르'라고 하는데, 이 '부르'의 복수형이 '부림'입니다.

유다 백성들은 바벨론에서 포로생활을 하다가 페르시아 왕 고레스 때 귀환 명령이 내려 많은 유대인들이 팔레스타인으로 돌아왔습니다. 그러나 팔레스타인으로 돌아가지 않고 페르시아에 그대로 눌러 사는 유다 백성들도 있었습니다. 그 가운데 에스더라는 유대인 여성이 페르시아 왕의 왕비가 되었습니다.

이때 하만이라는 대신이 있었습니다. 하만은 유대인에 대해 좋지 않은 감정을 품고 페르시아에 살고 있는 유대인들을 전멸시킬 음모를 꾸몄습니다. 하만은 아말렉 왕 아각의 후손으로 사울이 아말렉과 싸울 때 사무엘은 아말렉 족속을 남기지 말고 진멸하라고 하였는데 사울은 순종하지 않고 아각 왕과 일부를 남겨 두었습니다. 하만은 바로 그들의 후손이었습니다. 사울의 실수가 560여 년 뒤 이렇게 이스라엘을 괴롭히게 된 것입니다. 불순종은 항상 이런 불행한 결과를 낳습니다.

하만은 치밀한 계획을 세우고 제비를 뽑아서 유대인들을 몰살할 날을 정했습니다. 그리고 왕의 환심을 사서 이 계획을 승인 받고 말았습니다. 이 명령이 어명으로 페르시아 전역에 전달되었는데, 이때 왕후 에스더가 그의 친척인 모르드개와 협력해 가며 왕에게 하만이 꾸민 음모의 진상을 알렸습니다. 그 결과 유대인들을 전멸하라는 명령은 취소되고 오히려 하만 일당이 처형되었습니다. 하만이 유대인을 말살하려고 제비 뽑아 정한 날이 오히려 하만과 그 일족, 유대인들을 괴롭히는 세력이 모두 도륙당하는 날이 되었기에 이날을 '부림절'이라 부르며 지금까지고 지켜오고 있습니다.

제 12 과

한눈에 보는 시가예언서

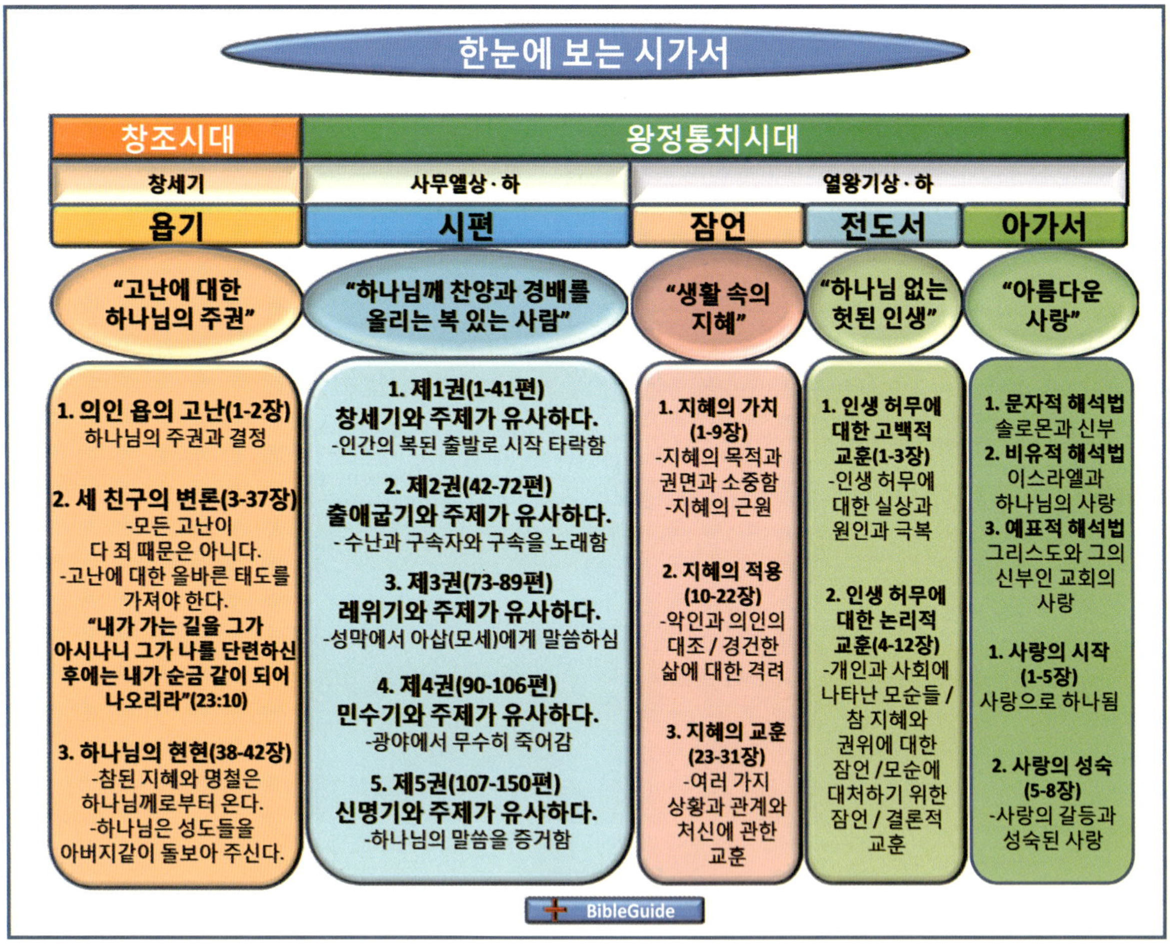

역사서를 중심으로 시가서와 예언서는 그 시대에 맞게 역사서 안에 들어가야 한다고 했습니다. 왜냐하면 시가서나 예언서는 역사 안에 살았던 사람들이 시나 찬양이나 지혜문서나 예언을 남긴 것이기 때문입니다.

> 사람이 무엇이기에 주께서 그를 생각하시며 인자가 무엇이기에 주께서 그를 돌보시나이까 그를 하나님보다 조금 못하게 하시고 영화와 존귀로 관을 씌우셨나이다(시 8:4-5)

이미 살펴본 대로 시가서는 욥기에서부터 아가서까지로 5권입니다. 시가서 안의 첫 번째 책인 욥기는 고난에 대한 하나님의 주권을 다루는 책으로, 창세기의 족장시대에 쓰인 것으로 추측하고 있습니다. 시편은 하나님에 대한 찬양과 간절한 기도와 탄원을 다루고 있으며, 다윗의 시가 많기 때문에 통일왕국시대에 맞는 책이라고 할 수 있습니다. 그리고 잠언서는 삶의 지혜서이고, 전도서는 인생의 목적이 무엇인가를 알려 주고 있으며, 아가서는 남녀의 사랑을 넘어 하나님과 이스라엘의 사랑에 대하여 말씀해 주는 책으로, 솔로몬이 쓴 것이므로 열왕기상·하와 같은 시대에 있다고 볼 수 있습니다. 시가서와 예언서도 그 시대적 배경을 알고 읽으면 이해하기가 쉽습니다.

욥기

1. 욥기서의 주제는 '고난에 대한 하나님의 주권'입니다.

욥을 아브라함과 동시대의 사람으로 추정하는 이유는, 첫째로 욥의 생애에 대한 정보를 주는 욥기에 모세의 율법이나 율법에 준하는 종교 의식에 관한 기사가 없는 것으로 보아 욥은 모세 이전의 사람이었을 것이라고 생각하기 때문입니다. 둘째로 욥은 시련을 통과한 후 140년을 더 살았다고 하는데(욥 42:16), 결국 그가 산 연수는 약 200년 정도로, 사람이 이렇게 장수하던 때는 초기 족장시대인 것으로 미루어 볼 수 있다는 것입니다.

> 그러나 내가 가는 길을 그가 아시나니 그가 나를 단련하신 후에는 내가 순금같이 되어 나오리라(욥 23:10)

욥은 고난 가운데서 자신이 태어난 날을 원망할지언정 결코 하나님께 대한 불신앙적인 태도나 직접적인 원망은 말하지 않았고(욥 1:21-22, 2:10), 아내와 친구들에게 버림을 받고 질책을 당하면서도 끝까지 믿음의 순전함과 자제력을 잃지 않은 믿음의 사람이었습니다(욥 6:10, 23:10). 또한 하나님의 말씀을 듣고 자신의 어리석음과 죄악을 깨달은 즉시 회개했으며(욥 42:1-6), 자신을 그렇게 호되게 공박했던 친구들이었지만 즉시 그들의 사과를 받아들이고 위하여 중보기도까지 한, 마음이 순수하고 넓은 사람이었습니다(욥 42:7-9).

욥기는 단순히 인간이 당하는 고난에 대한 이야기가 아니라 오히려 인생에 대한 '하나님의 주권'을 말씀하고 있습니다.

고난에 대한 욥의 고백은 무엇이었습니까?

시편

2. 시편은 히브리어로 '찬양'이라는 뜻으로, 하나님의 존재와 성품, 그리고 하나님의 역사의 위대함을 찬양하는 노래입니다.

시편에는 하나님의 창조와 축복을 찬양할 뿐 아니라(11, 18, 41, 48, 16편 등), 비탄과 어려움을 겪고 있는 가운데 하나님의 도우심을 간청하는(3, 27, 44, 51, 86, 143편 등) 등 삶의 여러 국면들을 다양하게 다루고 있습니다. 또한 시편의 상당 부분은 원래 나팔, 수금, 피리 등의 악기를 사용하여 노래하도록 지어졌습니다.

> 복 있는 사람은 악인들의 꾀를 따르지 아니하며 죄인들의 길에 서지 아니하며 오만한 자들의 자리에 앉지 아니하고 오직 여호와의 율법을 즐거워하여 그의 율법을 주야로 묵상하는도다 그는 시냇가에 심은 나무가 철을 따라 열매를 맺으며 그 잎사귀가 마르지 아니함 같으니 그가 하는 모든 일이 다 형통하리로다(시 1:1-3)

시편의 저자는 여러 명인데 다윗의 시가 73편, 아삽이 12편, 고라 자손이 9편, 솔로몬이 2편, 헤만, 에단, 모세가 각각 1편, 작자 미상이 51편으로 전체 150편입니다. 또한 시편은 크게 5권으로 나누어져 있는데 제1권은 1~41편으로 대부분 다윗의 시이며, 창세기의 주제와 유사하여 '인간의 복된 삶으로 시작하지만 타락으로 나아가는 인간의 모습'을 보여주고 있습니다. 제2권은 42~72편으로 다윗과 고라 자손의 시로 출애굽기의 주제와 비슷하여 '고난과 구속'을 주제로 노래하고 있습니다. 제3권은 73~89편으로 대부분 아삽의 시로 레위기의 주제와 비슷하여 '성막에 대한 말씀'을 노래하고 있습니다. 제4권은 90~106편으로 대부분 저자 불명의 시로 민수기의 주제와 유사하여 '광야에서의 반역과 심판'에 대한 주제를 노래하고 있습니다. 마지막으로 나오는 제5권은 107~150편으로 대부분 다윗의 시로 신명기의 주제와 비슷하여 '하나님의 말씀을 증거함'이 주제입니다.

시편은 하나님께 찬양과 경배를 올려드리는 것이 복 있는 사람임을 증거하고 있습니다.

시편 1편의 요점이 무엇인지 써 보시기 바랍니다.

잠언

3. 잠언서는 실제 인생이 살아가야 하는 삶에 관한 책으로, 인생의 해설서이자 지혜서라고 말할 수 있습니다.

잠언서는 대부분 솔로몬이 기록했지만 후반부의 일부는 아굴과 르무엘이 기록했습니다. 3천 개의 잠언을 썼다고 알려진 솔로몬은 잠언서에서 1-29장까지 560개를 기록하고 있고, 30장과 31장은 각각 야게의 아들 아굴과 르무엘 왕이 기록한 것으로 되어 있습니다(잠 30:1, 31:1).

잠언은 인생의 모든 부분에 걸쳐 지혜롭게 살아가는 방향을 제시하고 있습니다. 우매자에게는 슬기를, 젊은이에게는 지식과 근신함을, 명철한 자에게는 모략을 줍니다(잠 1:2-6). 나아가 일상생활에 영적 지혜와 도덕적 교훈을 풍성하게 해주고 있습니다. "여호와를 경외하는 것이 지식의 근본이거늘 미련한 자는 지혜와 훈계를 멸시하느니라"(잠 1:7).

> 너는 마음을 다하여 여호와를 신뢰하고 네 명철을 의지하지 말라 너는 범사에 그를 인정하라 그리하면 네 길을 지도하시리라(잠 3:5-6)

왜 여호와를 경외하는 것이 지식의 근본일까요?

전도서

4. 전도서는 하나님 없는 헛된 인생에 대해서 말씀하고 있습니다.

전도서는 솔로몬이 치세 말기인 B.C. 935년경에 기록하였습니다. 솔로몬은 하나님께서 주신 지혜로 잠언, 전도서, 아가서 및 두 개의 시편을 썼는데, 그중에서 전도서는 황혼기에 접어든 그가 자신의 젊은 시절을 회고하며 하나님을 위하여 사는 삶이야말로 진정 만족한 삶이라고 고백하는, 한 인간의 인생의 원숙한 지혜가 담겨 있는 책입니다.

> 너는 청년의 때에 너의 창조주를 기억하라 곧 곤고한 날이 이르기 전에, 나는 아무 낙이 없다고 할 해들이 가깝기 전에(전 12:1)

솔로몬이 인생의 수많은 경험과 시간 속에서 내린 결론은 '인생에서 궁극적으로 가장 가치가 있는 것은 결국 하나님과의 올바른 관계를 맺는 것'입니다(전 12:13). 솔로몬은 하나님이 없이는 모든 것은 헛되다고 시작하면서 '사람의 본분은 하나님을 경외하는 것이라'고 말씀하고 있습니다.

왜 솔로몬은 해 아래서 일어나는 모든 것이 헛되고 헛되다고 말하고 있을까요?

아가서

5. 아가서는 아름다운 사랑에 대한 이야기입니다.

아가서는 솔로몬의 치세 절정기에 기록한 것으로 알려져 있습니다.

사랑아 네가 어찌 그리 아름다운지, 어찌 그리 화창한지 즐겁게 하는구나(아 7:6)

아가서에서는 솔로몬과 신부 술람미 여인의 섬세하고도 정열적인 사랑을 노래하고 있습니다. 모든 어려움과 유혹과 의심의 소용돌이 속에서도 사랑으로 말미암아 꽃을 피우는 아름다움이 드러나 있습니다.

그러나 이 사랑은 그의 백성을 향한 지고한 하나님의 사랑을 비유적으로 나타내는 것입니다. 나아가서 신약성경이 교회를 주님의 신부로 표현하고 있는 것처럼 '교회에 대한 주님의 사랑'을 예표하고 있습니다.

아가서에 나와 있는 솔로몬의 사랑의 고백을 세 가지만 찾아서 써 보시기 바랍니다.

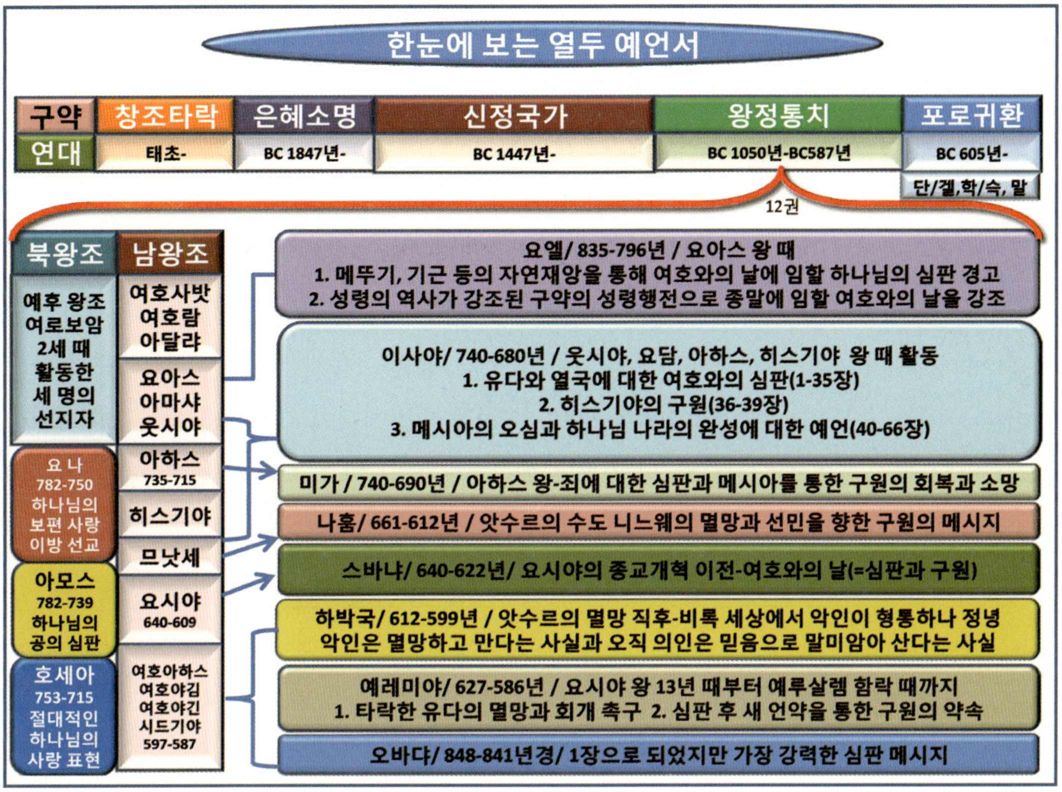

구약의 예언서(선지서)는 모두 17권으로, 각각 기록한 선지자의 이름이 책 이름이 되었습니다. 역사서를 공부하면서 이미 포로시대에 있는 5권의 예언서를 공부했고, 나머지 12권의 예언서 모두 왕정시대 속에 들어가 있습니다. 12명의 선지자들 중 단 3명만이 북왕국 이스라엘에서 활동했고, 나머지는 다 남왕국 유다에서 활동했습니다.

통상 책의 분량에 따라 분량이 많은 선지서를 대선지서라고 부르고, 분량이 적은 선지서를 소선지서라고 부르는데, 이사야서, 예레미야서(예레미야 애가), 에스겔서, 다니엘서의 5권이 대선지서이고, 나머지 12권은 다 소선지서입니다. 우리가 가지고 있는 성경책은 대선지서 그리고 소선지서의 순서로 되어 있습니다만, 예언서를 읽을 때 중요한 것은 분량보다도 어느 시대, 어느 왕 때 활동했느냐 하는 것입니다. 시대를 염두에 두고 읽어야 이해가 되기 때문입니다.

시대별로 예언서를 살펴보면 다음과 같습니다.

요나

6. 요나서는 이방인 선교를 통한 하나님의 보편적인 사랑을 나타내고 있습니다.

요나는 북 이스라엘 가드헤벨 출신의 선지자로 여로보암 2세의 통치 기간 중 B.C. 793~753년에 사역하면서 최초로 이방 국가인 앗수르의 수도 니느웨에 파송된 선지자였습니다(욘 3:1-10). 당시 앗수르는 살만에셀 3세(B.C. 783~773년), 앗술단 3세(B.C. 773~755년), 앗술니나리 2세(B.C. 755~745년) 등의 왕들에 의해 통치되던 시대로서, 이전 왕들의 통치 시대에 비해 국력이 다소 약화된 때였습니다. 이는 북방의 신흥 국가인 아라랏과의 전쟁이 장기화된 것이 가장 큰 이유이나 설상가상으로 B.C. 765~759년경에 큰 전염병이 돌아 많은 사람이 죽었고, B.C. 763년 6월 15일경에는 완전한 일식이 일어나 앗수르 땅이 칠흑같은 어둠에 휩싸이는 불길한 징조로 인하여 민심이 상당히 동요되었기 때문입니다.

> 여호와께서 이미 큰 물고기를 예비하사 요나를 삼키게 하셨으므로 요나가 밤낮 삼 일을 물고기 뱃속에 있으니라(욘 1:17)

요나가 하나님의 명령을 거역하고 다시스로 간 것은 하나님을 선민 이스라엘 백성들만의 하나님으로 아는 편협하고 배타적인 선민의식 때문이었습니다. 이처럼 인간의 편견과 아집은 때로 하나님의 일에 큰 장애를 가져옵니다. 그러므로 우리는 항상 말씀 묵상하는 일에 열심을 내어 하나님의 원하시는 바가 무엇이며 하나님이 어떤 분이신지에 대해 풍부한 지식을 소유해야 합니다.

> 여호와께서 이르시되 네가 수고도 아니하였고 재배도 아니하였고 하룻밤에 났다가 하룻밤에 말라 버린 이 박 넝쿨을 아꼈거든 하물며 이 큰 성읍 니느웨에는 좌우를 분변하지 못하는 자가 십이만여 명이요 가축도 많이 있나니 내가 어찌 아끼지 아니하겠느냐 하시니라(욘 4:10-11)

하나님께서 박 넝쿨 사건을 통해 요나에게 주시고자 했던 교훈은 무엇입니까?

아모스

7. 아모스서는 하나님의 공의와 심판을 말씀하고 있습니다.

아모스는 베들레헴 남쪽 6.6km 지점에 위치한 드고아 출신의 목자였지만(암 1:1), 남 유다 출신으로 여로보암 2세 때 북 이스라엘에서 활동했던 선지자입니다(B.C. 760~755년).

아모스가 활동하던 때는 남 유다 왕 웃시야와 북 이스라엘 왕 여로보암 2세가 통치하던 때로서, 양국이 다 다윗과 솔로몬의 통일왕국 이후 정치적·경제적 최전성기를 누리고 있었습니다. 이러한 번영은 북왕국 이스라엘을 위협하던 아람 왕 벤하닷 3세(B.C. 796~776년)가 신흥 제국 앗수르에 패하여 그 세력이 급격히 쇠퇴하였고, 이때를 틈타 여로보암 2세가 아람을 공격하여 그 영토를 하맛까지 확장시킴으로써 이룩한 것이었습니다.

너희가 내게 번제나 소제를 드릴지라도 내가 받지 아니할 것이요 너희의 살진 희생의 화목제도 내가 돌아보지 아니하리라 네 노랫소리를 내 앞에서 그칠지어다 네 비파 소리도 내가 듣지 아니하리라 오직 정의를 물같이, 공의를 마르지 않는 강같이 흐르게 할지어다(암 5:22-24)

그러나 이러한 정치·경제적 번영과는 반대로 전례가 없을 정도의 종교적, 도덕적 부패 현상을 초래하였고(암 2:6-8, 5:11-12), 이러한 퇴폐 풍조는 상류계층의 타락과 아울러 정의의 와해를 포함한 사회 전반에 걸친 것이었습니다. 바로 이러한 때에 아모스는 남왕국 유다 출신으로서 남 유다보다 상대적으로 타락이 더 심했던 북왕국 이스라엘을 향하여 하나님의 공의의 회복을 외친 것입니다.

아모스 선지자는 하나님께 "주 여호와여 청하건대 사하소서 야곱이 미약하오니 어떻게 서리이까"라고 간구하였습니다. 이는 이스라엘 백성이 하나님의 진노를 받아 마땅할 정도로 패역하였으나 사하여 주시라는 중보 간구였습니다. 결국 아모스 선지자의 기도를 들으신 하나님께서는 두 차례에 걸쳐서 패역한 이스라엘 백성에 대해 이미 확정된 심판을 연기하셨습니다(암 7:2-6).

하나님의 공의는 무엇입니까? 하나님의 사랑과 공의는 어떻게 조화를 이룰 수 있습니까?

호세아

8. 호세아서는 절대적인 하나님의 사랑을 나타내고 있습니다.

호세아는 '여호와여 구원하소서'라는 뜻으로 잇사갈의 21대 손이며 브에리의 아들로, 아모스 선지자와 동시대인 여로보암 2세 때에 활동하였습니다.

북왕국의 선지자인 호세아가 활동하던 시대는 여로보암 2세의 통치 말기로, 북방의 앗수르가 고대 근동의 최강대국으로 서서히 부상하던 때였습니다. 이러한 앗수르의 가장 우선적인 공격 목표가 된 팔레스타인 지역의 국가는 아람(수리아)이었습니다. 그래서 그동안 남북 이스라엘 두 왕국을 계속해서 괴롭히던 아람이 앗수르의 공격으로 급격히 쇠약해진 틈을 타서 여로보암 2세는 아람을 공격하여 그 수도인 다메섹을 정복하고 영토를 확장시킴으로써 그 지계가 하맛 어귀에서 이르게 되었고, 이로써 북왕국은 통일왕국 다윗과 솔로몬 이후 최고의 정치적·경제적 번영을 누리게 되었습니다(호 4:7).

> 여호와께서 처음 호세아에게 말씀하실 때 여호와께서 호세아에게 이르시되 너는 가서 음란한 여자를 맞이하여 음란한 자식들을 낳으라 이 나라가 여호와를 떠나 크게 음란함이니라 하시니 이에 그가 가서 디블라임의 딸 고멜을 맞이하였더니 고멜이 임신하여 아들을 낳으매(호 1:2-3)

그러나 늘 그렇듯이 대외적으로 평온기를 맞은 이스라엘은 내부적으로는 크게 부패하여 하나님을 떠나 쾌락을 좇아 행하며(호 4:11), 패역한 행위를 서슴지 않았습니다. 이런 상황 속에서 선지자 호세아는 다가올 하나님의 심판과 포로 생활에 대한 예언(호 8:7)을 선포하면서 회개를 촉구하였습니다. 그러나 이스라엘은 회개는커녕 더욱 패역을 일삼아 결국 앗수르에 의해 수도 사마리아가 함락되고 백성들은 포로로 끌려가는 신세가 되고 말았습니다.

하나님의 명령에 따라 선지자 호세아는 자신의 아내로 정숙한 여인을 택하지 않고 음란한 여인인 고멜을 택하고 끝까지 사랑하였습니다. 이것은 하나님께서 죄인인 우리를 택하여 끝까지 사랑하시는 절대적인 사랑을 시청각 교육으로 보여주신 것입니다. 그럼에도 불구하고 끝까지 사랑하시는 하나님의 절대적인 사랑을 호세아를 통해 보여주셨습니다.

이렇게 사랑하는 하나님이 우리에게 원하시는 것은 무엇일까요?

요엘

9. 요엘서는 여호와의 날에 임할 심판을 경고하고 있습니다.

요엘은 '여호와의 날'을 선포한 남왕국 유다의 선지자로, 유다의 유약한 제9대 왕 요아스의 재위 기간인 B.C. 835~796년에 사역한 선지자입니다. 이때는 이스라엘의 남북 분열왕국 시대의 중반기로서, 국제적으로는 강대국 간의 패권 다툼이 별로 없이 다소 평온한 시기였습니다. 그러나 국내적으로는 커다란 변혁의 회오리가 스치고 지나갔던 때였는데, 남유다의 제7대 왕이 된 아합과 이세벨의 딸 아달랴를 몰아내고 7세밖에 안 된 어린 요아스를 왕위에 옹립하는 대제사장 여호야다의 혁명이 있었기 때문입니다(왕하 11:4-12).

대제사장 여호야다는 섭정인으로서 아달랴의 바알 숭배로 인해 훼손된 성전을 수리하고 왕과 백성들로 하여금 여호와 신앙에 대한 언약을 맺게 하는 등 선정을 베풀었습니다. 그러나 여호야다가 죽은 후 유다 왕 요아스는 심한 동요와 죄악에 빠져 이교의 우상숭배를 허용하는 등 부패하고 말았습니다(대하 24:18). 이것은 비단 요아스 개인만의 부패가 아니라 이에 편승한 유다 백성들 역시 패역의 길로 치달은 것입니다.

> 너희는 금식일을 정하고 성회를 소집하여 장로들과 이 땅의 모든 주민들을 너희 하나님 여호와의 성전으로 모으고 여호와께 부르짖을지어다 슬프다 그날이여 여호와의 날이 가까웠나니 곧 멸망같이 전능자에게로부터 이르리로다(욜 1:14-15)

이때에 메뚜기 대재앙이 닥쳐서 백성들은 기근과 가난으로 큰 고통을 겪어야만 했고, 바로 이러한 상황 속에서 하나님으로부터 소명을 받은 선지자 요엘은 홀연히 일어서서 유다 백성들을 향해 회개를 촉구함과 동시에 회복의 소망에 관한 메시지를 전파했습니다.

요엘 선지자가 전한 '여호와의 날'은 어떤 날일까요?

이사야

10. 이사야서는 열국에 대한 하나님의 심판과 메시아의 오심, 그리고 하나님 나라의 완성에 대해 예언하고 있습니다.

이사야는 남 유다의 귀족 출신으로 남왕국 유다의 제10대 왕인 웃시야가 죽던 해인 B.C. 739년부터 제14대 왕인 므낫세(B.C. 679~642년)가 통치하던 시기인 B.C. 680년경까지 예루살렘을 중심으로 남 유다에서 활동한 선지자입니다.

이때 당시의 국내외 정세는 한 치 앞을 알 수 없을 정도로 급변하던 시기로, 앗수르의 디글랏 빌레셀 3세는 B.C. 745년 권좌에 오른 이후 강력한 정복 전쟁을 추진하여 B.C. 721년에는 북 이스라엘까지 멸망시켰습니다. 한편 애굽에서는 구스의 사바카(Shabaka)가 전 애굽을 통일하고 제25왕조를 건설한 후에 팔레스타인 주변 국가들을 규합하여 동맹을 맺고 반앗수르 정책을 펴나갑니다. 이때 남 유다의 히스기야 왕(B.C. 715~687년) 역시 이 동맹에 가입합니다.

> 이는 한 아기가 우리에게 났고 한 아들을 우리에게 주신 바 되었는데 그의 어깨에는 정사를 메었고 그의 이름은 기묘자라, 모사라, 전능하신 하나님이라, 영존하시는 아버지라, 평강의 왕이라 할 것임이라(사 9:6)

이사야는 이러한 정치·종교적 배경하에서 남 유다 백성들을 향하여 악한 세상에 대해 하나님의 준엄한 심판이 있을 것과 회개를 전제로 한 구원을 선포했습니다. 전승에 의하면 므낫세의 치세 기간 중 톱으로 몸이 둘로 잘리어 순교 당했다고 전해지고 있습니다. 특별히 이사야는 장차 올 메시아에 대한 소망을 갖고 그를 기다리며 메시아의 생애에 관하여 가장 많은 예언을 남겼습니다.

이사야서를 읽으면서 예수 그리스도에 대한 예언의 말씀을 생각나는 대로 적어 보시기 바랍니다.

미가

11. 미가서는 죄에 대한 심판과 함께 메시아를 통한 구원의 회복과 소망을 전하고 있습니다.

미가는 '베들레헴에서의 메시아 탄생'을 예언한 선지자로 유다와 블레셋 가드 국경 사이의 시골 가드모레셋 출신이었습니다. 호세아, 아모스, 이사야와 동시대에 활동한 남 유다의 선지자로 남 유다의 제11, 12, 13대 왕인 요담, 아하스, 히스기야 시대에 활동하였습니다. 이때는 북방의 신흥 제국인 앗수르의 본격적인 남진 정책으로 인하여 국제 전쟁의 소용돌이에 휩쓸려 있던 시기였습니다. 이러한 때에 미가는 북 이스라엘과 남 유다를 향하여 하나님의 심판을 경고하면서 회개를 촉구하는 메시지를 선포하였습니다. 남·북왕국의 우상숭배와 부도덕함을 강하게 질타하며 하나님의 심판을 담대하게 선포한 것입니다(미 1:1-16).

동시에 그는 동족 북 이스라엘의 멸망을 보며 자신의 옷을 찢어 내어던지기까지 애통할 만큼 깊은 동정심과 영혼에 대한 뜨거운 사랑의 소유자였습니다. 영혼에 대한 깊은 사랑을 가지고 안타까운 마음으로 비판하고 심판을 선포했던 것입니다. 그러기에 그는 메시아를 통한 구원의 회복과 소망도 함께 전하고 있습니다.

죄에 대해 하나님은 무엇이라고 말씀하십니까?

오직 나는 여호와의 영으로 말미암아 능력과 정의와 용기로 충만해져서 야곱의 허물과 이스라엘의 죄를 그들에게 보이리라 (미 3:8)

나훔

12. 나훔서는 앗수르의 멸망과 선민을 향한 구원의 메시지를 선포하고 있습니다.

나훔 선지자는 예레미야, 스바냐와 동시대에 활동한 남 유다의 선지자입니다. 그 당시 정세는 앗수르 제국이 서서히 쇠퇴하고, 대신 나보폴라살(B.C. 625~605년)이 창건한 신 바벨론 제국이 근동지역의 강국으로 서서히 부상하던 때였습니다. 그리고 나훔 선지자의 예언대로 앗수르의 수도 니느웨는 신 바벨론 제국과 메대 연합군의 공격으로 B.C. 612년에 함락되기 직전 그 말기적 현상으로 정치·사회적으로 크게 부패하고 혼란했습니다.

이런 시기에 나훔 선지자는 니느웨 멸망을 선포함으로써 세계 역사는 하나님의 절대 주권하에 있다는 사실을 선민 이스라엘에게 일깨워 주고 더욱 하나님을 신뢰하도록 암시적으로 교훈하고 있습니다. 하나님을 의지하는 길만이 살 길임을 선포한 것입니다.

> 여호와는 노하기를 더디 하시며 권능이 크시며 벌 받을 자를 결코 내버려두지 아니하시느니라 여호와의 길은 회오리바람과 광풍에 있고 구름은 그의 발의 티끌이로다(나 1:3)

앗수르의 멸망이 주는 교훈은 무엇입니까?

스바냐

13. 스바냐서는 여호와의 날에 임할 심판과 함께 구원을 선포하고 있습니다.

스바냐는 남 유다 제13대 왕 히스기야의 4대손으로, 남 유다 제16대 왕 요시야 때 활동한 왕족 출신의 선지자였습니다.

당시 근동의 패권국인 앗수르는 신 바벨론 제국(B.C. 625~539년)의 등장과 함께 그 세력이 급격히 쇠퇴하고 있었습니다. 이때에 요시야는 대외적으로는 선왕들이 친 앗수르 정책을 폈던 것과는 달리 강력한 반 앗수르 정책을 폈고, 대내적으로는 대대적인 종교개혁을 단행하여 이스라엘 민족의 자주성을 회복하는 데 주력하였습니다. 이러한 때에 스바냐는 요시야가 종교개혁을 본격적으로 개시하기에 앞서 이스라엘 백성들의 죄악에 대한 책망과 열방에 대한 여호와의 심판을 예언함으로써 그의 종교개혁에 박차를 가하였던 것입니다.

> 여호와의 규례를 지키는 세상의 모든 겸손한 자들아 너희는 여호와를 찾으며 공의와 겸손을 구하라 너희가 혹시 여호와의 분노의 날에 숨김을 얻으리라(습 2:3)

여호와의 날에 구원을 얻기 위해 찾아야 되는 것이 무엇이라고 말씀하고 있습니까?

하박국

14. 하박국서에서는 악인의 형통은 오래가지 못하고 곧 멸망하기에 오직 의인은 믿음으로 살아야 함을 말씀하고 있습니다.

> 보라 그의 마음은 교만하며 그 속에서 정직하지 못하나 의인은 그의 믿음으로 말미암아 살리라 (합 2:4)

하박국은 레위 지파 출신의 제사장 또는 성가대원으로 추정되는 선지자로, 앗수르 제국의 수도 니느웨가 신 바벨론 제국의 창건자 나보폴라살(B.C. 625~605년)과 메대의 시악사레스(B.C. 625~585년)의 연합군에 의해 함락된 B.C. 612년부터 남왕국 유다가 바벨론에 의해 제1차 침입을 당했던 B.C. 605년 사이에 주로 활동한 선지자였습니다. 이 시기에 남 유다는 요시야, 여호아하스, 여호야김의 통치 시대로서 B.C. 586년 바벨론 제국에 의해 예루살렘이 함락되기 직전이었습니다.

그는 이해할 수 없는 신앙 문제로 혼자 고민하지 않고 그 문제점을 하나님께 아뢰었고, 자기 백성의 죄악됨을 보고 징계를 통해서라도 하나님께 돌아올 수 있기를 바랄 만큼 진정한 믿음의 소유자였습니다. 또 구약 가운데 가장 아름다운 찬송 중의 하나인 송시를 남겼습니다(합 3장).

하박국 3장의 내용은 무엇입니까?

예레미야

15. 예레미야서는 타락한 유다의 멸망과 회개를 촉구하고 심판 후 새 언약을 통해 구원의 약속을 선포하고 있습니다.

눈물의 선지자로 알려진 예레미야는 제사장 힐기야의 아들로 베냐민 땅 아나돗에서 출생했습니다. 남 유다 요시야 왕 제13년, 곧 B.C. 627년부터 예루살렘 멸망(B.C. 586년) 이후 유다 남은 백성들이 애굽에 이주하여 정착할 때인 B.C. 580년까지 약 50여 년 동안 활동을 하였습니다. 선민 이스라엘의 구원을 위해 많은 눈물을 흘리며 기도한 까닭에 '눈물의 선지자'라고 불릴 만큼 어려운 시대를 살았던 예레미야는 유대 전승에 의하면 평생 독신으로 살다가 말년에 애굽에 끌려가(렘 43:5-7) 돌에 맞아 순교했다고 전해지고 있습니다.

예레미야 사역 초기에는 갈대아와 앗수르가 세력 다툼을 하느라 남 유다에 관심이 없었기 때문에 유다로서는 다소 평화로운 상태였습니다. 또한 내적으로는 선한 왕이었던 요시야가 등극하여 성전을 정결케 하고 우상을 제거하는 등 내실을 다지던 시기였습니다. 그러나 B.C. 609년 요시야가 므깃도에서 애굽 왕 느고(Neco, B.C. 610~595년)와 싸우다가 전사한(대하 35:20-24) 뒤로 하나님이 아닌 애굽을 의지 대상으로 삼은 이후 왕들의 악행과 실정이 계속됨에 따라 유다는 급속히 쇠퇴의 길로 치달았습니다. 그리하여 유다는 B.C. 605년 바벨론에 의해 첫 침공을 당하여 복속된 이래 B.C. 597년과 B.C. 586년 거듭해서 침공을 당함으로써 마침내 멸망하고 맙니다.

> 여호와의 말씀이니라 보라 날이 이르리니 내가 이스라엘 집과 유다 집에 새 언약을 맺으리라……그러나 그날 후에 내가 이스라엘 집과 맺을 언약은 이러하니 곧 내가 나의 법을 그들의 속에 두며 그들의 마음에 기록하여 나는 그들의 하나님이 되고 그들은 내 백성이 될 것이라 여호와의 말씀이니라(렘 31:31, 33)

이렇게 볼 때 예레미야가 활동하던 이 시기는 이스라엘 민족이 가장 참혹하고도 광범위하게 시련을 당한 비운의 시기였음을 알 수 있습니다.

예레미야 선지자를 통해 주신 새 언약은 무엇입니까?

오바댜

16. 오바댜서는 가장 짧으면서도 가장 강력한 심판의 메시지를 선포하고 있습니다.

오바댜는 B.C. 586년경 바벨론 왕 느부갓네살에 의한 예루살렘 성 함락 당시를 배경으로 하여 주로 활동한 선지자였습니다. 즉 국가의 멸망이라는 엄청난 시련과 좌절에 직면해 있는 남 유다 백성들에게 위로와 회복의 소망을 주어 포로생활 중에도 결코 여호와 신앙을 버리지 않도록 하기 위해, 남 유다의 멸망을 직·간접적으로 도운 에돔의 멸망에 대한 예언과 선민 이스라엘의 회복 예언을 선포하였습니다(옵 1:19-21).

소망이 없는 가운데서도 버리지 말아야 할 것은 무엇입니까?

여호와께서 만국을 벌할 날이 가까웠나니 네가 행한 대로 너도 받을 것인즉 네가 행한 것이 네 머리로 돌아갈 것이라……오직 시온 산에서 피할 자가 있으리니 그 산이 거룩할 것이요 야곱 족속은 자기 기업을 누릴 것이며(옵 1:15, 17)

신약

제1과 한눈에 보는 중간역사

제2과 한눈에 보는 신약성경

제3과 한눈에 보는 만왕예수 Ⅰ

제4과 한눈에 보는 만왕예수 Ⅱ

제5과 한눈에 보는 교회탄생

제6과 한눈에 보는 복음전파 Ⅰ

제7과 한눈에 보는 복음전파 Ⅱ

제8과 한눈에 보는 만민구원

제9과 한눈에 보는 영원천국

제 1 과

한눈에 보는 중간역사

신구약 중간기

연대(B.C.)	고대 팔레스타인의 패권과 변화
BC 900 - 612	앗수르 제국 / 북 이스라엘 정복(BC 721) - 사마리아인
BC 612 - 536	바벨론 제국 / 남 유다 정복(BC 586) – 70년 포로 생활
BC 536 - 332	페르시아 제국 / 포로 귀환(BC 538) – 성전과 성벽 재건
BC 435	구약의 마지막 선지자 말라기를 끝으로 예언 활동이 끝남
BC 332 - 176	헬라 제국 / 알렉산더 대왕 (VS 다리오 3세) – 헬라 문명 전파
BC 301 – 203	프톨레미오 왕조 알렉산드리아 / 70인경 셀레우코스 왕조 바벨론 지역을 다스림 안티파터는 마게도니아와 그리스를, 리시마코스는 트리키아를 통치
BC 198 - 167	셀레우코스 왕조의 안티오쿠스 3세의 지배하에 들어감 BC 170년 안티오쿠스 4세의 성전 모독, BC 167년 유대교 탄압, 율법 폐지, 우상 세움
BC 166 - 63	마카비 혁명운동 / 하스모니안 왕조 탄생 / 약 100년간 다스림 왕이 제사장을 겸임, 유대교의 부흥(율법), 에돔 왕 안티파스(총독 임명-헤롯 가문 등장)
BC 63 -	로마의 폼페이 장군에 의해 점령 / 안티파터(헤롯 가) 집정관 임명 삼두 정치[폼페이, 크라수스, 케사르(줄리어스 시저=가이사), 힐카누스는 대제사장]
BC 37 -	헤롯이 유대의 왕이 됨 / 로마로 망명했다 로마의 도움으로 점령 가이사는 폼페이를 이집트에서 죽이고, 클레오파트라를 여왕에 임명, 가이사는 충신 브루투스에게 죽고, 양아들 옥타비아누스와 신하 안토니우스의 대결, 옥타비아누스의 승리(최초의 황제-아구스도)

구약의 마지막 선지자로 알려진 말라기 이후 약 400년 동안은 권위 있는 선지자가 없어 침묵의 시간이 흐릅니다. 그래서 이 시기를 '암흑시대' 혹은 '신구약 중간기'라고 부릅니다. 그러나 침묵에도 뜻이 있습니다. 하나님은 침묵 중에서도 세상이 구세주를 영접할 수 있도록 준비시키시며, 인간의 역사 속에서 활발하게 일하고 계셨기 때문입니다. 역사는 연결되는 것이기에 신구약 중간 시대를 알아야 신약이 이해됩니다.

옛적에 선지자들을 통하여 여러 부분과 여러 모양으로 우리 조상들에게 말씀하신 하나님이 이 모든 날 마지막에는 아들을 통하여 우리에게 말씀하셨으니(히 1:1-2)

이 중간기 동안에 팔레스타인을 포함한 세계 정세는 급변하게 돌아가고 있었습니다. 성경으로 보면 말라기에서 마태복음으로, 율법에서 은혜로, 종에서 자녀로, 유대교에서 기독교로 이어지는 엄청난 일이 일어난 것입니다. 성경 히브리서 1장 1-3절은 말씀하기를, "옛적에 선지자들을 통하여 여러 부분과 여러 모양으로 우리 조상들에게 말씀하신 하나님이 이 모든 날 마지막에는 아들을 통하여 우리에게 말씀하셨으니 이 아들을 만유의 상속자로 세우시고 또 그로 말미암아 모든 세계를 지으셨느니라 이는 하나님의 영광의 광채시요 그 본체의 형상이시라 그의 능력의 말씀으로 만물을 붙드시며 죄를 정결하게 하는 일을 하시고 높은 곳에 계신 지극히 크신 이의 우편에 앉으셨느니라"고 하였습니다.

여기 '아들로 우리에게 말씀하셨다'는 의미는 무엇입니까?

앗수르 제국

1. 신구약 중간기의 바로 전인 B.C. 900년경 앗수르 제국이 고대 근동의 패권을 장악하게 됩니다.

앗수르는 B.C. 721년에 북왕국 이스라엘을 정복하여 '인종 혼합 정책'을 써서 '사마리아인'이 나타났습니다. 이들은 예루살렘과 갈릴리 중간 지역에 있는 사마리아에서 나름대로 하나님 신앙을 유지하며 그리심 산(세겜)을 중심으로 예배를 드리며 살아갔습니다. 중간기에 세겜 중심의 종교 문화를 이루며 사마리아 사본도 남겼습니다.

여호와의 말씀이 아밋대의 아들 요나에게 임하니라 이르시되 너는 일어나 저 큰 성읍 니느웨로 가서 그것을 향하여 외치라 그 악독이 내 앞에 상달되었음이니라 하시니라(욘 1:1-2)

앗수르 제국은 B.C. 612년까지 지속되다가 신흥 바벨론 제국에게 망하게 됩니다. 신흥 바벨론 제국은 B.C. 612년부터 B.C. 536년까지 팔레스타인의 새로운 패자로 등장하게 되는 것입니다.

앗수르의 수도는 어디였습니까? 거기서 하나님의 말씀을 전한 선지자는 누구였습니까?

바벨론 제국

2. 신흥 바벨론 제국은 앗수르를 멸망시키고 팔레스타인의 새로운 주인이 됩니다.

> 그해에 느부갓네살 왕이 사람을 보내어 여호야긴을 바벨론으로 잡아가고 여호와의 전의 귀한 그릇들도 함께 가져가고 그의 숙부 시드기야를 세워 유다와 예루살렘 왕으로 삼았더라(대하 36:10)

바벨론의 느부갓네살 왕은 B.C. 606년에 남 유다를 정복했고, B.C. 586년에 예루살렘 성전과 성벽을 완전히 파괴하고 유대인들을 포로로 끌고 갔습니다. 그러나 유대인들은 바벨론에서도 개인적으로 신앙을 고수하거나 레위인이나 제사장을 중심으로 하나님 신앙을 가지고 유대인으로서의 정체성을 고수합니다.

포로로 끌려간 다니엘이 느부갓네살 왕이 꾼 꿈을 해석해 주었는데, 왕이 꿈에서 본 신상의 금으로 된 머리는 바벨론 제국을, 가슴과 팔의 은은 페르시아 제국을, 배와 넓적다리의 놋은 헬라 제국을, 종아리의 철로 된 나라는 로마 제국을 나타내고 있습니다. 예레미야의 예언대로 유대인들은 바벨론 제국 아래서 70년 동안 포로생활을 하게 되었습니다.

다니엘의 예언에 나오는 대로 제국의 이름을 차례로 써 보시기 바랍니다.

페르시아 제국

3. 다니엘의 예언대로 B.C. 536년 바벨론 제국이 페르시아(바사) 제국에 패하여 페르시아가 B.C. 332년까지 약 200년 동안 패권을 차지하게 됩니다.

바사의 초대 왕이었던 고레스는 유대인들을 놓아주고 고국으로 돌려보내므로, 유대로 돌아온 유대인들이 성전과 성벽을 재건했고 잃어버렸던 성민 공동체의 모습을 되찾게 되었습니다. 이때의 유대 지도자들이 바로 스룹바벨, 학개, 스가랴, 에스라, 느헤미야, 말라기 등입니다. 이들을 통해 3차에 걸친 포로 귀환과 성전 재건, 성벽 재건과 율법을 통한 개혁운동이 일어난 것입니다. 이때부터 역사는 유대교라고 부릅니다.

구약이 끝날 무렵 유대인들은 페르시아의 통치 아래 있었고, 이때 대부분의 유대인들은 히브리어와 함께 그 당시 공용어인 아람어를 쓰고 있었습니다. 중간기 당시 유대인들은 주로 예루살렘을 중심으로 살다가 시간이 지나면서 북쪽 갈릴리 지역으로 퍼져나가 정착했습니다. 뿐만 아니라 팔레스타인 땅 가까이로는 요단 동편 베레아 지역(모압), 데가볼리(갈릴리 북동쪽), 그리고 지중해 연안의 두로와 시돈 지역에도 유대인들이 흩어져 살았습니다.

바사 왕 고레스 원년에 여호와께서 예레미야의 입을 통하여 하신 말씀을 이루게 하시려고 바사 왕 고레스의 마음을 감동시키시매 그가 온 나라에 공포도 하고 조서도 내려 이르되 바사 왕 고레스는 말하노니 하늘의 하나님 여호와께서 세상 모든 나라를 내게 주셨고 나에게 명령하사 유다 예루살렘에 성전을 건축하라 하셨나니 이스라엘의 하나님은 참 신이시라 너희 중에 그의 백성 된 자는 다 유다 예루살렘으로 올라가서 이스라엘의 하나님 여호와의 성전을 건축하라 그는 예루살렘에 계신 하나님이시라(스 1:1-3)

또한 멀리 외국에 나가 정착해 살고 있는 유대인들도 많았습니다. 애굽이나 바벨론, 그리고 지금의 이란인 바사에도 많은 유대인들이 살았으며, 나중에 바사의 세력이 다하고 그리스와 로마로 그 패권이 이어지면서 터키 지역과 유럽, 그리고 로마에 이르기까지 많은 유대인들이 흩어져 살았습니다. 물론 인도나 러시아까지 흘러들어간 유대인들도 있었습니다. 나중에 이 흩어진 유대인들의 회당에서 사도 바울이 복음을 전하게 되는 것을 볼 수 있습니다.

성전 재건이 중단되었을 때 성전 재건을 독촉했던 선지자는 누구였습니까?

그리스 제국

4. 페르시아는 그리스에게 멸망당하고 그리스 제국이 팔레스타인을 지배하게 됩니다.

그리스의 알렉산더가 B.C. 333년 이수스 전투에서 페르시아 군대를 패배시킨 후, 이집트와 바벨론 지역과 멀리 인더스 강까지 건너서 가장 짧은 기간에 가장 넓은 지역을 점령했습니다. 본래 헬라는 도시국가였지만 알렉산더의 아버지 빌립이 마케도니아로 통합시켰습니다. 빌립이 죽자(B.C. 336) 알렉산더가 왕이 되어 짧은 시일 내에 지중해를 중심한 모든 나라를 차례로 점령하여 거대한 그리스 제국을 건설한 것입니다(B.C. 332~176년).

철학자 아리스토텔레스에게 영향은 받은 알렉산더 대왕은 피정복 국가에 그리스 문명(헬라 문명)을 확산시켰습니다. 그래서 예수님 당시 헬라어가 거의 세계 언어가 되었고 신약성경도 헬라어로 기록된 것입니다. 그러나 젊은 나이에 알렉산더 대왕이 죽자(B.C. 323) 헬라 제국은 알렉산더의 네 장군에 의해 나뉘었습니다. 프톨레미는 애굽을, 셀레우코스는 바벨론을 지역을 포함한 수리아를, 안티파터는 마게도니아와 그리스를, 리시마코스는 동북부에 있는 트리키아를 차지하게 되었습니다.

4-1) 프톨레미 왕조(100년) – 알렉산더의 장군 중에 가장 큰 권력을 잡은 사람은 애굽 지역의 프톨레미와 바벨론 지역의 셀레우코스 장군입니다. 서로가 팔레스타인을 차지하기 원했는데 결국 프톨레미 왕조의 손에 넘어가고, 유대는 '헬라인 프톨레미 왕조가 다스리는 애굽의 속국'이 됩니다. 이 왕조는 100년 동안 유대에 많은 영향을 끼쳤습니다. 이 기간 중 팔레스타인 사람들은 그리스의 관습을 채택하고, 그리스의 의복을 입기 시작했습니다. 또한 그리스어가 많이 사용되었습니다.

그러나 프톨레미 왕조는 유대인의 생활방식에는 고의적으로 간섭하지 않았고, 유대인들이 원하는 대로 종교 생활을 하도록 허용하였습니다. 프톨레미 왕조는 애굽에 알렉산드리아 도시를 세우고 수도로 삼았으며, 히브리어로 된 구약성경을 최초로 당시 공용어인 헬라어로 번역하였습니다. 이것을 '70인경' 혹은 '70인역'이라고 부릅니다. 이것은 신약에 와서 복음이 열방으로 전파되는 데 예비된 것임을 알 수 있습니다.

4-2) 셀레우코스 왕조(34년) – B.C. 198년에 셀레우코스 왕조의 안티오쿠스가 이집트의 프톨레미 왕조의 군대를 몰아내고 팔레스타인을 차지하게 됩니다. 우리가 알고 있는 안디옥이라는 이름은 안티오쿠스 가문의 이름입니다. 셀레우코스 왕조는 처음에는 호의정책으로 유대를 지배했습니다. 특별히 신앙생활을 자유롭게 할 수 있도록 세금도 면제해 주었고, 성전 수리비도 보조해 주었습니다. 그러나 안티오쿠스 4세 에피파네스 때에 이르러 유대인들을 탄압하고 유대교를 탄압하는 정책으로 돌아서게 됩니다. 이 때문에 유대인들이 일어나 이 핍박에 대항하여 유대의 독립을 가져왔는데, 이것이 '마카비 전쟁'이요 '마카비 혁명'입니다.

안티오쿠스가 유대인들을 탄압하게 된 당시의 정세를 살펴보면, 로마에게 패한 후 조공을 바치고 있었고 이집트 프톨레미 6세의 위협도 있었습니다. 이런 와중에서 먼저 내부적으로 헬라를 중심으로 통일하기를 원했고, 그러면서 우선 종교적으로 제우스에 대한 헬라 신앙으로 통일하려고 하였습니다. B.C. 171년 그는 대제사장직을 최고액의 입찰자에게 경매함으로써 정통 유대인들을 경악시켰습니다. 대제사장직 구매자는 '메넬라우스'라는 사람이었는데, 그는 유대 종교를 파괴하고 그것을 그리스의 생활방식으로 대체하고자 하는 안티오쿠스의 계획에 찬성했습니다.

B.C. 169년에 유다의 독특한 신앙을 유지하려는 유대주의자들은 안티오쿠스 4세가 애굽의 원정길에서 죽었다는 헛소문을 내고 안티오쿠스 4세의 정책에 협조적이었던 헬라주의자들 다수를 죽였습니다. 그러나 급히 예루살렘으로 돌아온 안티오쿠스 4세는 유대주의자들을 무참히 학살하고 모든 종교 행사를 금하는 종교박해도 감행했습니다. 그는 B.C. 168년 2만 명의 군대를 예루살렘에 배치하였고, 급기야 B.C. 167년에 유대 양민들을 급습하고 유대교의 모든 관습을 철폐하는 칙령을 내렸습니다. 안식일에서부터 희생 제사와 율법 사본을 폐기하고 어길 경우 사형에 처한다고 공포한 것입니다. 그리고 제우스 제단을 도처에 세우고, 예루살렘 성전에 제우스의 제단을 만들고 돼지고기를 제물로 바치기까지 했습니다.

하스모니안 왕조

5. 유대인들의 반란으로 하스모니안 왕조가 세워지게 됩니다.

안티오쿠스 4세의 학정과 박해 때 룻다 지역의 모디인(Modin)이란 작은 촌에서 한 늙은 제사장 맛다디아와 그의 아들들이 제우스에게 제사하라는 왕명을 거절한 데서 시작되었습니다. 맛다디아는 제우스에게 제사하는 왕의 대리자인 유대인들을 죽이고 제단을 파괴한 후 아들들과 함께 고프나 산지로 도망하였습니다(마카비전서 2:15-28). 거기서 그는 뜻을 같이하는 경건한 유대인의 모임인 '하시딤'(Hasidim)과 합류하여 이방 신들을 뒤엎고 유다 마을을 선동하여 예루살렘에 있는 헬라파 유대인들과 싸우도록 했습니다.

이에 사마리아 주둔군의 사령관이며 고프나와 그 일대 지역의 총독인 아폴로니우스(Apollonius)는 이 반란의 진압을 위해 고프나 산지로 출동하였습니다. 그러나 이미 맛다디아는 죽고 그의 셋째 아들 유다 마카비(Judas Maccabius)가 지휘권을 인계받았는데, 그는 르보나 비탈길에서 아폴로니우스를 살해하는 승리를 거두게 됩니다(마카비전서 3:1-12). 이후로 유대인들은 이 사건을 그들의 '하누카'(수전절-성전의 재봉헌) 축제로 기념하였습니다(B.C. 164년).

이렇게 해서 100년 동안 다스리게 되는데 이 왕조를 '하스모니안 왕조'라고 부릅니다. 이들은 율법 중심, 성전 중심의 신앙을 강조했고, 이때는 유대교가 제도적으로 다져지는 시기였습니다. 율법이 최고였고 대제사장은 정신적 수장이 될 수밖에 없었습니다. 이것이 예수님 시대의 종교적 배경이 되었습니다. 하스모니안 왕조 4대째는 예루살렘 동남쪽 이두매까지 정복하고 그 지역의 총독으로 본래 에돔을 다스리던 왕이었던 안티파스를 임명했는데, 그가 바로 예수님 당시 헤롯 왕의 할아버지입니다. 이렇게 해서 유대의 역사 속에 등장한 헤롯 가문은 점점 커져 가는 로마 세력을 등에 업고 결국 유대의 왕 자리를 차지하고 말았습니다.

로마 제국

6. 로마 제국은 작은 도시국가로 시작하여 B.C. 270년경 이탈리아 반도를 통일했습니다.

로마의 급속한 팽창으로 유대를 둘러싸고 있던 세상의 정세가 변하여 더 이상 하스모니안 왕조가 유다를 다스릴 수가 없었습니다. 특별히 하스모니안 왕조의 형제간인 아리스토불루스 2세와 힐카누스 2세의 왕권 다툼은 로마의 폼페이 장군이 예루살렘으로 입성하는 구실을 마련해 주었고, 결국 유다는 B.C. 63년 로마의 폼페이 장군에 의해 예루살렘이 함락됨으로 100년 가량의 짧은 독립 기간을 마치고 말았습니다.

이때 폼페이 장군을 도왔던 사람이 하스모니안 왕조에 의해 에돔의 총독으로 임명되었던 안티파스의 아들 안티파터입니다. 그래서 유다를 정복한 폼페이 장군은 하스모니안 왕조의 힐카누스 2세를 왕이 아닌 대제사장에 임명하고, 실제 유다의 집정관은 안티파터를 임명하였습니다. 이 사람이 대 헤롯의 아버지입니다.

이때 로마는 원로원의 임명을 받아 검노들의 반란군을 제압한 폼페이와 크라수스, 그리고 프랑스 지역을 평정하고 돌아온 줄리어스 시저(가이사)가 원로원을 누르고 소위 '3두 정치'를 이루고 있었습니다. 폼페이가 유다 정복을 이루고 본국으로 돌아왔을 때 로마는 B.C. 59년에 줄리어스 시저(Julius Caesar)가 집정관으로 선출되어 있었습니다. 폼페이는 시저와 패권 다툼을 벌이다 결국 이집트에서 시저에게 죽고 맙니다. 여기서 줄리어스 시저와 클레오파트라가 만나게 되고, 프톨레미 왕조의 클레오파트라는 이집트의 여왕이 되었습니다. 시저는 이후 스페인과 아프리카를 정복하여 최초로 로마를 통일하게 됩니다. 이때도 유대의 안티파터의 세력은 계속 확장되었고, 안티파터는 그의 아들 헤롯을 갈릴리 지역 총독으로 임명하였습니다.

그러나 이후 시저는 유프라테스 강 동쪽의 파르티아(바대, 이란 북부) 원정 계획 중 반대당인 원로원에 의해 B.C. 44년 3월 15일에 그의 충신이었던 브루투스에게 암살당하였습니다. 시저의 뒤를 이어 B.C. 43년에 그의 양아들 옥타비아누스가 집정관이 되었는데, 이때 로마의 권력은 시저의 신하였던 안토니우스와 양분되었습니다. 이때 안티파터는 힐카누스와 로마의 총독하에서 B.C. 43년 마리키스의 지배욕에 의해 독살될 때까지 자신과 그의 두 아들인 파사엘과 헤롯(Herod)의 지위를 상당히 높여 놓았습니다.

안토니우스와 옥타비아누스는 브루투스와 캐시우스를 격파한 후에 파사엘과 헤롯이 유대의 통치를 위해 효과적인 인물임을 알고 그들을 유대의 '연합 영주'로 임명하였습니다(B.C. 41). 왜냐하면 그들은 순수한 유대인도 아니므로 자연히 로마를 의지할 수밖에 없었기 때문입니다(연합 영주는 마게도냐 명칭으로 한 왕국의 1/4의 지배자를 의미한다). 그러나 안토니우스가 B.C. 41~40년에 클레오파트라의 매력에 빠져 본국을 비운 사이에 로마 장교인 라이누스의 배반으로 파사엘은 유대의 감옥에서 자살하고, 헤롯은 로마로 도망갔으며, 하스모니안 가문 중에 안티고누스가 3년 동안(B.C. 40~37) 왕과 제사장으로서 라이누스의 영향력으로 유대를 지배하게 되었습니다.

한편 B.C. 40년 말 로마에 도착한 헤롯은 안토니우스와 옥타비아누스를 만나 팔레스타인에서의 권력이 회복되면 유대의 왕으로 인정해 주기로 약속을 받아, 로마 원로원 회의에서 유대의 왕으로 선포되었습니다. 헤롯은 결국 B.C. 37년 안토니우스의 부관인 소시우스의 지지를 받아 B.C. 37년 여름에 예루살렘을 함락시키고 유대의 왕이 되는 데 성공했습니다. 헤롯은 로마를 등에 업고 백성들에게 강압적인 정책을 시행하면서도 민심을 얻기 위해 헤롯 성전을 건축하는 등 많은 곳에 건축을 하였습니다. 그가 바로 예수님이 탄생하실 때 유대의 왕이었던 대 헤롯입니다(B.C. 37~4).

그때에 가이사 아구스도가 영을 내려 천하로 다 호적하라 하였으니 이 호적은 구레뇨가 수리아 총독이 되었을 때에 처음 한 것이라 모든 사람이 호적하러 각각 고향으로 돌아가매 요셉도 다윗의 집 족속이므로 갈릴리 나사렛 동네에서 유대를 향하여 베들레헴이라 하는 다윗의 동네로 그 약혼한 마리아와 함께 호적하러 올라가니 마리아가 이미 잉태하였더라 거기 있을 그때에 해산할 날이 차서 첫아들을 낳아 강보로 싸서 구유에 뉘었으니 이는 여관에 있을 곳이 없음이러라(눅 2:1-7)

수리아와 터키 지역 등 동부 쪽을 장악하고 있던 로마의 안토니우스는 그만 이집트의 클레오파트라와 사랑에 빠집니다. 로마의 집정관이었던 가이사의 양아들 옥타비아누스는 악티움이라는 곳에서 '클레오파트라와 안토니우스의 연합군'과 해전을 벌였으며 승리하였습니다. 그는 공화정치 지지자들을 타파한 후 이탈리아와 서방 전역을 통일시켰을 뿐만 아니라 애굽의 프톨레미 왕조의 클레오파트라를 치고 B.C. 30년 애굽을 로마 영토에 복속시켰습니다. 이 일로 로마 원로원은 최초로 그의 아버지도 받지 못했던 황제의 칭호를 그에게 주었습니다. 그리고 이로써 로마는 서유럽 전체와 카르타고를 비롯한 북부 아프리카와 이집트는 물론 팔레스타인과 메소포타미아 동부 지역까지 이르는 로마 제국을 탄생시켰습니다.

예수 그리스도는 옥타비아누스(눅 2:1에는 가이사 아구스도)가 로마 제국의 황제로서 통치할 때 탄생하였습니다. 누가복음 2장 1절에 '그때에 아구스도가 영을 내려 천하에 있는 사람들은 다 호적을 하라'고 하는 바람에 요셉과 마리아도 그들의 고향 베들레헴으로 내려가야 했고, 예수님이 베들레헴에서 탄생하게 되는 성경의 예언이 이루어졌습니다.

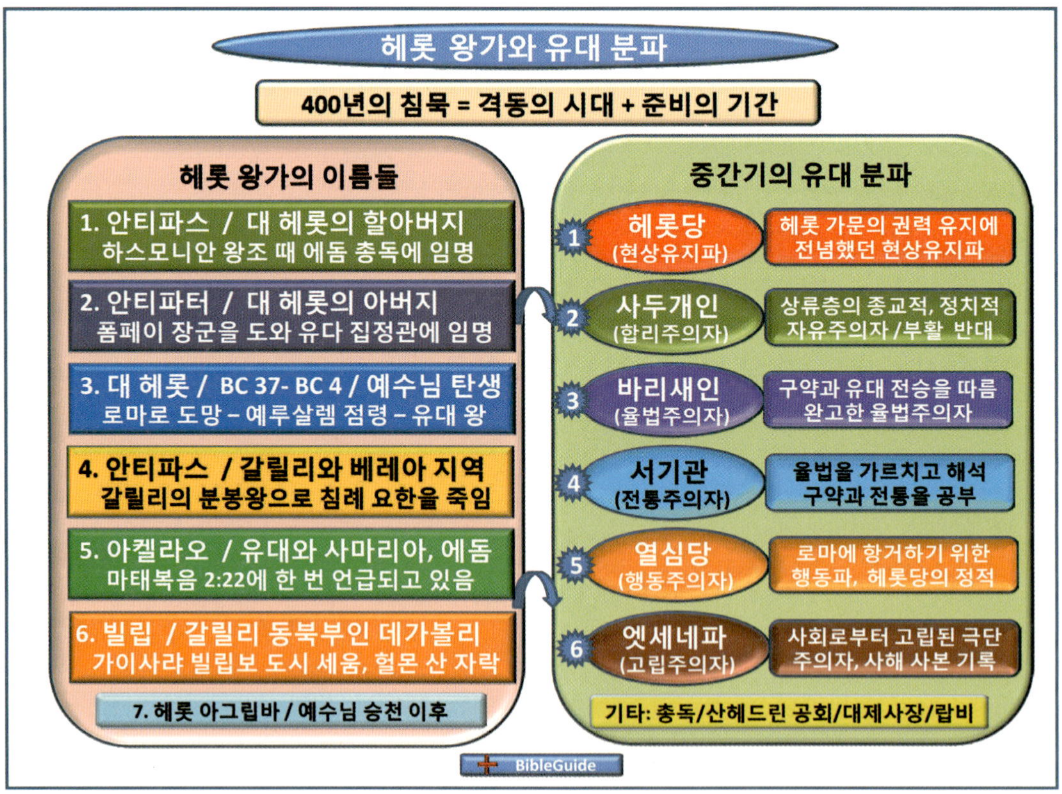

신구약 중간기 400년의 역사는, 요동치는 국제 정세뿐 아니라 내적으로는 헤롯 왕가의 탄생으로 훨씬 복잡해졌습니다. 하나님은 침묵하고 계셨지만 결코 그냥 계신 것이 아니라 메시아의 오심을 준비하고 계셨습니다. 예수님이 탄생하실 때 유대의 왕은 대 헤롯(Herod Great, B.C. 37~4년)입니다. 그의 할아버지 '안티파스'는 마카비 하스모니안 왕조 4세 때 에돔(이두매)의 왕이었으나 하스모니안 왕조에 의해 점령당하여 그 지역 총독으로 임명되었던 사람입니다(B.C. 78년에 사망). 그리고 대 헤롯의 아버지인 안티파스의 아들 안티파터는 하스모니안 왕조 힐카누스 2세 때(B.C. 63년) 로마의 폼페이 장군의 예루살렘 점령을 도와주어 유대의 '집정관'이라는 이름으로 실제적인 통치자가 되었습니다. 안티파터가 집정관이던 시절 그의 작은아들을 갈릴리 총독으로 임명하였는데, 그가 나중에 유대의 왕이 되는 대 헤롯인 것입니다.

> 헤롯 왕 때에 예수께서 유대 베들레헴에서 나시매 동방으로부터 박사들이 예루살렘에 이르러 말하되 유대인의 왕으로 나신 이가 어디 계시냐 우리가 동방에서 그의 별을 보고 그에게 경배하러 왔노라 하니 헤롯 왕과 온 예루살렘이 듣고 소동한지라 왕이 모든 대제사장과 백성의 서기관들을 모아 그리스도가 어디서 나겠느냐 물으니 이르되 유대 베들레헴이오니 이는 선지자로 이렇게 기록된 바 또 유대 땅 베들레헴아 너는 유대 고을 중에서 가장 작지 아니하도다 네게서 한 다스리는 자가 나와서 내 백성 이스라엘의 목자가 되리라 하였음이니이다(마 2:1-6)

대 헤롯은 로마로 도망가는 위기를 겪지만 나중에 유대의 왕으로 임명받고 로마 군대의 도움을 받아 예루살렘 입성에 성공하여 유대의 왕이 되었습니다. 그는 헤롯 성전을 비롯하여 많은 건축물을 지었으며(가이사랴, 마사다 헤롯 궁전, 헤롯 무덤 등), 예수님 탄생 때 유대인의 왕으로 난 어린아이를 찾기 위해 수많은 아이들을 학살했으며, 결국 예수님의 탄생과 더불어 죽었습니다(B.C. 4년).

헤롯의 사후 유대는 헤롯의 세 아들들에게 분배됩니다. 첫째로 '아켈라오'는 유대와 사마리아, 이두매(에돔) 지역을 통치하며, 한 나라의 2분의 1지역을 통치하는 높은 분봉왕(ethnarch)에 임명됩니다. 그는 마태복음 2장 22절에 한 번 언급되며, 이집트로 피난 갔던 예수님 가족이 유대로 가지 않고 갈릴리로 가게 된 이유를 설명하고 있습니다. 둘째로 '빌립'은 갈릴리 동북부 데가볼리 지역, 주로 이방인들이 사는 지역을 통치하게 되며, 아켈라오보다 낮은 분봉왕(tetrarch)에 임명됩니다. 그는 북쪽 헐몬 산 지역의 휴양 도시인 '가이사랴 빌립보'를 건설했고, 여기서 예수님께서 제자들에게 "사람들이 인자를 누구라 하느냐?"고 물으셨습니다(마 16:13-20). 아버지 헤롯이 동쪽 해변에 가이사랴라는 도시를 세웠는데, 그도 자기 이름을 붙여 '가이사랴 빌립보'를 세운 것입니다. 셋째로 '헤롯 안티파스'는 갈릴리와 요단 동편인 베레아 지역을 다스리게 됩니다. 예수님의 공생애 동안 나오는 왕은 대부분이 이 헤롯 안티파스입니다. 데가볼리 분봉왕이 아닌 다른 빌립의 아내와 결혼하여 세례 요한으로부터 책망을 들었고, 이로 인하여 세례 요한을 죽였으며, 예수님을 심문한 사람도 바로 이 헤롯 안티파스입니다. 그도 갈릴리에 디베랴라는 도시를 세웠습니다.

헤롯이 영광을 하나님께로 돌리지 아니하므로 주의 사자가 곧 치니 벌레에게 먹혀 죽으니라(행 12:23)

그다음으로 이어지는 헤롯 왕가는 '헤롯 아그립바'로 앞의 분봉왕들의 아들이 아니라 대 헤롯의 아내 미리암네 1세가 낳은 아리스도불의 아들입니다. 곧 대 헤롯의 손자입니다. 교회를 핍박하여 야고보를 죽였으며, 베드로를 옥에 가두었고, 결국 나중에 충이 먹어 죽은 왕이 바로 헤롯 아그립바 1세입니다(행 12장). 그리고 헤롯 가문의 마지막 분봉왕으로 갈릴리와 데가볼리, 그리고 베레아 지역을 A.D. 100년까지 다스린 헤롯 아그립바 2세가 있습니다. 그는 사도 바울이 가이사랴에서 개인 구원 간증을 할 때, "네가 적은 말로 나를 권하여 그리스도인이 되게 하려 하는도다……이 사람이 만일 가이사에게 상소하지 아니하였더라면 석방될 수 있을 뻔하였다"(행 26:28, 32)고 한 사람입니다.

헤롯당

1. '헤롯당'은 헤롯 가문의 권력에 도움을 받아서 살아가기 때문에 헤롯 가문의 권력 유지를 위해 애썼던 유대인들을 말합니다.

그들은 예수님을 정치적 반동주의자로 여기며 헤롯의 권력 아래서 현상유지를 힘썼던 '현상유지파'라고 할 수 있습니다.

사두개파

2. 사두개인들은 제사장적 귀족 집단으로 예루살렘에 거주하는 지주들이며 상류층들이었습니다.

사두개인들은 다윗 왕 때 제사장이었던 '사독'에게서 유래되었으며, 그들은 바리새인들과는 반대 입장에서 육체의 부활을 반대했으며, 천사와 영의 존재를 부인하며 전통적인 유대 신앙에 반한 입장에서 바리새인들과 대립하였습니다. 그들은 지혜를 추구하는 합리주의자였으나 바리새파와 달리 A.D. 70년 예루살렘 멸망과 함께 사라지고 말았습니다.

바리새파

3. 바리새인들은 '분리되다, 구별되다'라는 뜻으로 마카비 가문의 혁명에 참여한 거룩한 전사라는 뜻으로 추측되고 있습니다.

그들은 스스로 거룩하게 여기며 구약의 율법과 유대 전승을 엄격하게 구별하여 따랐습니다. 당시에 제사장들은 백성들의 인정을 받지 못했으며, 대신 바리새인들이 실제적으로 인정을 받았습니다. 바리새인들은 니고데모와 바울처럼 진지하게 율법을 연구했고, 지금까지도 정통 유대교라는 이름으로 이어지는 유대교의 핵심 세력입니다.

> 바리새인과 사두개인들이 와서 예수를 시험하여 하늘로부터 오는 표적 보이기를 청하니……예수께서 이르시되 삼가 바리새인과 사두개인들의 누룩을 주의하라 하시니(마 16:1, 6)

서기관

4. 서기관들은 율법을 해석하고 쉽게 풀어 주는 전문인들로 서기관, 율법 교사, 랍비라고도 불렸습니다.

백성들에게 존경과 신망을 받았지만 사소한 문제로 논쟁을 좋아하고 소모함으로 예수님께 책망을 받았던 그룹입니다.

열심당

5. 열심당은 셀롯당이라고도 하며, 종교 집단이 아니라 열성적 민족주의 집단이라고 할 수 있습니다.

마카비 혁명으로 생겨났으며, 맹렬한 반 로마주의자이면서 유대 종교지도자들이나 기득권 세력자들에 대해서도 적의를 품고 있었습니다. 그들은 언제나 칼을 품고 다녔다고 전해지고 있으며, 유대 역사가 요세푸스는 그들을 '강도들', '산적들'이라고 불렀습니다.

엣세네파

6. 엣세네파는 쿰란 공동체로 불리는 '엣센파'로 광야에 은둔하며 수도사적 성격을 가진 경건한 유대 공동체였습니다.

그들은 쿰란 지역에서 유대 사회의 부패한 종교적 현실을 회피하여 스스로 금욕적인 공동생활을 통해 경건을 추구하였으며, 1947년 쿰란 지역 한 동굴에서 사해 사본이 발견되어 세상의 주목을 받았습니다. 사해 사본을 통해 이전에 발견된 어떤 사본보다도 더 오래된 구약성경이 발견되어 성경의 신빙성을 더해 주었습니다.

길안내 총독과 산헤드린

당시 정복자들은 보통 왕을 세우고 조정하여 통치하였으나 세울 왕이 없을 때는 총독을 세워 다스렸습니다. 원래 유대 지역 분봉왕에는 대 헤롯의 아들 아켈라오를 임명했지만 폭동 때문에 아켈라오를 로마로 소환하여 프랑스 고올 지역으로 귀향을 보내고 말았습니다. 그래서 유대 예루살렘 지역만 총독을 세워 다스린 것입니다.

유대 총독에는 1대에 코포니우스, 2대에 마르쿠스 암비비우스, 3대에 아니우스 루푸스, 4대에 발레리우스 그라투스, 5대에 폰티우스 필라투스(=빌라도), 그리고 사도 바울 때 벨릭스와 베스도 총독으로 이어졌습니다.

산헤드린 공의회는 유대인의 최고 자치 의결기관으로 순수 유대인 공동체의 대표기관이었습니다. 산헤드린 공의회는 유대의 지도급 인사 71명으로 구성되었으며, 공식적인 주권은 로마와 분봉왕에게 있었지만 사법적 기능과 입법적 기능, 그리고 행정적 기능까지 담당하던 최고의 기관이었습니다. 성경 요한복음 18장 31절에 빌라도가 "너희가 그를 데려다가 너희 법대로 재판하라"고 한 것이 바로 산헤드린 공의회에서 재판하라는 말입니다.

제2과

한눈에 보는 신약성경

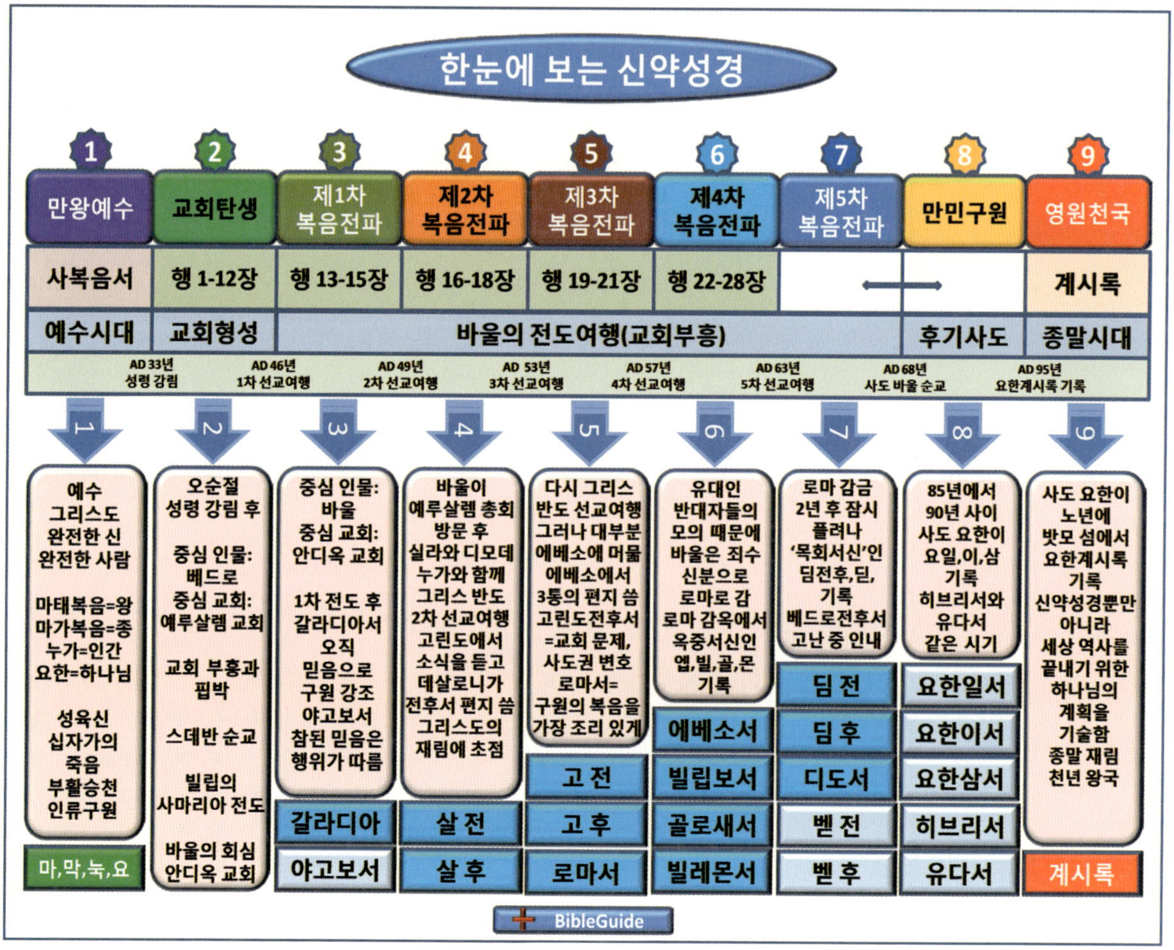

신약성경은 주후 397년 카르타고 공회에서 27권으로 최종 확정되었습니다. 구약에 비해서 신약성경은 권수도 작지만 역사나 분량도 작습니다. 복음서 4권에 역사서는 사도행전 1권이고, 예언서 역시 요한계시록 1권이고, 나머지 21권은 다 서신서입니다. 신약에서도 역사서인 사도행전을 중심으로 서신서들을 시간별로 연결하여 읽어야 이해하기 쉽습니다.

> 너희가 성경에서 영생을 얻는 줄 생각하고 성경을 연구하거니와 이 성경이 곧 내게 대하여 증언하는 것이니라(요 5:39)

사복음서는 예수님이 누구신지를 말씀해 주고 있습니다. 마태복음에서는 왕으로 오신 예수님, 마가복음에서는 종으로 오신 예수님, 누가복음에서는 사람으로 오신 예수님, 요한복음에서는 하나님으로 오신 예수님을 이야기해 줍니다. 그리고 교회에 대한 이야기입니다. 예수님의 승천 이후 성령이 강림하시고, 새로운 하나님의 나라인 교회가 탄생하게 됩니다. 구약에는 이스라엘이라고 하는 하나님 나라의 유형적 공동체가 있었지만, 이제 신약에 와서는 교회라고 하는 하나님 나라의 유형적 공동체가 탄생한 것입니다. 구약에서 아브라함을 은혜로 부르신 후 만들어진 성민 공동체가 어떻게 민족을 이루고, 법과 주권을 만들고, 영토를 확장해 가는지를 보여주고 있는 것처럼, 신약에서는 어떻게 교회 그리고 하나님의 백성들이 만들어지며, 어떤 지역으로 전파되어 어떻게 하나님 나라가 확장되어 가는지를 사도행전을 통해 생생하게 보여주고 있습니다.

> 태초에 말씀이 계시니라 이 말씀이 하나님과 함께 계셨으니 이 말씀은 곧 하나님이시니라 그가 태초에 하나님과 함께 계셨고 만물이 그로 말미암아 지은 바 되었으니 지은 것이 하나도 그가 없이는 된 것이 없느니라……말씀이 육신이 되어 우리 가운데 거하시매 우리가 그의 영광을 보니 아버지의 독생자의 영광이요 은혜와 진리가 충만하더라(요 1:1-3, 14)

그런데 사도행전은 두 부분으로 나눌 수 있습니다. 첫 번째는 사도행전 1-12장으로, 중심 인물은 베드로이고 중심 교회는 예루살렘 교회입니다. 두 번째는 사도행전 13-28장으로, 중심 인물은 바울이고 중심 교회는 안디옥 교회입니다.

서신서도 두 부분으로 나눠는데 사도 바울이 쓴 서신서들과 베드로와 요한, 야고보와 유다가 쓴 공동서신서들로 구분합니다. 공동서신서들은 관계된 역사서인 사도행전이 없기 때문에 별로 문제가 없지만 바울의 서신서들은 사도행전에 일어난 일과 연관이 있기 때문에 사도행전을 연결

> 오직 성령이 너희에게 임하시면 너희가 권능을 받고 예루살렘과 온 유대와 사마리아와 땅 끝까지 이르러 내 증인이 되리라 하시니라(행 1:8)

하여 이해하는 것이 중요합니다. 특별히 사도 바울을 통하여, 이제 하나님의 섭리가 이스라엘이라는 한계에서 '온 세계 열방'으로 옮겨지는 것을 눈여겨보아야 합니다.

길안내 신약성경

가이사랴의 감독이며 교회 역사가인 유세비우스(Eusebius, 264~340)는 기독교를 박해하는 로마 황제 디오클레시안 때 갇혔는데, 그 박해의 특별한 목적은 모든 기독교 서적을 없애는 것이었습니다. 그 10년 동안 성경은 로마의 앞잡이들에게 발각되어 공동시장에서 소각되었습니다.

그러나 하나님은 콘스탄틴 대제를 일으켜 기독교를 국교로 선포하게 하셨는데, 콘스탄틴 대제는 유세비우스를 자기의 수석 종교고문으로 삼았습니다. 콘스탄틴 황제가 즉위하여 처음으로 명령한 것 중 하나가 유세비우스에게 성경을 복사하라는 것이었습니다. 황제는 넉넉한 재정을 제공하였고, 명령을 받은 유세비우스는 어떤 책이 교회에서 일반적으로 널리 인정되고 있는지를 알아냈습니다. 그리고 전해지는 책들을 넷으로 분류하였습니다. 1) 보편적으로 인정된 책, 2) 논쟁을 일으키는 책, 3) 위조된 책, 4) 이단자의 문서 등이었습니다. 논쟁을 일으키는 책이나 위조된 책들을 외경과 위경이라고 부릅니다.

유세비우스는 사도가 쓴 사실이 입증되고, 교회 안에 널리 읽히며, 영감이 있으며, 도덕적으로 흠이 없는 책들을 모아서 편집했는데, 그때에 유세비우스가 편집 복사한 신약성경이 지금 우리가 쓰고 있는 신약 27권 그대로입니다. 397년에 카르타고에서 모인 카르타고 회의는 27권을 정식으로 공인하였고, 그 공인된 책을 정경(Canon: 측량하는 막대기, 믿음의 규정)이라 부르며, 천수백 년 동안 우리가 사용하고 있는 신약성경이 되었습니다.

만왕예수

1. 성경의 중심은 예수 그리스도입니다.

구약은 오실 예수님을 증거하고 있다면, 신약은 오신 예수님의 행적과 다시 오실 예수님을 증거하고 있습니다. 요한복음 5장 39절은 "너희가 성경에서 영생을 얻는 줄 생각하고 성경을 연구하거니와 이 성경이 곧 내게 대하여 증언하는 것이니라"고 했습니다. 그래서 성경에서는 '예

> 베드로가 이르되 너희가 회개하여 각각 예수 그리스도의 이름으로 세례(침례)를 받고 죄 사함을 받으라 그리하면 성령의 선물을 받으리니……그 말을 받은 사람들은 세례(침례)를 받으매 이날에 신도의 수가 삼천이나 더하더라(행 2:38, 41)

수 그리스도는 누구신가?'가 가장 중요합니다. 예수님은 완전한 하나님이시며(요 1:1), 완전한 사람이십니다(요 1:14). 그분만이 하나님께 나아가는 유일한 길이시며(요 14:6; 행 4:12), 그리스도만이 완전한 구원자(Savior)시요 주님(Lord)이십니다(마 1:21; 요 17:2).

이 예수님에 대한 복음서를 네 명의 저자에 의해 각기 나름대로 기록하고 있지만 각각 서로 완벽하게 조화를 이루며 예수님의 네 가지 다른 면을 강조하여 설명해 주고 있습니다. 서두에서 언급한 대로 마태복음은 왕으로 오신 예수님을, 마가복음은 종으로 오신 예수님을, 누가복음은 사람으로 오신 예수님을, 요한복음은 하나님으로 오신 예수님을 각각 이야기하고 있습니다.

이제 우리의 과제는 어떻게 사복음서를 한 권의 책처럼 통합적으로 볼 것인가 하는 것입니다. 각 복음서의 특징과 관점과 대상을 생각하면서도 하나님께서 각 복음서를 통하여 보여주시고자 하는 예수 그리스도에 대한 전체적인 그림을 보아야 하기 때문입니다.

복음서의 핵심은 무엇이라고 생각하십니까?

교회탄생

2. 드디어 약속하신 성령 강림을 통해 교회가 세워지게 됩니다.

사도행전에서는 복음을 통해 교회가 어떻게 세워지고 자라가는지를 보여주고 있습니다.

사복음서 이후 이제 사도행전은 크게 두 부분으로 나눌 수 있습니다. 첫째 부분은 사도행전 1-12장으로, 예수님이 승천하신 후 남아 있는 제자들을 중심으로 교회가 형성되는 과정이 베드로를 중심으로 펼쳐지고 있습니다. 중심 교회는 예루살렘 교회입니다. 둘째 부분은 사도행전 13-28장으로, 바울을 중심으로 복음이 세계로 뻗어가는 과정을 안디옥 교회를 중심으로 보여주고 있습니다.

> 사울은 그가 죽임 당함을 마땅히 여기더라 그날에 예루살렘에 있는 교회에 큰 박해가 있어 사도 외에는 다 유대와 사마리아 모든 땅으로 흩어지니라……그 흩어진 사람들이 두루 다니며 복음의 말씀을 전할새 빌립이 사마리아 성에 내려가 그리스도를 백성에게 전파하니(행 8:1, 4-5)

사도행전은 예수님의 십자가의 죽으심과 부활을 깊이 체험한 사람들이 영원한 생명을 가지고 복음을 가지고 세상을 향해 질주해 가는 모습을 생생하게 그리고 있습니다. 예수의 생명이 있는 사람에게는 사도행전이 신바람 나는 책이지만 그렇지 못하면 지루한 책입니다.

예수 그리스도의 십자가의 죽음과 부활을 몸으로 경험한 사람만이 신앙생활의 생기를 얻을 수 있습니다.

사도행전 전반부 1-12장의 내용은 이렇습니다. 오순절 성령 강림 이후 베드로와 요한의 설교로 한 번에 3천 명, 남자만 5천 명이 회개하고 돌아오는 일이 일어나 예루살렘 교회가 세워지고 부흥의 역사가 일어납니다. 그리고 스데반의 순교에 이어 예루살렘 교회에 큰 핍박이 일어나서 모든 교인들이 흩어지게 되는데(하나님의 뜻임), 오히려 흩어진 사람들이 복음을 전하게 되었습니다. 빌립이 사마리아를 전도하고 에디오피아 내시에게 복음을 전하며, 결국 이방인의 첫 교회인 안디옥 교회가 세워지게 됩니다. 사울이었던 바울이 다메섹에서 부활하신 주님을 만나 부르심을 받고, 안디옥 교회에서는 처음으로 예수 믿는 사람들이 '그리스도인'이라고 불리게 됩니다.

예루살렘 교회가 흩어진 것이 왜 하나님의 뜻이라고 할 수 있습니까?

복음전파

3. 예루살렘 교회는 핍박에 의해서 흩어지지만 오히려 흩어진 사람들에 의해 복음이 땅 끝까지 증거되는 기반이 마련됩니다.

이방에 첫 번째로 세워진 안디옥 교회를 통하여 바울과 바나바가 아시아와 유럽까지 복음을 증거하였습니다. 제1차 복음 전도는 사도행전 13-15장의 내용으로, 안디옥 교회로부터 선교사로 파송받은 바나바와 바울이 안디옥을 출발하는 것으로 시작합니다.

안디옥이라는 도시는 안티오쿠스의 아들 셀레우코스 1세가 아버지를 기념하여 세운 도시로, 16개나 있었지만 다 똑같이 안디옥이라는 이름입니다. 그중에 하나로 바로 수리아에 있는 안디옥에 교회가 세워진 것입니다. 안디옥 중에 가장 아름다운 도시요 가장 큰 도시 중에 하나였습니다.

> 안디옥 교회에 선지자들과 교사들이 있으니 곧 바나바와 니게르라 하는 시므온과 구레네 사람 루기오와 분봉 왕 헤롯의 젖동생 마나엔과 및 사울이라 주를 섬겨 금식할 때에 성령이 이르시되 내가 불러 시키는 일을 위하여 바나바와 사울을 따로 세우라 하시니 이에 금식하며 기도하고 두 사람에게 안수하여 보내니라 두 사람이 성령의 보내심을 받아 실루기아에 내려가 거기서 배 타고 구브로에 가서 살라미에 이르러 하나님의 말씀을 유대인의 여러 회당에서 전할새 요한을 수행원으로 두었더라(행 13:1-5)

선교의 여정은 구브로 섬을 거쳐 비시디아 안디옥(행 13:14), 이고니온(행 14:1, 오늘날의 콘야), 루스드라(행 14:8), 그리고 더베(행 14:20)로 이어집니다. 그리고 돌아오면서 다시 교회들을 방문하여 굳게 합니다. 다만 구브로 섬은 다시 들르지 않고 안디옥으로 돌아와 교회 앞에 선교 보고를 합니다(나중에 지도 참조).

15장에서는 예루살렘 교회에서 열린 종교회의가 나옵니다. 복음과 함께 율법을 지켜오던 유대 그리스도인들에게 복음으로만 구원 얻음을 정리한 중요한 사건입니다. 이때 1차 선교 여행 후 기록된 서신이 갈라디아서입니다. 갈라디아서는 새로 믿게 된 신자들을 관리하고 믿음을 굳게 하려는 목적을 가지고 쓰여졌기 때문에, 오직 믿음으로 구원받음을 강조하고 있습니다.

공동서신으로 이때 쓰여진 책이 야고보서라고 봅니다. 야고보서는 예수님의 친동생이자 초대교회 지도자였던 야고보가 기록한 서신으로, 참된 믿음은 행위가 따름을 강조했습니다. 처음에는 형인 예수를 인간적으로 믿지 않았지만 그러나 부활 후 형을 하나님으로 믿고 순교하기까지 충성합니다. 그는 바울의 이신칭의를 전제로 행함을 강조하고 있습니다.

제2차 복음 전도는 사도행전 16-18장의 내용입니다. 바울은 남쪽 지역인 갈라디아를 거쳐 소아시아의 에베소로 가고 싶었지만 하나님은 환상을 통해서 마게도냐의 빌립보를 거쳐 데살로니가와 고린도로 인도하셨습니다. 2차 복음 전도에서는 디모데와 실라와 누가를 동반합니다. 그런데 바울은 소동 때문에 데살로니가에 실라와 디모데를 남겨 두고 떠납니다. 나중에 6개월이 지난 후 실라와 디모데는 고린도에 있는 바울에게로 내려와 만났습니다. 그때 궁금했던 소식을 그들에게 전해 듣고 펜을 들어 쓴 편지가 데살로니가전서와 후서입니다. 당시 데살로니가는 인구 약 50만 명이나 되는 큰 도시로 항구도시였습니다. 전서는 데살로니가 교인들의 믿음을 견고하게 하고 예수님 재림 신앙을 확고하게 하려고 쓰여졌습니다. 그리고 후서는 광신적인 종말 도래설로 인한 혼란을 바로 잡아야 할 필요성을 느껴 건전한 재림 신앙을 교훈하기

> 그들이 날짜를 정하고 그가 유숙하는 집에 많이 오니 바울이 아침부터 저녁까지 강론하여 하나님의 나라를 증언하고 모세의 율법과 선지자의 말을 가지고 예수에 대하여 권하더라……바울이 온 이태를 자기 셋집에 머물면서 자기에게 오는 사람을 다 영접하고 하나님의 나라를 전파하며 주 예수 그리스도에 관한 모든 것을 담대하게 거침없이 가르치더라(행 28:23, 30-31)

> 또 이르시되 너희는 온 천하에 다니며 만민에게 복음을 전파하라(막 16:15)

위해 쓰여졌습니다.

제3차 복음 전도는 사도행전 19-21장 내용으로, 에베소를 중심으로 한 전도여행이었습니다. 에베소를 중심으로 한 이유는, 에베소는 2차 선교여행 때 끝에 잠시 들른 곳으로 바울의 마음에 있던 곳이었고(당시에는 유럽 빌립보로 먼저 감), 당시 소아시아의 로마령의 수도였기 때문입니다. 고린도가 유럽 선교의 전략적 요충지라면 에베소는 소아시아 선교의 전초기지가 될 조건을 두루 갖추고 있었습니다.

당시 에베소에서 사역하고 있던 브리스길라와 아굴라를 만나 회당과 두란노 서원에서 함께 전도하고 가르치기도 했습니다. 그리고 여기 에베소에서 2차 선교여행 때 세우고 사역했던 고린도 교회 소식을 듣습니다. 바울이 직접 1년 6개월 동안을 개척하고 목회했던 고린도 교회 내에 분쟁의 문제가 생겼다는 소식이었습니다. 바울파, 게바파, 아볼로파, 심지어 그리스도파까지 생겨난 것입니다. 그래서 고린도 교회에서는 실제로 에베소에 있는 바울에게 대표단을 파송하게 되는데 여기에 대해 쓴 편지가 고린도전서입니다.

그런데 이 편지를 받고도 문제가 해결되기는커녕 더 악화되었습니다. 유대에서 온 어떤 사도라고 하는 사람들이 바울은 가짜 사도라고 말하며 교회를 흔들어 놓은 것입니다. 그래서 사도 바울이 에베소 목회를 하다 말고 고린도를 방문하였는데, 그를 보고 어떤 사람들은 면전에서 모욕하고 대부분의 성도들도 침묵함으로 동조했습니다. 그런 어려운 일을 당하고 다시 에베소로 돌아와서 또 하나의 편지를 씁니다. 흔히 '눈물로 쓴 편지'라고 불리는 서신인데, 이 편지는 오늘날 전해지지 않고 있습니다.

이때 사도 바울은 영적 아버지로서 고린도 교인들을 심하게 경책하는 편지를 써서 디도에게 보냅니다. 그리고 답장을 기다리던 중에 에베소에 폭동이 일어나서 그것을 피해 마게도냐로 갔다가, 그곳에서 편지를 가지고 갔던 디도를 만나서 이번에는 바울의 편지를 받고 고린도 교회가 회개하고 돌아왔다는 기쁜 소식을 듣습니다. 눈물로 쓴 책망의 편지를 읽고 하나님이 역사하셔서 고린도 교회가 회개하고 바울을 인정하고 거짓 사도들을 물리친 것입니다. 이때 얼마나 기뻤을까요? 그 기쁨 속에서 쓴 편지가 고린도후서입니다.

그 후 고린도로 돌아가 석 달 동안 머물면서 바로 그곳에서 '로마서'를 썼습니다. 그동안의 사역을 정리하면서 새로운 계획을 세우고 있는 것으로 보입니다. 마틴 루터도 성경 중에 성경이라고 일컬어지는 로마서를 통해 종교개혁을 일으켰고, 어거스틴도 로마서를 읽고 회개했습니다. 복음을 가장 논리적이고 체계적으로 설명해 주고 있는 책이 로마서입니다.

제4차 복음 전도는 사도행전 22-28장의 내용으로, 유대인들이 예루살렘 도착한 바울이 이방인을 데리고 성전에 들어갔다는 모함을 하며 그를 죽이려고 하자, 로마 시민권을 가지고 있던 그가 로마 황제 가이사에게 호소합니다. 그래서 로마 총독 관저가 있는 가이사랴로 호송되어 2년 동안 머물게 됩니다. 이때 총독은 벨릭스에서 베스도로 바뀝니다. 그리고 결국 로마로 가게 되는데 제1차 구금상태에서 사도행전 28장이 끝나고, 이때 옥중서신이라고 불리는 에베소서, 빌립보서, 골로새서, 빌레몬서를 썼습니다. 이 중에 3개는 교회들에게 쓴 편지이고, 빌레몬서는 개인적으로 쓴 편지입니다. 노예였던 오네시모를 만났는데 공교롭게도 그는 골로새 교회 지도자였던 빌레몬의 종이었습니다. 그래서 빌레몬에게 오네시모를 용서하고 자기와 함께 있는 것을 허락해 달라고 개인적으로 쓴 편지가 빌레몬서입니다.

바울은 약 2년 만에 1차 구금에서 잠시 풀려납니다. 그래서 4~5년 동안 자유의 몸으로 로마를 중심으로 다시 전도사역을 하는데 이것이 제5차 복음 전도입니다. 기록에는 나와 있지 않지만 어쩌면 그렇게 소원하던 당시 땅 끝으로 알려진 스페인까지 가서 복음을 전했다고 보는 학자들도 있습니다. 이 복음 전도에 디모데와 디도가 함께 사역했는데, 가다가 에베소에 디모데를 두고, 그레데 섬에 디도를 남겨 두었습니다. 그리고 그들에게 쓴 편지가 디모데전서와 디도서입니다. 디모데후서는 나중에 2차로 구금되어 감옥에 있을 때 쓴 것입니다. 그래서 이 서신서들을 '목회서신'이라고 부릅니다.

디모데후서에는 2차 감옥생활이 자세하게 기록되어 있습니다. 겨울이 오기 전에 면회를 와달라고 부탁도 하고, 겨울옷도 가져오라고 하고, 책도 가져오라고 부탁합니다. 디모데를 간절히 보고 싶어 하는 간절함이 나타나 있습니다. 이때쯤 공동서신 중에는 베드로전후서가 쓰였습니다. 사도 베드로는 주후 65년부터 닥친 본격적인 박해로 인해 고난 속에서도 인내하라는 말씀을 전하고 있습니다.

바울 사도의 각 전도 여행에 대한 사도행전의 범위를 써 보시기 바랍니다.

예수 그리스도의 종이요 야고보의 형제인 유다는 부르심을 받은 자 곧 하나님 아버지 안에서 사랑을 얻고 예수 그리스도를 위하여 지키심을 받은 자들에게 편지하노라 긍휼과 평강과 사랑이 너희에게 더욱 많을지어다(유 1:1-2)

만민구원

4. 복음은 예루살렘을 넘어 땅 끝과 만민에게 향하고 있습니다.

바울 사도의 복음 전도로 신약성경이 끝난 것이 아니라 남은 사도들을 통해 계속되고 있습니다. 이것을 우리는 '후기사도시대'라고 부르기도 합니다. 여기에 중요 인물은 사도 요한입니다. 공동서신서 중에 후기사도시대에 속한 서신서들은 요한 1, 2, 3서와 유다서, 히브리서, 그리고 역사의 종말을 예언하고 있는 요한계시록입니다.

요한은 에베소에서 목회를 한 것으로 알려지고 있습니다. 주후 90~96년경으로 추측합니다. 그는 특히 사랑의 사도로 불릴 정도로 사랑을 강조하고 있습니다. 또 당시 이단이었던 이원론 사상인 영지주의를 주의하라고 말씀하고 있습니다. 그들은 예수님의 성육신을 부인하고 특별히 인성을 부인했습니다.

유다서는 예수님의 친동생 유다가 쓴 것입니다. 이단을 경계하는 내용입니다. 이 책에서는 이단의 형태가 더 발전되어 있는 것을 보게 됩니다. 예수님의 동생 야고보보다 아래 동생이었으니까 오래 산 것 같습니다. 히브리서의 저자는 미상인데 사도 바울로 보는 학자들도 있습니다. 구약과의 관계 속에서 예수님을 대제사장으로 쉽게 이해할 수 있도록 설명해 주고 있고, 이런 의미에서 유대 그리스도인들에게 보낸 편지라고 볼 수 있습니다. 이들 사도들과 세워진 교회 일꾼들에 의해 교회는 훨씬 견고해지고, 여러 가지 환난과 핍박에도 불구하고 세상을 향해 힘차게 나아가는 것을 볼 수 있습니다.

공동서신서의 목록을 써 보십시오.

영원천국

5. 신약성경 중에 유일한 예언서인 요한계시록은 예수님의 재림과 종말에 일어날 일들이 기록되어 있습니다.

사도 요한이 밧모 섬에서 유배 생활을 할 때 미래에 대한 일들을 환상 중에 받고 기록한 것이 요한계시록입니다. 이때는 주후 90~95년경으로 로마가 기독교를 공공연히 박해할 때였습니다. 일반적으로 로마 화재로 인한 네로의 박

> 예수 그리스도의 계시라 이는 하나님이 그에게 주사 반드시 속히 일어날 일들을 그 종들에게 보이시려고 그의 천사를 그 종 요한에게 보내어 알게 하신 것이라 요한은 하나님의 말씀과 예수 그리스도의 증거 곧 자기가 본 것을 다 증언하였느니라(계 1:1-2)

해 때보다 후기인 도미티아누스의 박해 때로 알려지고 있습니다. 핍박 가운데 있는 교회를 향하여 결국 그리스도가 승리하신다는 예언을 통해 교회를 격려하고 위로하기 위해 쓰여졌습니다. 신약성경뿐 아니라 세상 종말을 끝내시고 새 하늘과 새 땅, 하나님의 나라를 이루시는 하나님의 계획을 기술하고 있습니다.

에덴(기쁨=파라다이스)으로 시작했던 하나님 나라는 인간의 타락과 죄로 인해 사망과 사탄의 종이 됨으로 잃어버렸는데, 이제 요한계시록을 통해 새 하늘과 새 땅을 예비하시고 이루시는 하나님의 나라로 끝을 맺게 됩니다. 거기에는 에덴 동산 중앙에 선악과와 함께 있었던 생명나무도 보입니다. 하나님이 통치하시는 영원한 하나님의 나라가 도래할 것입니다.

또 그가 수정같이 맑은 생명수의 강을 내게 보이니 하나님과 및 어린 양의 보좌로부터 나와서 길 가운데로 흐르더라 강 좌우에 생명나무가 있어 열두 가지 열매를 맺되 달마다 그 열매를 맺고 그 나무 잎사귀들은 만국을 치료하기 위하여 있더라 다시 저주가 없으며 하나님과 그 어린 양의 보좌가 그 가운데에 있으리니 그의 종들이 그를 섬기며 그의 얼굴을 볼 터이요 그의 이름도 그들의 이마에 있으리라 다시 밤이 없겠고 등불과 햇빛이 쓸 데 없으니 이는 주 하나님이 그들에게 비치심이라 그들이 세세토록 왕 노릇 하리로다(계 22:1-5)

영원한 천국은 어떤 곳이라고 생각하십니까?

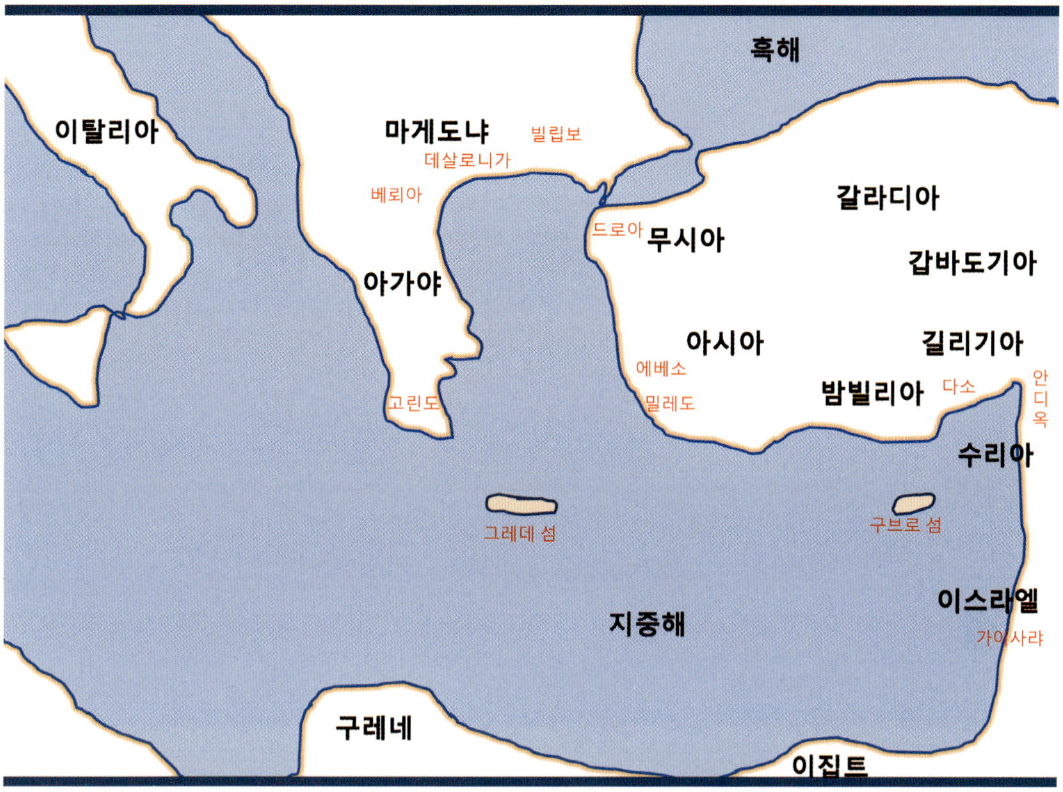

6. 위의 지도 속에서 신약성경의 이름이 있는 지역을 찾아서 써 보시기 바랍니다.

제 3 과

한눈에 보는 만왕예수 I

한눈에 보는 사복음서 대조표

	마태복음	마가복음	누가복음	요한복음
관점	유대인의 왕(메시아)	거룩한 종	사람의 아들(인자)	하나님의 아들
대상	유대인	로마인	헬라인	모든 사람들
주제 및 특징	그리스도께서 자기 나라를 유대인들에게 주심 구약 예언의 성취 강조	그리스도께서 하나님 아버지를 순종으로 섬김 가장 짧은 복음서	그리스도께서 인간의 필요에 대한 반응 완벽한 정보와 세밀함	그리스도의 하나님 되심 영생을 얻음에 대한 믿음 (믿음과 관련된 어휘 99번)
중점 및 성격	예언적 / 설교	실제적 / 이적	역사적 / 비유	영적 / 교리
핵심단어요절	"이루어졌다" (5:17)	"섬김"(10:45)	"인자"(19:9-10)	"믿으라"(20:31)
예언적 측면	왕(슥 9:9)	종(사 42:1)	인간(슥 6:12)	하나님(사 40:9)
그리스도 사역	그리스도께서 통치하시기 위해 주권을 갖고 오심	그리스도께서 섬기고 고난받기 위해 낮은 모습으로 오심	그리스도께서 인간의 처지를 공감하고 나누기 위해 인간으로 오심	그리스도께서 계시하고 구속하기 위해 신성을 가지고 오심
전체 요약	1. 왕의 소개(1-4장) 족보와 탄생 2. 왕의 선포(5-7장) 산상수훈 3. 왕의 권세(8-10장) 이적과 비유 4. 왕에 대적(11-15장) 거부와 배척 5. 왕의 준비(16-20장) 제자들을 세움 6. 왕의 승리(21-28장) 고난과 부활	1. 종의 봉사(1-10장) -갈릴리 사역 2. 종의 희생(11-15장) -승리의 입성 -핍박과 교훈 -예수의 수난 3. 종의 승리(16장) -예수의 부활 -예수의 승천	1. 인자에 대한 소개(1-4장) 탄생과 시험 2. 인자의 갈릴리 사역(5-9장) 이적과 제자들 3. 인자의 교훈(10-18장) 비유와 가르침 4. 인자의 수난과 부활(19-24장) 고난과 승리 -예수의 마지막 한 주간 -예수 부활의 증거	1. 하나님 아들의 출현(1-4장) 말씀과 이적 2. 하나님 아들의 배척(5-12장) 기적과 배척 3. 하나님 아들의 교훈(13-17장) 훈련과 고별 설교 4. 하나님 아들의 고난과 영광(18-21장) 수난, 죽음, 부활 -7가지 "나는...이다" 말씀 -요한복음의 7가지 이적

BibleGuide

-《성경 파노라마》 참조-

신약성경에는 사복음서인 마태, 마가, 누가, 그리고 요한복음이 있습니다. 그리고 이 복음서의 주인공은 당연히 예수님이십니다. 그래서 사복음서에는 예수 그리스도의 탄생과 성장, 그리고 공생애를 거처 고난과 죽음과 부활과 승천을 기록하고 있습니다.

> 옛적에 선지자들을 통하여 여러 부분과 여러 모양으로 우리 조상들에게 말씀하신 하나님이 이 모든 날 마지막에는 아들을 통하여 우리에게 말씀하셨으니(히 1:1-2)

예수님은 주전 4, 5년경에 유대 땅 베들레헴에서 탄생하셨는데, 이것은 주후 525년에 로마의 수도원장이었던 디오니시우스 엑시구우스(Dionysius Exiguus)가 예수님의 탄생을 기준으로 하는 서력을 만들 때, 예수님의 탄생 연대를 잘못 계산해서 4, 5년 정도의 착오가 발생했기 때문에 생긴 현상입니다. 그래서 오늘날 우리는 예수님이 '주전'(before Christ) 4, 5년경에 탄생하셨다는 이상한 연대를 말하게 된 것입니다. 그러나 중요한 것은 연대가 아니라 하나님의 아들이신 예수님께서 구체적인 역사 속에 오셨다는 것입니다. 그리고 사복음서에 그분에 대한 모든 것이 기록되어 있습니다.

그런데 우리가 복음서를 읽다 보면, 네 복음서 상호간에 유사성(similarities)과 차이점(differences)이 있음을 발견하게 됩니다. 우선 복음서에 서로 다른 내용이나 강조점이 다른 것은 복음서 저자들이 서로 다른 관점에서 복음서들을 기록하였기 때문입니다. 마태는 유대인들을 위하여 보다 확실한 증거들을 사용하면서 유대인이었던 자신의 시각으로 예수님의 기사들을 전개하고 있습니다. 그러나 마가는 이방인들을 위하여 예수님의 기적과 사역들을 사용하면서 예수님께서 하나님의 아들 되심과 메시아 되심을 강조하고 있습니다. 그런가하면 신약성경 가운데 유일한 이방인 저자인 누가는 가난한 자에게 안식과 낙심한 자에게 희망을 안겨 주시는 세상의 구원자로서의 예수님의 특별한 사역을 중점적으로 기록하고 있습니다. 또 요한은 헬라어로 말씀(logos)이 육신이 된 사실을 특히 강조하면서 육신이 되신 예수님께서는 길이요, 진리요, 생명이시며, 세상의 빛이시며, 하나님의 독생자이심을 강조하였습니다.

그럼에도 각 복음서들은, 믿음 안에 거하는 사람들의 마음과 삶에 절대적인 영향을 주는 분이 누구신가에 대한 해답을 제시합니다. 복음서 저자들은 구약성경에서 약속된 메시아의 모습을 그의 죽으심과 부활하심을 통하여 바라보았던 것입니다. 이런 점에서 복음서들은 예외 없이 예수님의 인격이 드러난 말씀과 탄생, 고난, 죽음, 그리고 부활에 대한 주의를 기울였다고 할 수 있습니다.

이제 복음서를 읽은 우리는 어떻게 사복음서를 한 권의 책처럼 통합적으로 볼 것인가를 생각해 보아야 합니다. 각 복음서의 특징과 관점과 대상을 생각하면서도 하나님께서 각 복음서를 통하여 보여주시고자 하는 예수 그리스도에 대한 전체적인 그림을 보아야 하기 때문입니다.

> 예수께서 행하신 일이 이외에도 많으니 만일 낱낱이 기록된다면 이 세상이라도 이 기록된 책을 두기에 부족할 줄 아노라(요 21:25)

길안내 공관복음과 요한복음

사복음서 중에 마태, 마가, 그리고 누가복음을 공관복음이라고 부르는데, 이 3권의 복음서가 유사점이 많을 뿐 아니라 거의 같은 관점에서 '사실적'으로 기록되어 있다고 해서 '공통적인 관점에서 쓰인 복음서'라는 뜻으로 공관복음이라고 부르는 것입니다. 그리고 공관복음과 비교할 때 요한복음은 그 내용에 있어서 차이가 많이 나고, 특별히 공관복음과는 달리 '해설적'으로 기술하고 있기에 제사복음서라고도 부르고 있습니다.

마태복음

1. 마태복음은 왕으로 오신 예수님을 소개하고 있습니다.

마태복음은 레위라고도 불리는, 세리였던 마태가 예수님의 제자로 부름 받고 주후 60~65년경에 기록하였습니다. 특별히 예수님은 인간을 구원하시기 위해 이 세상에 오신 메시아가 되시는 왕이심을 강조하고 있습니다.

서두에 나오는 계보는 예수님을 다윗 왕의 왕손으로 증명하며(마 1:1-17), 동방박사들은 유대인의 왕을 찾았고(마 2:2), 예수님은 예루살렘에 왕으로 입성하셨고(마 21:1-11), 빌라도 앞에서 왕이심을 시인하셨고(마 27:11), 십자가 위에 왕의 명패가 붙어 있었으며(마 27:37), 부활 후에 갈릴리의 명하신 산 위에서 제자들에게 왕의 명령을 내리셨고(마 28:18-20), 그는 재림할 때 영광의 보좌에 앉으실 왕이심(마 25:31)을 말씀하고 있습니다.

> 예수께서 총독 앞에 섰으매 총독이 물어 이르되 네가 유대인의 왕이냐 예수께서 대답하시되 네 말이 옳도다 하시고…… 그 머리 위에 이는 유대인의 왕 예수라 쓴 죄패를 붙였더라(마 27:11, 37)

유대인들을 대상으로 썼기에 구약의 예언의 성취를 강조하여 구약성경을 53회나 인용하였으며, 예수님이 구약에 예언된 메시아와 구세주 되심을 명확하게 증거하고 있습니다. "아브라함과 다윗의 자손 예수 그리스도의 계보라"(마 1:1)는 말씀을 통하여 메시아의 약속이 다윗의 자손 예수 그리스도를 통하여 이루어졌음을 설명하기 때문에 메시아적 언어인 '다윗의 자손'이라는 말이 여러 번 등장합니다.

> 내가 율법이나 선지자를 폐하러 온 줄로 생각하지 말라 폐하러 온 것이 아니요 완전하게 하려 함이라(마 5:17)

마태복음의 중심 요절은 "내가 율법이나 선지자를 폐하러 온 줄로 생각하지 말라 폐하러 온 것이 아니요 완전하게 하려 함이라"(마 5:17)입니다.

마태복음 구조는 다음과 같이 크게 6가지로 나눌 수 있는데, 그 구조를 써 보시기 바랍니다.

1-4장	5-7장	8-10장	11-15장	16-20장	21-28장
왕의 소개	왕의 선포	왕의 권세	왕에 대적	왕의 준비	왕의 승리
(족보와 탄생)	(산상수훈)	(이적과 비유)	(거부와 배척)	(제자들 준비)	(고난과 부활)

마가복음 2. 마가복음은 종으로 오신 예수님을 소개하고 있습니다.

마가복음은 바나바의 조카(누이의 아들)이며, 베드로의 믿음의 아들이라고 할 수 있는 마가에 의해 기록되었습니다. 그는 요한으로 불리기도 했는데(행 13:5, 13), 바나바와 바울과 함께 제1차 전도여행을 갔다가 중도에 포기했던 마가입니다. 베드로에게 들은 이야기를 썼다고 해서 '베드로 복음'이라고 말하는 사람도 있습니다. 그러나 일찍부터 예수님이 그 집을 사용하신 것으로 보아 예수님을 개인적으로

> 너희 중에는 그렇지 않을지니 너희 중에 누구든지 크고자 하는 자는 너희를 섬기는 자가 되고 너희 중에 누구든지 으뜸이 되고자 하는 자는 모든 사람의 종이 되어야 하리라 인자가 온 것은 섬김을 받으려 함이 아니라 도리어 섬기려 하고 자기 목숨을 많은 사람의 대속물로 주려 함이니라(막 10:43-45)

알고 있었을 것으로 추정되고, 베드로의 헬라어 통역자였다고도 전해지고 있습니다.

기록 연대는 학자에 따라 약간씩 다르지만 주후 55~65년으로 사복음서 중 가장 먼저 기록된 것으로 추정하고 있습니다. 마가복음은 로마 그리스도인을 대상으로 고난 받는 종의 모습으로 오신 하나님의 아들 예수님을 부각시키기 위해 힘 있고 선명한 문체로 다른 복음서보다 더 많은 기적을 기록하고 있습니다.

마가복음에는 예수님께서 하신 비유는 5개만 나오고 그가 행하신 기적들은 18개나 기록되어 있습니다. 병을 고치시는 기적으로 1) 베드로의 장모의 열병(막 1:29-31), 2) 문둥병자(막 1:40-45), 3) 중풍병자(막 2:1-12), 4) 손 마른 사람(막 3:1-6), 5) 혈루병 걸린 여인(막 5:25-34), 6) 야이로의 딸(막 5:21-43), 7) 게네사렛의 치유(막 6:53-56), 8) 귀먹고 어눌한 사람(막 7:31-37), 9) 벳새다 소경(막 8:22-26), 10) 소경 바디매오(막 10:46-52), 그리고 귀신을 내어쫓으시는 기적으로 11) 회당에서 귀신을 쫓으심(막 1:21-28), 12) 군대 귀신을 쫓으심(막 5:1-20), 13) 수로보니게 여인의 귀신 들린 딸을 고치심(막 7:24-30), 14) 귀신 들린 소년을 고치심(막 9:14-29), 또 자연적인 기적으로 15) 바람과 파도를 잠잠하게 하심(막 4:35-41), 16) 5천 명을 먹이심(막 6:32-44), 17) 바다 위를 걸으심(막 6:47-52), 18) 무화과나무가 시듦(막 11:20-21) 등이 있습니다.

> 여자가 이르되 주여 물 길을 그릇도 없고 이 우물은 깊은데 어디서 당신이 그 생수를 얻겠사옵나이까 우리 조상 야곱이 이 우물을 우리에게 주셨고 또 여기서 자기와 자기 아들들과 짐승이 다 마셨는데 당신이 야곱보다 더 크니이까 예수께서 대답하여 이르시되 이 물을 마시는 자마다 다시 목마르려니와 내가 주는 물을 마시는 자는 영원히 목마르지 아니하리니 내가 주는 물은 그 속에서 영생하도록 솟아나는 샘물이 되리라(요 4:11-14)

이렇게 마가복음은 설교는 간략하게 기록하고 있는 반면 이적에 대한 이야기는 풍부합니다. 마가복음의 중심 요절은 "인자가 온 것은 섬김을 받으려 함이 아니라 도리어 섬기려 하고 자기 목숨을 많은 사람의 대속물로 주려 함이니라"(막 10:45)이라고 할 수 있습니다.

마가복음의 구조는 다음과 같이 크게 세 부분으로 나눌 수 있는데, 그 구조를 써 보시기 바랍니다.

1-10장
종의 봉사
(복음과 이적들)

→

11-15장
종의 희생
(승리의 입성과 수난)

→

16장
종의 승리
(예수의 부활과 승리)

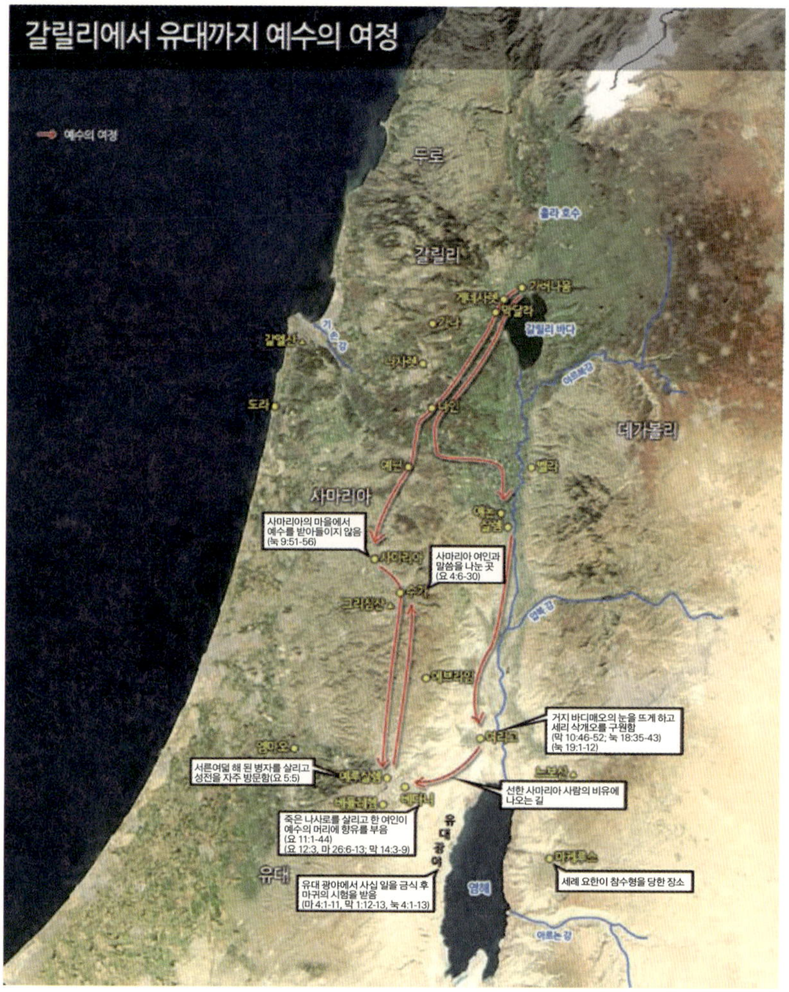

-Pillar Church에서 인용-

3. 위의 지도를 보고 갈릴리와 예루살렘 사이에서 사마리아 여인을 만나 말씀을 나누었던 지역 이름과 내용을 써 보시기 바랍니다.

누가복음

4. 누가복음은 사람으로 오신 예수님을 소개하고 있습니다.

누가복음은 유일한 이방인 성경 기록자로서 사도행전을 쓴 의사 누가가 기록했습니다. 누가는 이방인으로서 사도들에게 예수님에 대하여 자세히 듣고 자세하게 연구하여 기록하였습니다(눅 1:3). 기록 연대는 주후 58~63년경으로, 대상은 데오빌로라는 사람이지만 이방인들에게 믿음을 갖게 하기 위하여 예수님에 대하여 조직적으로 기술하였고, 이방인에게 구원의 섭리가 열려 있음을 강조하였습니다.

> 예수께서 이르시되 오늘 구원이 이 집에 이르렀으니 이 사람도 아브라함의 자손임이로다 인자가 온 것은 잃어버린 자를 찾아 구원하려 함이니라(눅 19:9-10)

특별히 예수님이 하나님이신 동시에 사람이 되심을 생생하게 증거하고 있습니다. 그래서 예수님의 탄생과 유년 시절, 성장 과정 등에 대해 가장 자세히 기록하고 있습니다. 예수님을 하나님과 사람 앞에서 말과 일에 능한 선지자(눅 24:19), 잃어버린 양을 찾아 구원하러 온 사람의 아들(눅 19:10), 하나님이며 또한 인간(눅 1:35), 그로 말미암아 모든 육체가 하나님의 구원을 보고(눅 3:6), 모든 족속에게 그의 이름으로 죄 사함의 회개가 전파될 사람의 아들(눅 24:47)로 '인자'라는 말을 무려 25회 사용하고 있습니다. 예수님은 철저히 사람의 아들(인자)로 태어나 사람의 죄를 짊어지신 하나님의 아들이시라는 것입니다.

누가복음의 중심 요절은 "예수께서 이르시되 오늘 구원이 이 집에 이르렀으니 이 사람도 아브라함의 자손임이로다 인자가 온 것은 잃어버린 자를 찾아 구원하려 함이니라"(눅 19:9-10)입니다.

누가복음의 구조는 다음과 같이 크게 네 부분으로 나눌 수 있는데, 그 구조를 써 보시기 바랍니다.

1–4장	5–9장	10–18장	19–24장
인자의 소개	인자의 사역	인자의 교훈	인자의 수난
(탄생과 시험)	(이적과 제자들)	(비유와 가르침)	(고난과 부활)

요한복음

5. 요한복음은 하나님으로 오신 예수님을 소개하고 있습니다.

요한은 어부 출신임에도 불구하고 깊은 통찰력과 심오한 해석으로 예수님의 생애와 말씀을 기록하였습니다. 그는 예수님과는 사촌 간이었고(마 27:56; 막 15:40; 요 19:25- 그의 어머니 살로메는 마리아와 자매였음), 야고보와 형제로 예수님이 부르실 때는 약 25세였습니다. 후에 예루살렘 교회의 지도자가 되었으며, 복음서 외에도 요한 1, 2, 3서와 요한계시록을 썼습니다.

태초에 말씀이 계시니라 이 말씀이 하나님과 함께 계셨으니 이 말씀은 곧 하나님이시니라 그가 태초에 하나님과 함께 계셨고 만물이 그로 말미암아 지은 바 되었으니 지은 것이 하나도 그가 없이는 된 것이 없느니라(요 1:1-3)

요한복음은 공관복음서라고 불리는 앞의 세 복음서와는 90%가 그 내용이 다릅니다. 특별히 공관복음에는 없는 주제는 중생(요 3:1-13), 생명수(요 4:6-29), 생명의 떡(요 6:22-59), 세상의 빛(요 8:12-59), 선한 목자(요 10:1-30), 다락방 설교(요 13:1-16:33), 예수님의 신성에 대한 변호(요 15:19-27), 그리고 예수님의 기도(요 17:1-26)로, 이것들은 요한복음에서만 기록하고 있습니다.

또한 용어의 표현에 있어서도 "나는……이다"라는 표현이 7번이나 나오는데 예수님의 신성을 나타내고 있습니다. 그리고 다른 복음서에는 없는 "내가 진실로 진실로 너희에게 이르노니……"라는 표현이 25회나 등장하고 있습니다.

요한은 형제 야고보와 함께 어머니를 동원하여 한자리 차지하겠다고 할 정도로 이스라엘 나라의 회복, 나아가서 하나님 나라의 회복을 간절히 사모한 제자였습니다. 그는 우레(천둥)의 아들이라 불릴 정도로 성격이 강한 사람이었지만 나중에는 '사랑의 사도'로 불릴 만큼 변화된 제자였습니다.

요한복음의 기록 연대는 주후 85~95년으로 추정하고 있고, 예수님은 하나님의 아들이시며(요 1:1), 그를 믿는 모든 자들에게 영생을 주심을(요 3:16) 믿게 하려는 깊은 영적 차원에서 기록하였습니다. 요한복음의 중심 요절은 "오직 이것을 기록함은 너희로 예수께서 하나님의 아들 그리스도이심을 믿게 하려 함이요 또 너희로 믿고 그 이름을 힘입어 생명을 얻게 하려 함이니라"(요 20:31)입니다.

오직 이것을 기록함은 너희로 예수께서 하나님의 아들 그리스도이심을 믿게 하려 함이요 또 너희로 믿고 그 이름을 힘입어 생명을 얻게 하려 함이니라(요 20:31)

요한복음의 구조는 다음과 같이 크게 네 가지로 나눌 수 있는데, 그 구조를 써 보시기 바랍니다.

1–4장 하나님 아들의 출현 (말씀과 이적)	5–12장 하나님 아들의 배척 (이적과 배척)	13–17장 하나님 아들의 교훈 (훈련과 고별 설교)	18–21장 하나님 아들의 고난과 영광 (수난, 죽음, 부활)

길안내 마태복음과 누가복음의 예수님의 계보가 다른 이유

마태복음의 계보(마 1:1-16)는 요셉 계통을 기술했고, 누가복음은 마리아의 가계(눅 3:23-38)를 기록했습니다. 다윗의 아들 중 솔로몬과 나단을 각각 요셉과 마리아가 조상으로 삼고 있기 때문에 전자는 왕권을, 후자는 법적으로 다윗의 자손 됨을 말할 수 있을 것입니다.

불행하게도 솔로몬의 자손 중 여고냐(마 1:12)가 하나님의 저주를 받으므로 그 자손은 더 이상 왕위를 계승할 수 없게 되었습니다(렘 22:30). 따라서 요셉의 아들은 왕이 될 수 없으며 그에게서는 메시아도 나올 수 없게 되었습니다. 반면에 누가복음 계보 장은 "요셉의 위는 헬리요"(눅 3:23)라고 시작하는데, 헬리는 요셉의 아버지가 아닌 마리아의 부친입니다. 헬리는 다윗의 아내였던 밧수아(밧세바)의 아들인 나단의 후예였습니다(대상 3:5). 따라서 헬리는 왕권을 계승하지는 않았으나 다윗의 혈통을 법적으로 받은 사람이었습니다. 그가 낳은 마리아가 동정녀의 몸으로 예수를 낳고, 그 마리아가 요셉과 혼인함으로 예수의 계부가 되었으니 예수 그리스도는 다윗의 후손도 되고, 잃어버린 왕위 계승도 받을 수 있게 되신 것입니다.

아브라함과 다윗의 자손 예수 그리스도의 계보라 아브라함이 이삭을 낳고 이삭은 야곱을 낳고 야곱은 유다와 그의 형제들을 낳고(마 1:1-2)

제4과

한눈에 보는 만왕예수 Ⅱ

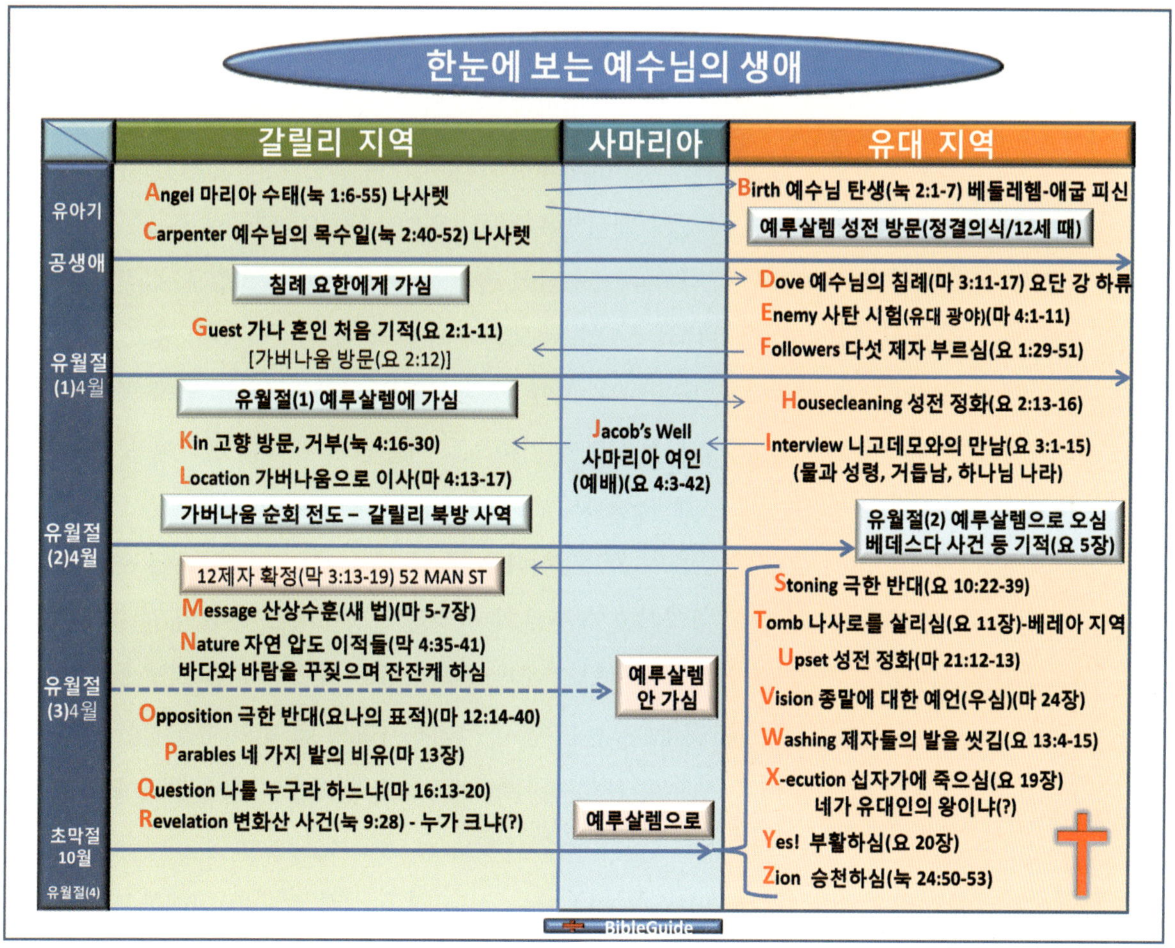

-영어 순서는《성경 파노라마》에서 인용-

사복음서에 나타난 예수님의 행적에 대해서 한 권의 책처럼 한눈에 이해하는 것이 중요합니다. 신약성경의 반 이상을 차지하고 있는 네 권의 복음서를 읽어가는 데 중요한 것은, 우선 네 권의 복음서들이 각각 관점은 무엇이고, 대상은 누구이며, 주제와 특징은 무엇인지를 한눈에 대조해서 이해하는 것입니다. 이것을 우리는 제3과에서 살펴보았습니다. 예수님은 그리스도(=메시아)로서 왕과 제사장과 선지자의 역할을 감당하시기 위해서 이 땅에 오셨습니다.

아들을 낳으리니 이름을 예수라 하라 이는 그가 자기 백성을 그들의 죄에서 구원할 자이심이라 하니라(마 1:21)

예수께서 모든 도시와 마을에 두루 다니사 그들의 회당에서 가르치시며 천국 복음을 전파하시며 모든 병과 모든 약한 것을 고치시니라(마 9:35)

사복음서는 이 직분과 역할에 대해서 각각 마태복음은 왕으로 오신 그리스도, 마가복음은 종으로 오신 그리스도, 누가복음은 사람으로 오신 그리스도, 요한복음은 하나님으로 오신 그리스도를 보여주고 있습니다. 그래서 사복음서의 내용이 같은 것도 있지만 다른 것도 많이 있습니다. 각각 강조점이 다르고, 대상이 다르고, 요점이 다르기 때문입니다.

그렇다면 '어떻게 사복음서에 나오는 예수님의 행적을 시간별로, 장소별로 정리할 것인가?' 하는 것이 문제입니다. 사복음서에 나오는 모든 예수님의 행적을 다 펼쳐 놓고 한 권의 책처럼 순서대로 다시 정리해 가야 합니다. 이때 기준이 되는 시간표는 예수님의 공생애 기간에 있었던 네 번의 유월절입니다. 유월절을 기준으로 예수님의 행적을 정리해 보면 순서대로 예수님의 활동을 한눈에 볼 수 있습니다.

또 한 가지 고려해야 할 것은 장소적 개념입니다. 예수님 당시 이스라엘은 크게 세 지역으로 나눌 수 있습니다. 예수님이 자라시고 대부분의 사역을 감당하셨던 북쪽의 갈릴리 지역과 중간에 사마리아 지역, 그리고 성전이 있고 예루살렘이 있는 남쪽의 유대 지역으로 나눌 수 있습니다. 결국 예수님은 세 지역을 다니시면서 사역하시면서 네 번의 유월절을 지나는 것입니다. 이것을 한눈에 볼 수 있도록 표로 만들어 예수님의 행적을 시간과 장소에 맞추어 다시 정리해 보는 것입니다.

성경과 역사의 중심이신 예수님에 대해서 아는 것은 결국 성경 전체를 이해하는 것입니다. 하나님의 나라의 진정한 왕으로 예수님을 믿게 하는 것이 성경의 목적이기 때문입니다.

초기사역

1. 예수님의 초기 사역은 탄생에서부터 광야에서의 시험과 제자들을 부르시는 데까지라고 할 수 있습니다.

사복음서의 역할이 조금씩 다르듯이 각각 사복음의 시작도 다릅니다. 마태복음은 "아브라함과 다윗의 자손 예수 그리스도의 계보라", 마가복음은 "하나님의 아들 예수 그리스도의 복음의 시작이라", 누가복음은 "우리 중에 이루어진 사실에 대하여", 요한복음은 "태초에 말씀이 계시니라 이 말씀이 하나님과 함께 계셨으니 이 말씀은 곧 하나님이시니라" 하고 시작합니다.

특별히 마태는 예수님의 탄생을 구약의 아브라함과 다윗에게 두고 있습니다. 유대인에게 있어서 아브라함은 언약의 시작이며, 다윗은 메시아 언약의 근거입니다. 이렇게 하나님의 언약을 따라 메시아로 오신 분이 예수님입니다.[다음에 나오는 알파벳 순서는 《성경 파노라마》(테리 홀, 규장)에서 인용한 것입니다].

천사가 대답하여 이르되 성령이 네게 임하시고 지극히 높으신 이의 능력이 너를 덮으시리니 이러므로 나실 바 거룩한 이는 하나님의 아들이라 일컬어지리라(눅 1:35)

1) Angel(천사)(나사렛)(눅 1:6-55) – 천사가 마리아에게 나타나 성령으로 잉태하여 그리스도를 낳을 것이라고 예언하였습니다. 어떻게 이런 일이 가능할 수 있을까요? 하나님이시기 때문에 가능합니다. 이미 창세기 3장 15절에서 그리스도는 여자의 후손으로 오신다고 예언하고 있습니다.

또 유대 땅 베들레헴아 너는 유대 고을 중에서 가장 작지 아니하도다 네게서 한 다스리는 자가 나와서 내 백성 이스라엘의 목자가 되리라 하였음이니이다(마 2:6)

2) Birth(탄생)(베들레헴)(마 2:1-12; 눅 2:1-7) – 마태와 누가만이 탄생을 기록하고 있는데, 갈릴리 나사렛에서 살던 요셉과 마리아가 로마 정부의 인구 조사를 위해 베들레헴으로 내려감으로 예수님은 말 구유에서 탄생하게 되었습니다. 그리고 당시 유대의 왕이었던 대 헤롯의 핍박을 피해 이집트로 내려갔다가 헤롯이 죽자 다시 갈릴리 나사렛으로 돌아왔습니다.

3) Carpenter(목수)(나사렛)(눅 2:40-52) – 갈릴리로 돌아온 예수님은 어린 시절을 나사렛에서 보내게 되는데, 열두 살 때 유월절을 맞아 예루살렘 성전을 방문하였습니다. 그리고 아버지 요셉을 따라 목수로서의 개인적인 삶을 살아갔습니다.

4) Dove(비둘기)(요단 강 하류로 추측)(마 3:11-17) – 예수님은 세례 요한의 집회에서 침례(세례)를 받음으로 공생애를 알리십니다. 전통적으로 레위인들이 성전 사역을 30세에 시작할 수 있었

던 것처럼 예수님은 30세에 공생애를 시작하신 것입니다.

5) Enemy(원수)(유대 광야)(마 4:1-11) – 침례(세례)를 받으신 후 예수님은 유대 광야로 나가 40일 동안 금식하시며 기도하심으로 공생애를 준비하셨습니다. 이때 사탄은 예수님에게 다가와 세 가지 시험을 하였습니다. 첫째는 육신적이고 물질적인 시험이었고, 둘째는 정신적이고 명예적인 시험이었으며, 셋째는 영적이고 종교적인 시험이었습니다. 예수님께서 말씀으로 물리치시자 천사가 와서 시중을 들었습니다.

6) Followers(제자들)(베레아, 갈릴리)(요 1:29-51) – 요단 강 하류 세례 요한이 사역하던 곳인 베레아 지역에서 다섯 제자들을 만나셨습니다. 안드레와 베드로, 요한과 빌립, 나다나엘(=바돌로매)로 모두 다 갈릴리 사람들이었습니다.

예수님의 12제자들의 이름을 써 보시기 바랍니다.

예수께서 세례(침례)를 받으시고 곧 물에서 올라오실새 하늘이 열리고 하나님의 성령이 비둘기같이 내려 자기 위에 임하심을 보시더니 하늘로부터 소리가 있어 말씀하시되 이는 내 사랑하는 아들이요 내 기뻐하는 자라 하시니라(마 3:16-17)

말씀하시되 나를 따라오라 내가 너희를 사람을 낚는 어부가 되게 하리라 하시니 그들이 곧 그물을 버려 두고 예수를 따르니라(마 4:19-20)

들어가 그들이 유하는 다락방으로 올라가니 베드로, 요한, 야고보, 안드레와 빌립, 도마와 바돌로매, 마태와 및 알패오의 아들 야고보, 셀롯인 시몬, 야고보의 아들 유다가 다 거기 있어(행 1:13)

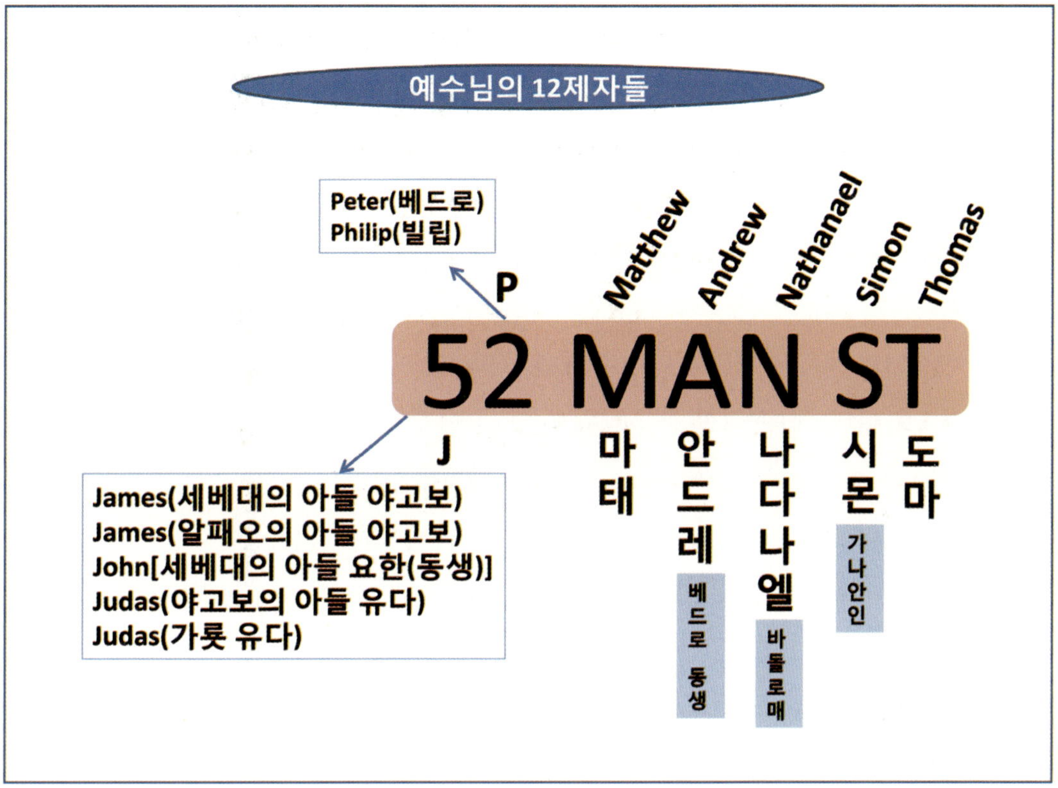

-《성경 파노라마》에서 인용-

중기사역

2. 예수님의 중기 사역은 가나안 혼인잔치에서부터 변화산상에서 영광의 몸으로 변화되어 자신을 계시해 주신 데까지라고 할 수 있습니다.

예수님은 물을 포도주로 만드는 첫 번째 기적을 통하여 예수님 자신이 누구인지 제자들에게 보여주시고, 본격적으로 메시아로서의 사역을 시작하셨습니다. 사역의 중심지는 갈릴리였습니다.

7) Guest(손님)(가나)(요 2:1-11) – 제자들과 함께 갈릴리 가나 혼인잔치에 참석하여 물로 포도주를 만드는 첫 번째 기적을 베푸셨습니다. 요한복음 2장 11절에 의하면, 제자들로 하여금 믿게 하려고 기적을 베푸셨다고 기록하고 있습니다. 혼인잔치에 참석하신 후 며칠 동안 가버나움에 머물러 계셨습니다. 가버나움은 나사렛과는 비교할 수 없는 큰 도시로, 당시 갈릴리의 중심이었습니다. 예수님은 이후 갈릴리

> 예수께서 이 첫 표적을 갈릴리 가나에서 행하여 그의 영광을 나타내시매 제자들이 그를 믿으니라(요 2:11)

에서의 사역을 가버나움을 중심으로 펼쳐 가시는 것을 볼 수 있습니다.

> 유대인의 유월절이 가까운지라 예수께서 예루살렘으로 올라가셨더니(요 2:13)

8) Housecleaning(성전 정화)(예루살렘)(요 2:13-16) – 첫 번째 유월절을 맞아 예수님은 예루살렘 성전에 가십니다. 이때 성전에서 장사하던 사람들을 내어쫓으며 성전을 청결케 하셨습니다. 당시 대제사장을 비롯하여 유대의 지도자들이 순수하게 제사를 드리려는 백성들을 이용해 돈을 벌고 있었기에 이 같은 예수님의 행동은 그들의 부패에 대한 도전이었고, 또한 예수님 스스로 하나님의 권세를 공적으로 나타내신 중요한 사건이었습니다. 당시 유대의 종교, 정치, 사회, 문화, 경제의 중심지였던 예루살렘에 약 8개월 동안 머물면서 예수님은 성전 청결뿐 아니라 많은 이적을 통해 자신을 알리셨습니다.

9) Interview(만남)(예루살렘)(요 3:1-15) – 예루살렘에 계시던 어느 날 밤, 당시 산헤드린 공의회 의원이며 바리새인이었던 니고데모라는 사람이 예수님을 방문합니다. 그는 종교적인 사람이었고 사회적으로 권력과 명예를 가지고 있었습니다. 그런 그가 예수님을 찾아오는 것은 쉽지 않았을 것입니다. 그는 그동안 행해진 예수님의 행적을 보고 마음에 많은 감동을 받았던 것 같습니다. 그는 예수님을 '하늘로부터 내려온 선생'으로 인정하고 있습니다. 그러나 예수님은 그에게 '물과 성령으로 거듭나야 하나님의 나라를 볼 수 있다'고 말씀하셨습니다.

> 유대를 떠나사 다시 갈릴리로 가실새 사마리아를 통과하여야 하겠는지라 사마리아에 있는 수가라 하는 동네에 이르시니(요 4:3-5)

10) Jacob' s Well(야곱의 우물)(사마리아)(요 4:3-42) – 사마리아는 B.C. 721년에 북 이스라엘이 앗수르에게 망하면서 당시 인종 혼합 정책에 의해 나타난 사람들로, 유대인들은 그들과 상종하지 않았습니다. 그래서 예루살렘에서 갈릴리를 가거나 오거나 중간에 있는 사마리아를 피해 멀리 돌아서 다녔습니다. 그러나 예수님은 사마리아 사람들을 구원하기 위해 일부러 사마리아로 가서 수가 성 우물가에서 한 여인을 만나 복음을 전하셨습니다. 그리고 사마리아를 떠나 갈릴리 가나에 도착하여 가버나움에 있는 왕의 신하의 아들을 말씀으로 고쳐 주셨습니다.

11) Kin(친척)(나사렛)(눅 4:16-30) – 갈릴리로 오신 예수님은 고향이었던 나사렛에 들러서 평소처럼 안식일에 회당에 들어가 메시아의 예언에 대한 이사야의 말씀을 읽으셨습니다. 그

리고 이 말씀이 자신에 대한 말씀임을 선포하셨습니다. 그러나 고향 사람들은 자기들이 알고 있는 요셉과 마리아의 아들인 인간 예수로만 받아들이며 신성모독을 행했다면서 예수님을 배척하고 죽이려고 합니다. 이때 예수님은 나사렛을 떠나 가버나움으로 거처를 옮기셔서 본격적인 갈릴리 사역을 시작하셨습니다.

> 갈릴리의 가버나움 동네에 내려오사 안식일에 가르치시매 그들이 그 가르치심에 놀라니 이는 그 말씀이 권위가 있음이러라(눅 4:31-32)

12) Location(장소)(가버나움)(마 4:13-17) – 갈릴리의 중심지인 해변의 도시 가버나움으로 이사하신 예수님은 이제 본격적으로 천국 복음을 전파하셨습니다. "이때부터 예수께서 비로소 전파하여 이르시되 회개하라 천국이 가까이 왔느니라 하시더라"(마 4:17)고 기록하고 있습니다.

13) Message(메시지)(가버나움)(마 5-7장) – 가버나움의 본격적인 사역을 위해 제자들을 다시 부르시고, 회당에서 가르치시며, 귀신을 쫓아내시고, 병든 자를 고치셨습니다. 온 갈릴리와 여러 회당을 돌며 사역을 하신 것입니다. 이렇게 갈릴리 사역을 하실 때 두 번째 유월절을 맞아 예루살렘에 가십니다. 예루살렘에 가셔서 예수님은 베데스다에서 38년 된 병자를 고쳐 주셨습니다. 그리고 다시 갈릴리로 돌아오신 것으로 보입니다. 다시 갈릴리로 와서 열두 제자를 확정하신 후, 예수님의 교훈의 핵심이라고 할 수 있는 산상수훈을 가르쳐 주십니다. 새 이스라엘에게 새 계명을 주신 것입니다.

> 예수께서 무리를 보시고 산에 올라가 앉으시니 제자들이 나아온지라 입을 열어 가르쳐 이르시되 심령이 가난한 자는 복이 있나니 천국이 그들의 것임이요(마 5:1-3)

14) Nature(자연)(가버나움)(눅 7-8장; 막 4:35-41) – 가버나움에서 예수님은 백부장의 종을 고치시며, 나인 성에서 죽은 자를 살리셨습니다(눅 7:2-17). 무엇보다도 오병이어의 기적(요 6:1-15)과 바다와 바람을 잔잔하게 하시며(막 4:35-41), 자연도 순종하게 하는 기적을 베푸셨습니다. 이때가 공생애 기간 중 맞는 세 번째 유월절입니다. 그러나 이번에는 예루살렘에 가지 않고 약 6개월 후가 되는 초막절에 마지막으로 예루살렘에 올라가셨습니다.

> 예수께서 깨어 바람을 꾸짖으시며 바다더러 이르시되 잠잠하라 고요하라 하시니 바람이 그치고 아주 잔잔하여지더라(막 4:39)

15) Opposition(반대)(가버나움)(마 12:14-40) – 예수님이 귀신 들려 벙어리가 된 자를 고치시자

바리새인들이 '귀신의 왕 바알세불을 힘입어 쫓아낸다'고 반대합니다. 바리새인 중 몇몇이 다가와 표적을 구하자 요나의 표적밖에는 보일 것이 없다며 요나보다 크고 솔로몬보다 큰 이가 여기 있다고 하십니다.

16) Parables(비유)(가버나움)(마 13장) – 예수님은 씨 뿌리는 비유로 시작하여 가라지 비유, 천국의 비유 등을 가르쳐 주십니다. 예수님께서 비유로 말씀하신 것은 감추인 것들을 확실하게 드러내기 위해서였습니다.

17) Question(질문)(가이사랴 빌립보)(마 16:13-20) – 예수님은 제자들과 함께 헐몬산 자락에 세워진 휴양도시 가이사랴 빌립보에 가셨다가 제자들에게 두 가지 질문을 하셨습니다. "사람들이 나를 누구라 하느냐?" "너희는 나를 누구라 하느냐?" 이에 베드로가 기독론의 핵심인 '주는 그리스도시요 살아 계신 하나님의 아들'이라는 명확한 대답을 합니다. 예수님은 '이 고백 위에 내 교회를 세우겠다'고 하셨습니다.

18) Revelation(계시)(헐몬 산으로 추정)(눅 9:28) – 베드로의 대답을 통해서 자신이 누구인지를 나타내신 예수님은, 베드로와 요한과 야고보를 데리고 산으로 올라가서 영광의 몸으로 변화된 모습을 보여주십니다. 제자들에게 성육신하신 하나님의 아들이심을 확실하게 보여주신 것입니다. 그러나 제자들은 돌아오는 길에 '누가 크냐?'로 싸웁니다. 예수님의 영광을 보았지만 아직도 그들은 하나님의 나라보다 세상 나라의 개념으로 살고 있었던 것입니다.

기도하실 때에 용모가 변화되고 그 옷이 희어져 광채가 나더라 문득 두 사람이 예수와 함께 말하니 이는 모세와 엘리야라 영광 중에 나타나서 장차 예수께서 예루살렘에서 별세하실 것을 말할새(눅 9:29-31)

변화산상에서 예수님은 누구를 만났습니까? 그들은 어떤 의미가 있을까요?

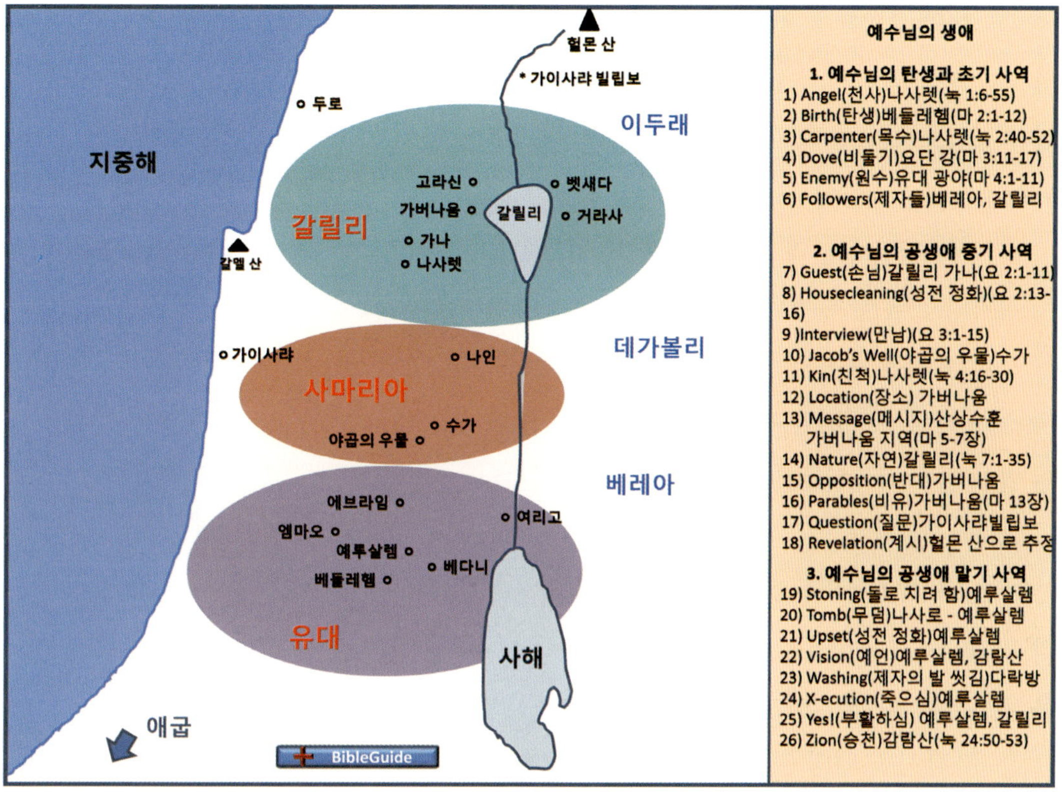

-알파벳, 테리 홀 책 참고-

3. 앞의 지도에서 베드로가 예수님을 향해 "주는 그리스도시요 살아 계신 하나님의 아들이시니이다"(마 16:16)라고 신앙고백을 했던 장소를 찾아 그 이름을 적어 보시기 바랍니다. 이에 대한 예수님의 대답은 무엇이었습니까?

말기사역

4. 예수님의 마지막 말기 사역은 세 번째 유월절이 지난 후 예루살렘으로 가셔서 십자가에서 죽으시기까지, 약 6개월 동안의 사역입니다.

그리고 부활하셔서 40일 동안 제자들을 굳게 하셨습니다.

19) Stoning(돌로 치려 함)(예루살렘)(요 10:22-39) – 세 번째 유월절에는 예루살렘으로 가지 않으셨던 예수님은, 이제 초막절을 맞아 갈릴리를 떠나 마지막 예루살렘으로 떠나십니다. 초

막절은 10월에 있고 유월절은 4월에 있으니까 앞으로 6개월 동안 사역을 하신 후 유월절에 십자가에서 죽으시는 것입니다. 앞으로의 사역을 위해 미리 70인의 제자들을 둘씩 짝지어 베레아 지방에 파송하시기도 합니다.

예수께서 예루살렘으로 올라가려 하실 때에 열두 제자를 따로 데리시고 길에서 이르시되 보라 우리가 예루살렘으로 올라가노니 인자가 대제사장들과 서기관들에게 넘겨지매 그들이 죽이기로 결의하고 이방인들에게 넘겨주어 그를 조롱하며 채찍질하며 십자가에 못 박게 할 것이나 제삼일에 살아나리라(마 20:17-19)

그리고 초막절 중간과 끝에 성전에서 가르치십니다. 선한 목자의 비유를 통해서 주님 자신이 양을 위하여 목숨을 버리는 참된 목자가 되심을 말씀하시고, 또 수전절이 되어 "하나님 아버지와 나는 하나이니라"고 말씀하실 때 이 말을 들은 유대인들은 돌로 치려 하지만 예수님은 벗어나 지나가셨습니다.

나와 아버지는 하나이니라 하신대 유대인들이 다시 돌을 들어 치려 하거늘(요 10:30-31)

20) Tomb(무덤)(베다니)(요 11:1-27) – 베다니에 사는 마르다와 마리아의 오라비였던 나사로가 병들어 죽었습니다. 죽은 지 나흘이나 되었을 때 베다니에 도착하신 예수님은 "나는 부활이요 생명"이라고 말씀하시며 죽은 나사로를 살리셨습니다. 이 사건은 예수님이 유대 사회에 더욱 알려지는 계기가 되었고, 대제사장과 바리새인들이 이때부터 공회로 모여 예수님을 잡아 죽일 것을 모의하게 되었습니다. 그래서 예수님도 이때부터 유대인 가운데 드러나게 다니지 않으시고 에브라임이라는 동네에 제자들과 함께 계셨습니다.

이 말씀을 하시고 큰 소리로 나사로야 나오라 부르시니 죽은 자가 수족을 베로 동인 채로 나오는데 그 얼굴은 수건에 싸였더라 예수께서 이르시되 풀어 놓아 다니게 하라 하시니라(요 11:43-44)

21) Upset(뒤엎음)(예루살렘)(막 11:11-19) – 예수님은 나사로 사건 이후 주로 베레아 지역에서 사역을 하시며 약 3개월을 지내셨습니다. 거기서도 허다한 무리들이 예수님을 좇았고, 잃은 양의 비유와 불의한 청지기, 부자와 나사로 등의 비유도 가르치셨습니다.

베레아 사역을 마치고 예루살렘으로 들어오는 길에 여리고에서 세리장이었던 삭개오를 만나셨고, 베다니에 들르셨을 때 마리아가 옥합을 깨뜨려 향유를 예수님 발에 부었습니다. 예수님은 이것을 자신의 장사를 위한 것이었다고 말씀하셨습니다(요 12:1-8). 실제로 예수님은 죽으러 가시는 길이었기 때문입니다.

나귀를 타고 예루살렘에 입성하심으로 겸손한 평화의 왕이심을 보여주셨습니다. 그리고 다시 한 번 성전을 청결하게 하십니다. 성전의 주인으로서 주님은 성전에서 장사하는 사람들을 쫓아내시고, 기도하는 하나님의 집을 강도의 굴혈로 만든 사람들에게 격분하셨습니다.

22) Vision(예언)(감람산)(마 24:3-51) – 예수님은 제자들과 함께 예루살렘이 내려다보이는 감람산에 오르셨습니다. 그리고 거기서 장차 일어날 일에 대하여 말씀하셨습니다. 종말의 징조와 때에 대해서도 말씀하시고, 재림의 징조들에 대해서도 말씀해 주셨습니다. 거짓 그리스도들과 엄청난 환난이 일어날 것도 말씀하셨습니다. 주님의 말씀은 일점일획도 변하지 않고 그대로 이루어질 것입니다.

> 예수께서 성전에서 나와서 가실 때에 제자들이 성전 건물들을 가리켜 보이려고 나아오니 대답하여 이르시되 너희가 이 모든 것을 보지 못하느냐 내가 진실로 너희에게 이르노니 돌 하나도 돌 위에 남지 않고 다 무너뜨려지리라(마 24:1-2)

23) Washing(씻음)(다락방)(마 26:17-75) – 마지막 유월절 만찬을 위해 예루살렘의 한 다락방에서 제자들과 함께 최후의 만찬을 나누셨습니다. 사랑하는 제자들의 발을 일일이 씻어 주시며, 그들에게 서로 섬기고 사랑하라고 몸소 본을 보여 가르쳐 주신 것입니다. 그리고 떡과 포도주를 통해 당신의 살과 피로 세우실 새 언약을 맺어 주셨습니다. 이날이 목요일 밤입니다. 그날 밤 겟세마네 동산에서 스스로 잡히시고, 밤새 멸시와 천대와 심문을 당하시며, 멀찌감치 따라왔던 베드로마저 저주하며 자신을 부인하는 것을 모닥불 빛 사이로 보십니다. 그러면서도 묵묵히 그 고난의 길을 인류의 구원을 위해 가셨습니다.

24) X-ecution(사형 집행)(골고다)(마 27:1-66) – 결국 예수님에게서 죄를 찾을 수 없었던 대제사장들은 사형 집행권이 있는 유대 총독 빌라도에게 넘기기로 했습니다. 빌라도는 헤롯에게 넘기려고 하지만 결국은 유대인들의 강경한 요구에 사형 집행을 허락하고 맙니다. 만왕의 왕으로 오신 예수님은 성경의 예언대로 인류의 죄를 대신 지고 십자가 위에서 대속적인 죽음을 당하셨습니다.

> 예수께서 큰 소리를 지르시고 숨지시니라 이에 성소 휘장이 위로부터 아래까지 찢어져 둘이 되니라(막 15:37-38)

예수님이 오시기 약 700년 전에 이사야 선지자를 통해 하나님은 말씀하셨습니다. "그가 찔림은 우리의 허물 때문이요 그가 상함은 우리의 죄악 때문이라 그가 징계를 받으므로 우리는 평화를 누리고 그가 채찍에 맞으므로 우리는 나음을 받았도다"(사 53:5). 예수님의 십자가의 죽음은 바로 온 인류를 위한 구속의 죽음이었습니다.

25) Yes!(예스, 부활하심)(예루살렘)(요 20장) – 예수님은 장사된 지 3일 만에 부활하셨습니다. 부활하심으로 예수님이 참 하나님 되심을, 영생이 있음을, 믿는 자의 죄가 사해졌음을 증명하신 것입니다. 그래서 부활은 기독교의 핵심입니다. 부활이 없는 기독교는 생각할 수도 없습니다. 부활은 가장 중요하고 가장 확실한 사실이요 현실입니다.

26) Zion(시온에서 승천)(감람산)(눅 24:50-53) – 예루살렘의 또 다른 이름 시온의 동편 맞은편에 있는 감람산에서, 예수님은 제자들이 보는 앞에서 승천하셨습니다. 하늘로 올라가는 것을 본 그대로 다시 오리라는 약속을 주고 떠나신 것입니다. 주님은 약속대로 반드시 다시 오실 것입니다. 왕 되신 주 예수여, 오시옵소서!

이르시되 때와 시기는 아버지께서 자기의 권한에 두셨으니 너희가 알 바 아니요 오직 성령이 너희에게 임하시면 너희가 권능을 받고 예루살렘과 온 유대와 사마리아와 땅 끝까지 이르러 내 증인이 되리라 하시니라(행 1:7-8)

예수님의 재림에 대하여 예수님은 뭐라고 말씀하셨습니까? 사도행전 1장 7-8절을 찾아서 나의 말로 적어 보시기 바랍니다.

제5과

한눈에 보는 교회탄생

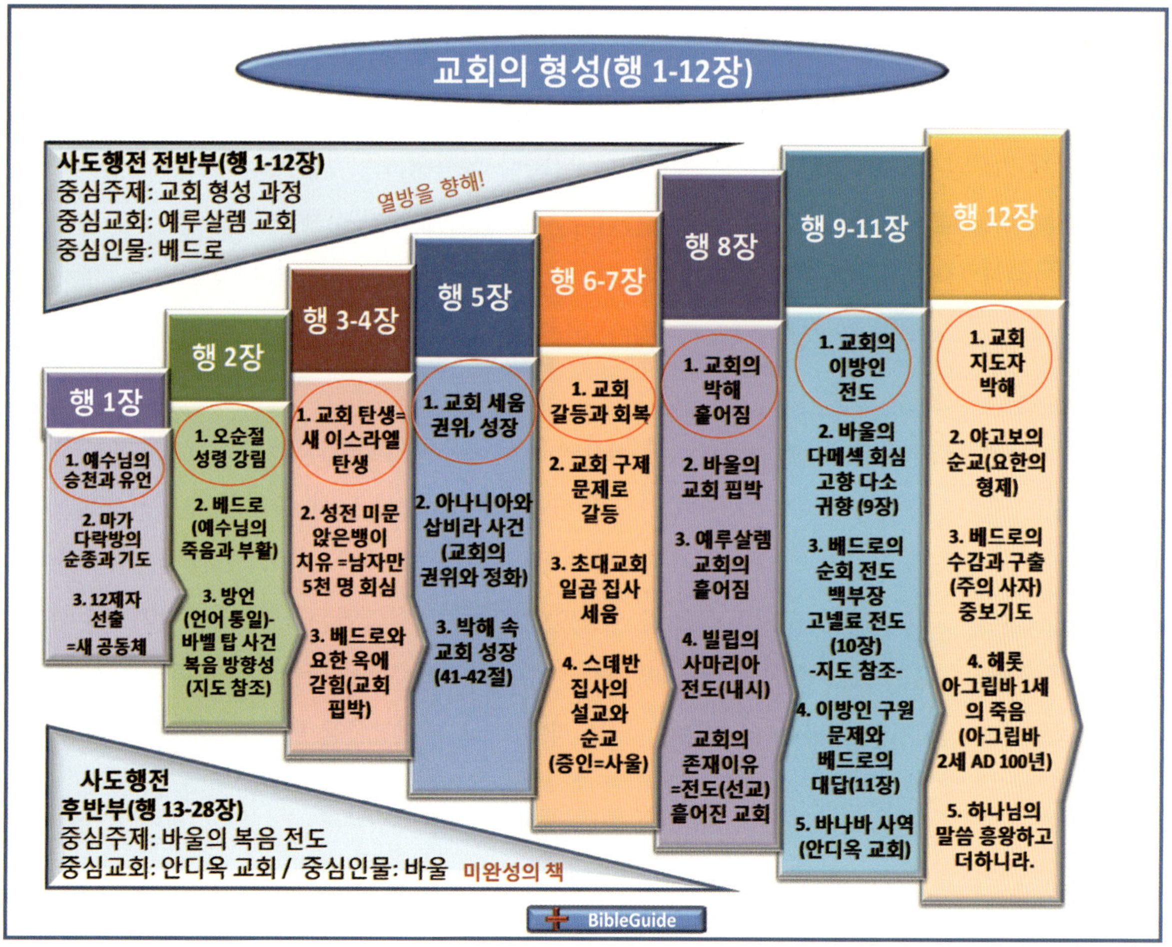

예수님이 승천하신 후 약속하신 성령 강림으로 말미암아 드디어 교회가 탄생하였습니다. 예수님이 십자가에 돌아가신 후 그야말로 모든 것이 끝난 것 같았습니다. 제자들도 다 흩어지고 말았습니다. 사탄이 여자의 후손의 발꿈치를 상하게 한 것입니다(창 3:15). 수제자였던 베드로마저 다른 제자들을 선동해서 고기나 잡으러 가자고 하며 떠났습니다.

> 오순절 날이 이미 이르매 그들이 다 같이 한곳에 모였더니 홀연히 하늘로부터 급하고 강한 바람 같은 소리가 있어 그들이 앉은 온 집에 가득하며(행 2:1-2)

그러나 디베랴 바닷가에서 부활하신 주님을 만나 사명이 회복된 베드로는 120명의 제자들과 함께 마가 다락방에서 기도했고, 오순절 날 성령이 강림하셨습니다. 베드로가 성령 충만하여 담대하게 복음을 전했을 때 3천 명이 회개하고 돌아오는 역사가 일어났습니다. 믿는 사람들이 다 함께 있으면서 모든 물건을 서로 통용하며, 날마다 성전에 모이기를 힘쓰고, 집에서도 모여 함께 떡을 떼며 기쁨의 교제를 나누었습니다. 예루살렘 교회가 탄생한 것입니다.

> 하나님을 찬미하며 또 온 백성에게 칭송을 받으니 주께서 구원받는 사람을 날마다 더하게 하시니라(행 2:47)

그래서 사실 초기에는 사도행전이 '성령복음' 혹은 '부활의 복음'으로 불렸습니다. 2세기에 이르러 '사도행전'으로 부르게 된 것입니다. 이런 의미에서 사도행전은 성령행전 혹은 교회행전이라고 말할 수 있습니다.

사도행전은 누가복음의 저자 누가가 누가복음 후편으로 '데오빌로'에게 쓴 것입니다. 그렇다면 '데오빌로'는 누구일까요? 여러 가지 의견이 있는데, 그중 당시 로마 도미티안 황제(A.D. 81~96)의 친조카로 로마 제국의 집정관이었던 플라비우스 클레멘스라고 생각하는 사람들이 많습니다. 그의 아내는 황제의 누이의 외동딸이었던 도미틸라였는데, 황제가 죽기 얼마 전에 클레멘스는 그가 그리스도인이 되었다는 이유 때문에 사형을 당했고 도미틸라는 유배를 당했다고 전해지고 있습니다. 이것이 사실이라면 그는 부귀영화를 버리고 믿음을 소유했던 신실한 그리스도인이었습니다.

승천과 유언 (행 1장)

1. 사도행전 1장에는 예수님의 승천과 함께 구체적인 약속과 유언이 나옵니다.

예수님은 부활하신 후 40일 동안 지상에 계시다가 제자들을 감람산으로 모으셨습니다. 제자들은 흥분하기 시작했습니다. 드디어 주님께서 이스라엘을 해방시키시려나 보다 생각했기 때문입니다. 그래서 주님께 묻습니다. "주께서 이스라엘 나라를 회복하심이 이때니이까?" 아직도 그들은 하나님의 나라가 아니라 이 땅의 나라를 걱정하고 있었던 것입니다. 그러자 주님께서 말씀하십니다. "이르시되 때와 시기는 아버지께서 자기의 권한에 두셨으니 너희가 알 바 아니요 오직 성령이 너희에게 임하시면 너희가 권능을 받고 예루살렘과 온 유대와 사마리아와 땅 끝까지 이르러 내 증인이 되리라 하시니라"(행 1:7-8). 하나님의 나라를 위하여 땅 끝까지 전도하라는 것입니다.

> 이 말씀을 마치시고 그들이 보는데 올려져 가시니 구름이 그를 가리어 보이지 않게 하더라……이르되 갈릴리 사람들아 어찌하여 서서 하늘을 쳐다보느냐 너희 가운데서 하늘로 올려지신 이 예수는 하늘로 가심을 본 그대로 오시리라 하였느니라(행 1:9, 11)

예수님은 마지막 순간까지 하나님 나라를 마음에 품고 계셨습니다. 그 나라를 위해 오셨고, 다시 오실 것이기 때문입니다. 그러나 그들 중에 태반은 주님의 그 뜻을 이해하지 못했습니다. 그래서 고린도전서에 보면, 그 당시 감람산에 모였던 예수님을 따르는 사람들이 약 500명이었는데 정작 다락방에 모여 성령이 오시기까지 순종하여 기도했던 사람들은 120명에 불과했던 것입니다. 그리고 순종한 사람들만이 오순절 성령 강림을 경험하고 기적을 경험했습니다. 이렇듯 순종은 기적을 낳습니다.

사도행전 1장에서 가룟 유다 대신에 뽑혀 열한 사도에 들어간 사람은 누구입니까?

성령강림 (행 2장)

2. 사도행전 2장에서, 드디어 오순절 날 약속하신 성령이 강림하셨습니다.

오순절은 유월절이 지난 후 50일째 되는 날로, 예수님의 약속대로 성령이 강림하신 것입니다.

> 오순절 날이 이미 이르매 그들이 다 같이 한곳에 모였더니(행 2:1)

이것은 역사적인 사건입니다. 불의 혀처럼 임했다고 했습니다. 모든 것을 소멸하고 또 일어나게 하는 성령이 불처럼 임하신 것입니다. 성령님은 예수의 영(행 16:7), 하나님의 영(롬 8:14)으로 하나님이십니다. 육체로 임하신 예수님은 승천하셨지만 이제 성령님께서 믿는 자의 마음에 거하고 역사하시는 것입니다.

성령이 임하시자 바벨 탑 사건으로 혼잡해졌던 언어가 방언을 통해 소통되는 역사가 일어났습니다. 그들이 자기들의 언어로 복음을 듣고 다시 있던 곳으로 돌아감으로 복음이 세계로 퍼지는 계기가 된 것입니다.

성령이 임하시면 어떻게 된다고 했습니까?(행 1:8)

홀연히 하늘로부터 급하고 강한 바람 같은 소리가 있어 그들이 앉은 온 집에 가득하며 마치 불의 혀처럼 갈라지는 것들이 그들에게 보여 각 사람 위에 하나씩 임하여 있더니 그들이 다 성령의 충만함을 받고 성령이 말하게 하심을 따라 다른 언어들로 말하기를 시작하니라(행 2:2-4)

길안내

성령 강림의 시간적 배경

성령이 임한 때를 자연스럽게 오순절이 '되었을 때'라고 하지 않고, 오순절 날이 '완전히 채워졌을 때'라는 독특한 표현을 쓰고 있는 이유는 무엇일까?

이것에 대해 두 가지 상이한 견해가 있다. 그 하나는 브루스(F. F. Bruce)와 콘첼만(H. Conzelmann)의 견해로, 단순히 오순절이 되었다는 것을 의미한다는 해석이다. 다른 견해로는 그 동사에 특별한 의미를 두는 것으로, 해켓(H. B. Hackett)과 필립스(J. Pillips)는 누가가 어떤 '의도된 기간'을 설정하고 있다고 주장한다.

이 단어는 신약성경에 3번 나오는데, 모두 누가가 사용했다. 누가복음 9장 51절에 나오는 '완전히 채워졌을 때'라는 본문과 똑같은 형태로 시간의 차원에서 사용되어 본문의 의미를 밝히는 데 중요한 역할을 한다. "예수께서 승천하실 기약이 차가매 예루살렘을 향하여 올라가기로 굳게 결심하시고"(눅 9:51). 누가는 승천의 날이 우연히 다다른 것이 아니라 하나님의 의지가 차차 실현되어 가는 계획된 날로 묘사하고 있다. 이것과 똑같은 단어를 본문에서도 사용하여 성령 강림이 하나님의 계획하신 때에 이루어졌음을 강조했다.

누가는 자연스런 시간의 흐름이나 인간이 의도하는 시간의 개념보다는 철저히 하나님의 섭리 안에 있는 시간, 즉 인간의 의지가 배제된 하나님의 주권적인 때를 강조한다. 그는 누가복음과 사도행전의 중요한 지점에서 하나님의 주권적 시간을 제시하고 있는 것이다(눅 9:51; 행 1:7, 3:24, 4:28 등). 거기에는 인간의 시간 계획이 끼어들 자리가 없다(행 1:6-7).

-조동천 '오순절 성령 강림의 이해' 중에서-

교회탄생 (행 3-4장)

3. 오순절 날 복음을 듣고 회개한 사람들로 말미암아 드디어 복음의 공동체, 즉 교회가 생겼습니다.

성전 미문에 앉아 있던 앉은뱅이를 고치고, 베드로의 설교로 남자만 5천 명이나 되는 사람이 회심하고 돌아오는 역사가 일어났습니다. 이 사람들이 자연스럽게 모여 교회를 이룬 것입니다.

> 말씀을 들은 사람 중에 믿는 자가 많으니 남자의 수가 약 오천이나 되었더라……믿는 무리가 한마음과 한뜻이 되어 모든 물건을 서로 통용하고 자기 재물을 조금이라도 자기 것이라 하는 이가 하나도 없더라(행 4:4, 32)

이 교회는 하나님 나라의 새 이스라엘이라고 할 수 있습니다. 에베소서에서 바울 사도는 '교회는 만물을 통일하시려는 하나님의 비밀의 경륜'이라고 말씀하고 있기 때문입니다(엡 1:9-10). 새 시대를 여는 만세 전에 감추어졌던 하나님의 비밀의 경륜이 바로 신약시대의 교회인 것입니다. 일찍이 예수님은 "주는 그리스도시요 하나님의 아들"이라는 베드로의 고백 위에 "내 교회를 세우리니"라고 하셨습니다. 교회는 주님의 교회요, 주님의 신부인 것입니다. 그래서 교회의 머리는 주님이시고, 주님이 주인이십니다.

물론 이 땅의 교회는 완전하지도 않고 어려움도 있습니다. 제일 먼저 베드로와 요한이 옥에 갇히는 핍박이 일어났습니다. 그러나 그럼에도 불구하고 주님의 교회는 만물을 통일하시려는 하나님의 비밀의 경륜입니다.

주님이 교회의 머리가 되신다는 것은 무슨 의미일까요?

교회성장 (행 5장)

4. 베드로와 요한이 옥에 갇히는 사건에도 불구하고 교회는 성장합니다.

5장에서 와서 아나니아와 삽비라의 사건을 통해서 새로 시작한 교회의 권위와 함께, 이제 시작하는 교회가 정결하게 성장해야 함을 보여주고 있습니다. 마치 이스라엘 공동체가 가나안에 들어갈 때 아간의 죄를 철저하게 징계했던 것과 같습니다. 처음부터 하나님의 공동체는 거룩하고 진실해야 하며, 교회 안에 하나님의 권위가 세워져야 하기 때문입니다.

그래도 세상은 교회를 핍박합니다. 사도들이 표적과 기사들로 복음을 전하자 대제사장과 사두개인들이 시기가 가득하여 사도들을 옥에 가두고, 예수의 이름으로 말하는 것을 금하고 채찍질하여 내보내기도 합니다. 그러나 사도들은 더욱 열심을 내어 집에서든지 성전에서든지 가르치기와 전도하기를 쉬지 않았고, 그러면서 교회는 계속 성장해 갔습니다.

사도들을 붙잡아 채찍질하며 예수의 이름으로 말하는 것을 금했을 때 이에 대한 사도들의 태도는 어떠했습니까?

> 사도들은 그 이름을 위하여 능욕 받는 일에 합당한 자로 여기심을 기뻐하면서 공회 앞을 떠나니라 그들이 날마다 성전에 있든지 집에 있든지 예수는 그리스도라고 가르치기와 전도하기를 그치지 아니하니라(행 5:41-42)

교회갈등 (행 6-7장)

5. 성장을 거듭하던 믿음의 공동체인 교회에도 문제가 생기기 시작했습니다. 완전하지 못한 사람들이 모이기 때문입니다.

교회 안에 생긴 문제는 다른 것이 아니라 구제하는 문제였습니다. 구제 문제로 유대파와 헬라파로 나뉘어 갈등이 생기자, 사도들은 일곱 집사를 세워 교회 일을 감당하게 하고 자신들은 말씀 전하는 일과 기도하는 일에 전무하기로 합니다. 오히려 전화위복이 된 것입니다.

> 형제들아 너희 가운데서 성령과 지혜가 충만하여 칭찬받는 사람 일곱을 택하라 우리가 이 일을 그들에게 맡기고 우리는 오로지 기도하는 일과 말씀 사역에 힘쓰리라 하니(행 6:3-4)

그 일곱 집사 중에 하나였던 스데반이 붙잡혀 최후의 설교를 하고 결국 돌에 맞아 초대교회 최초의 순교자가 됩니다. 스데반의 설교의 요지는 무엇이었습니까?

교회핍박 (행 8장)

6. 사도행전 8장은 "사울은 그가 죽임 당함을 마땅히 여기더라"고 시작하고 있습니다.

당시만 해도 사도 바울은 스데반의 죽음을 마땅히 생각하며 교회를 핍박하는 데 앞장서고 있었습니다.

이때에 예루살렘에는 큰 박해가 일어나 온 교회가 사도 외에는 유대와 사마리아와 모든 땅으로 흩어지고 말았습니다. 그러나 이 일은 복음이 세계로 퍼져가는 계기가 되었습니다.

"땅 끝까지 이르러 내 증인이 되라"는 주님의 명령에 순종하지 않고 예루살렘을 떠나지 않고 있었던 교회가 핍박이 일어나자 흩어짐으로 그들이 온 땅에 복음을 전했기 때문입니다. 빌립 집사는 사마리아에 복음을 전하고, 에디오피아 내시에게도 복음을 전하였습니다. 교회는 박해 가운데서 오히려 성장하고 퍼져가는 기회가 되었던 것입니다.

그들이 돌로 스데반을 치니 스데반이 부르짖어 이르되 주 예수여 내 영혼을 받으시옵소서 하고(행 7:59)

그 흩어진 사람들이 두루 다니며 복음의 말씀을 전할새(행 8:4)

교회의 사명, 존재 이유는 무엇이라고 생각하십니까?

이방인 전도 (행 9-11장)

7. 교회 핍박에 앞장서서 믿는 사람들을 잡으러 가던 바울이 다메섹 도상에서 예수님을 만나 회심하게 됩니다.

베드로의 순회전도를 통해 가이사랴에 있는 백부장 고넬료와 온 가정이 예수님을 믿고 돌아와 첫 이방인 회심자가 되었습니다. 11장에서는 베드로가 예루살렘 교회 앞에 이방인의 구원 문제에 대하여 환상을 통해 보여주신 내용과 이방인에게도 성령이 임하신 것을 말하자 온 교회가 하나님께 영광을 돌리며 이방인에게도 생명 얻는 회개를 주셨다고 감사했습니다. 이방인도 구원받고 하나님의 자녀가 되는 것을 교회가 공식적으로 인정하고, 이방을 향한 선교의 문이 활짝 열린 것입니다.

사울이 길을 가다가 다메섹에 가까이 이르더니 홀연히 하늘로부터 빛이 그를 둘러 비추는지라(행 9:3)

이방인 교회였던 안디옥 교회가 부흥하자 예루살렘 교회는 바나바를 파송하였고, 바나바는 다소에 가 있던 바울을 데리고 와 함께 사역을 함으로 안디옥 교회가 부흥하였습니다. 안디옥 교회가 부흥함으로 선교의 전진기지가 만들어지게 된 것입니다.

이방인에 대한 베드로의 환상은 어떤 것이었습니까?

그들이 이 말을 듣고 잠잠하여 하나님께 영광을 돌려 이르되 그러면 하나님께서 이방인에게도 생명 얻는 회개를 주셨도다 하니라(행 11:18)

박해와 부흥
(행 12장)

8. 이때에 헤롯 왕이 교회를 핍박하여 야고보를 죽이고 베드로를 옥에 가두었습니다.

이 헤롯은 아그립바 1세입니다. 대 헤롯의 아내 미리암네 1세가 낳은 아리스도불의 아들입니다. 다시 말해, 대 헤롯의 손자로 아켈라오와 안티파스, 빌립과는 다른 계열입니다. 또는 파사엘(대 헤롯의 형)의 손자로도 알려지고 있습니다. 그는 교회를 핍박하다가 결국 벌레가 먹어 비참하게 죽고 말았습니다. 그는 로마 황제 글라우디오와 함께 교육을 받았던 사람으로, 주후 41년에 이르러서 대 헤롯이 다스리던 지역을 다스리게 되었습니다. 성경에 벌레가 먹어 죽었다고 했는데, 전해지는 이야기로는 가이사랴에서 있었던 로마 황제 글라우디오의 생일 축하 잔치에 참여했다가 심한 복통으로 숨졌다고 전해지고 있습니다.

이어서 어린 아들인 아그립바 2세가 왕이 되어 주후 100년까지 다스리다가 헤롯 왕가는 역사에서 사라지고 맙니다. 그러나 이런 핍박과 박해 속에서도 교회는 부흥하고 성장해 갔습니다. 성경은 "하나님의 말씀은 흥왕하여 더하더라"(행 12:24)고 기록하고 있습니다.

헤롯이 영광을 하나님께로 돌리지 아니하므로 주의 사자가 곧 치니 벌레에게 먹혀 죽으니라 하나님의 말씀은 흥왕하여 더하더라(행 12:23-24)

베드로가 감옥에 갇혔을 때 어떻게 풀려 나올 수 있었습니까?

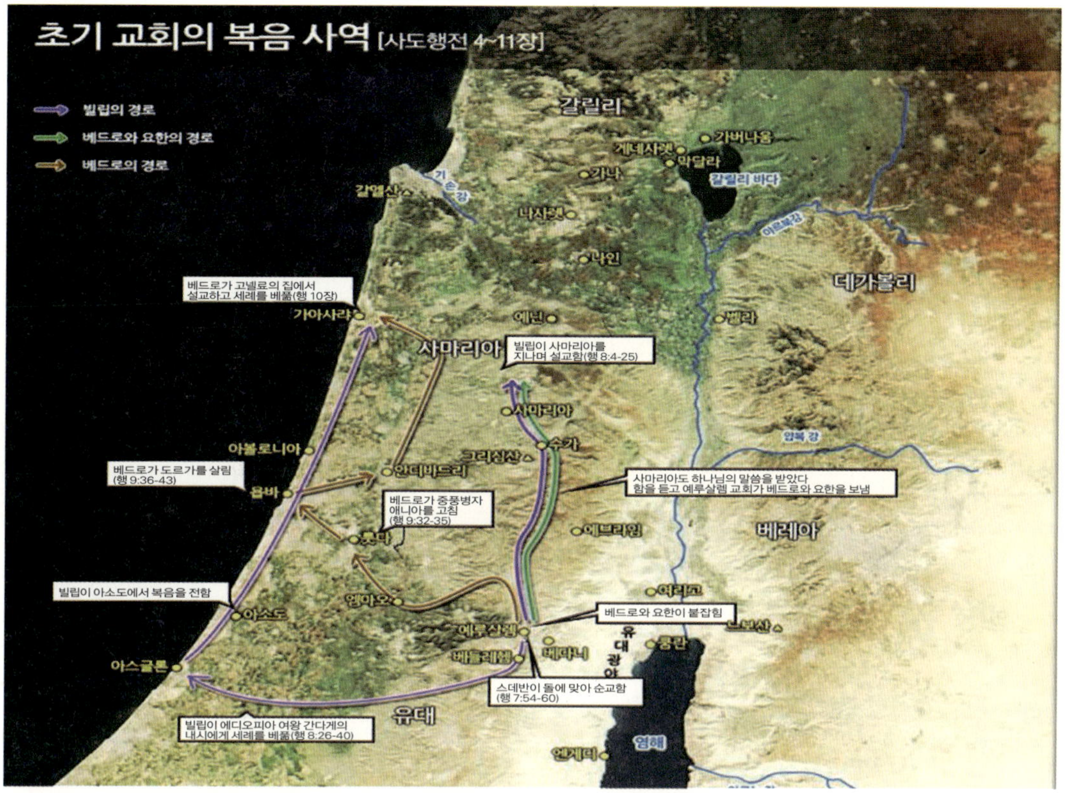

-Pillar Church에서 인용-

9. 위의 지도에서 베드로가 사역했던 지명을 찾아 써 보시기 바랍니다.

제 6과

한눈에 보는 복음전파 Ⅰ

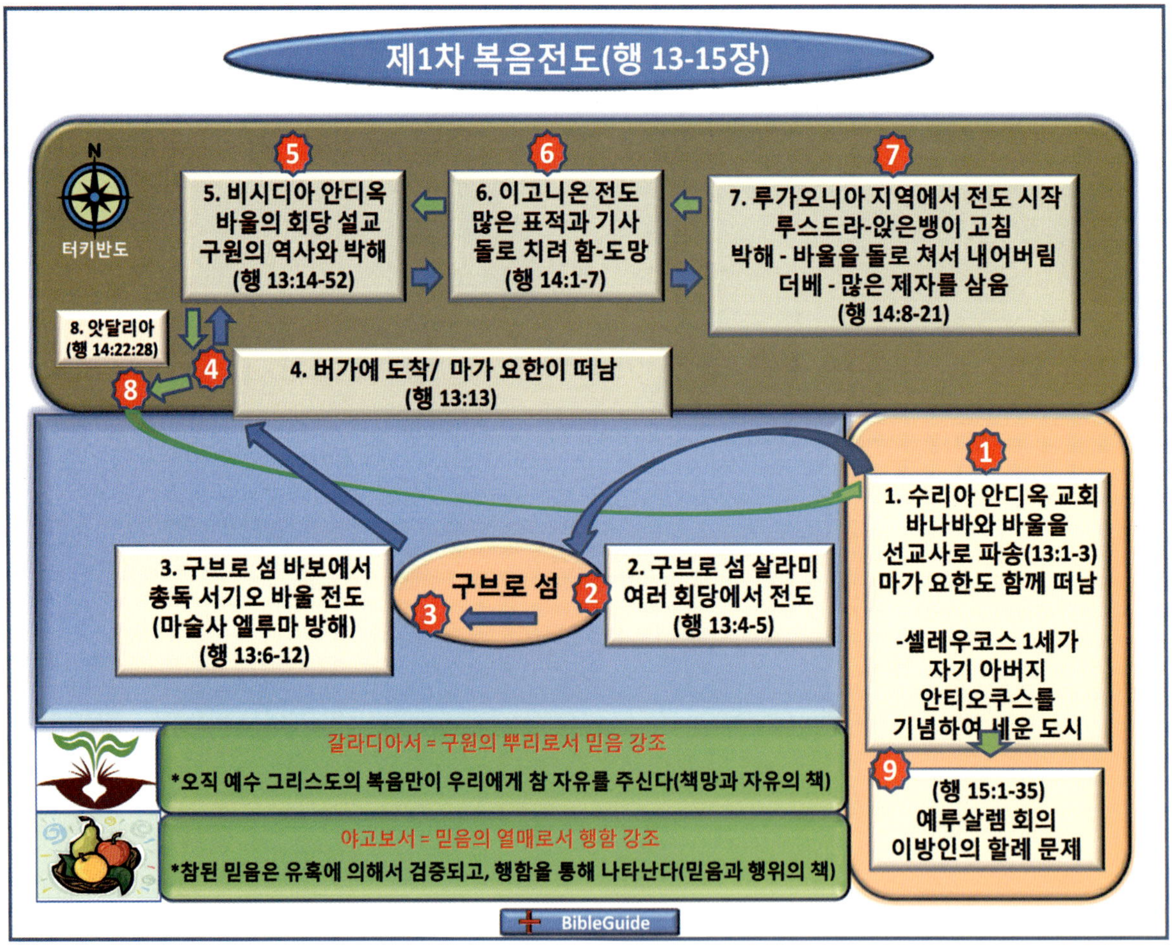

> 주를 섬겨 금식할 때에 성령이 이르시되 내가 불러 시키는 일을 위하여 바나바와 사울을 따로 세우라 하시니(행 13:2)

최초의 이방인 교회인 안디옥 교회를 통해서 이제 복음은 세계를 향하여 전파됩니다. 오순절 성령 강림 이후 베드로의 설교를 통해 한 번에 수천 명의 사람들이 복음을 듣고 회심하게 되었고, 그 결과 예루살렘 교회가 탄생하였습니다. 예루살렘 교회를 중심으로 사도 베드로의 순회전도 사역이 이루어졌습니다.

그러나 예루살렘 교회는 심한 박해와 핍박으로 사도 외에 모든 성도들이 흩어졌고, 그 결과 이방인의 첫 번째 교회인 안디옥 교회가 탄생하게 됩니다. 이 안디옥 교회를 중심으로 바울과 바나바의 복음 전도가 소아시아를 넘어 유럽까지 이어졌습니다.

사도 바울은 3차에 걸쳐 전도여행을 했는데, 로마 전도와 1차 투옥 후 석방되었다가 다닌 최후 전도까지 합하면 총 다섯 차례의 전도여행을 한 것입니다.

전도여행은 지역을 옮겨가는 것이기 때문에 우선 우리 머릿속에 큰 지도의 그림을 그려야 합니다. 지중해를 중심으로 팔레스타인, 그리고 위쪽에 터키 반도, 왼편에 그리스 반도, 그리고 더 왼쪽으로 이탈리아 반도를 그리면 됩니다. 그리고 도(state)와 같은 큰 지역인 수리아, 갑바도기아, 아시아, 루시아, 마게도냐, 아가야 등을 그려 보고, 그런 다음 시(city)와 같은 작은 지역인 안디옥, 에베소, 빌립보, 데살로니가, 고린도 등을 그리면 됩니다.

다음의 지도에 나오는 시와 같은 작은 지역의 이름을 써 보시기 바랍니다.

-Pillar Church에서 인용-

제1차 복음전도

1. 안디옥 교회는 성령의 음성을 따라 바울과 바나바를 선교사로 세우고, 이들은 드디어 제1차 전도여행을 떠나게 됩니다.

이때 함께 떠난 사람이 마가 요한입니다. 최초의 이방인 교회였던 안디옥 교회는 원래 바나바가 먼저 가서 사역했던 곳인데 나중에 바나바가 바울을 불러 함께 1년 동안 큰 무리를 가르쳤고, 제자들이 비로소 그리스도인이라 불리기 시작했습니다(행 11:26).

이들은 안디옥을 떠나 제일 처음 배를 타고 바나바의 고향이었던 구브로 섬의 살라미와 바보에서 총독 서기오에게 복음을 전합니다. 그러나 처음부터 사탄의 방해가 만만하지 않았습니다. 마술사 엘루마의 방해 공작도 있었고,

> 두 사람이 성령의 보내심을 받아 실루기아에 내려가 거기서 배 타고 구브로에 가서 살라미에 이르러 하나님의 말씀을 유대인의 여러 회당에서 전할새 요한을 수행원으로 두었더라 온 섬 가운데로 지나서 바보에 이르러 바예수라 하는 유대인 거짓 선지자인 마술사를 만나니 그가 총독 서기오 바울과 함께 있으니 서기오 바울은 지혜 있는 사람이라 바나바와 사울을 불러 하나님의 말씀을 듣고자 하더라(행 13:4-7)

배를 타고 터키 반도에 있는 버가에 도착하자 마가 요한이 도중하차하여 집으로 돌아가고 말았습니다. 그러나 바울과 바나바는 계속하여 타우루스 산악을 지나 내륙 깊숙이에 있는 갈라디아 지방의 비시디아 안디옥을 거쳐 이고니온과 루스드라와 더베까지 가서 복음을 전하여 수많은 사람들을 전도하고 교회를 세우게 됩니다.

그들은 언제나 자기의 규례대로 유대인의 회당에서 먼저 복음을 전하고 그 뒤에 이방인들에게 복음을 전했습니다. 이고니온에서는 "두 사도가 오래 있어 주를 힘입어 담대히 말하니 주께서 그들의 손으로 표적과 기사를 행하게 하여 주사 자기 은혜의 말씀을 증언하시니"(행 14:3)라고 기록하고 있습니다. 루스드라에서 앉은뱅이가 나음으로 바나바는 쓰스[그리스 이름으로 제우스(Zeus), 로마 이름으로는 주피터(Jupiter)], 바울은 허메[그리스 이름으로 헤르메스(Hermes), 로마 이름으로 머큐리(Mercury)]로 불린 것을 보면, 바울은 여전히 바나바를 존경하고 그 앞에서 겸손히 행했음을 알 수 있습니다. 많은 기적으로 인하여 그들을 천사와 같이 대접했습니다.

이에 이고니온에서 두 사도가 함께 유대인의 회당에 들어가 말하니 유대와 헬라의 허다한 무리가 믿더라 그러나 순종하지 아니하는 유대인들이 이방인들의 마음을 선동하여 형제들에게 악감을 품게 하거늘 두 사도가 오래 있어 주를 힘입어 담대히 말하니 주께서 그들의 손으로 표적과 기사를 행하게 하여 주사 자기 은혜의 말씀을 증언하시니 그 시내의 무리가 나뉘어 유대인을 따르는 자도 있고 두 사도를 따르는 자도 있는지라(행 14:1-4)

그러나 바울은 이곳에서 비시디아 안디옥과 이고니온에서 온 유대인에 의해서 돌에 맞아 죽은 것같이 되기도 했습니다. 그러나 그들은 포기하지 않고 계속해서 더베까지 나아가 더 많은 제자를 삼고, 돌아가는 길에 루스드라와 이고니온에 들러 제자들을 격려하고 각 교회에 장로들을 세우고 수리아 안디옥으로 돌아가게 되었습니다.

바울과 바나바의 제1차 복음 전도를 통해서 복음을 전했던 지역 이름을 차례로 써 보시기 바랍니다.

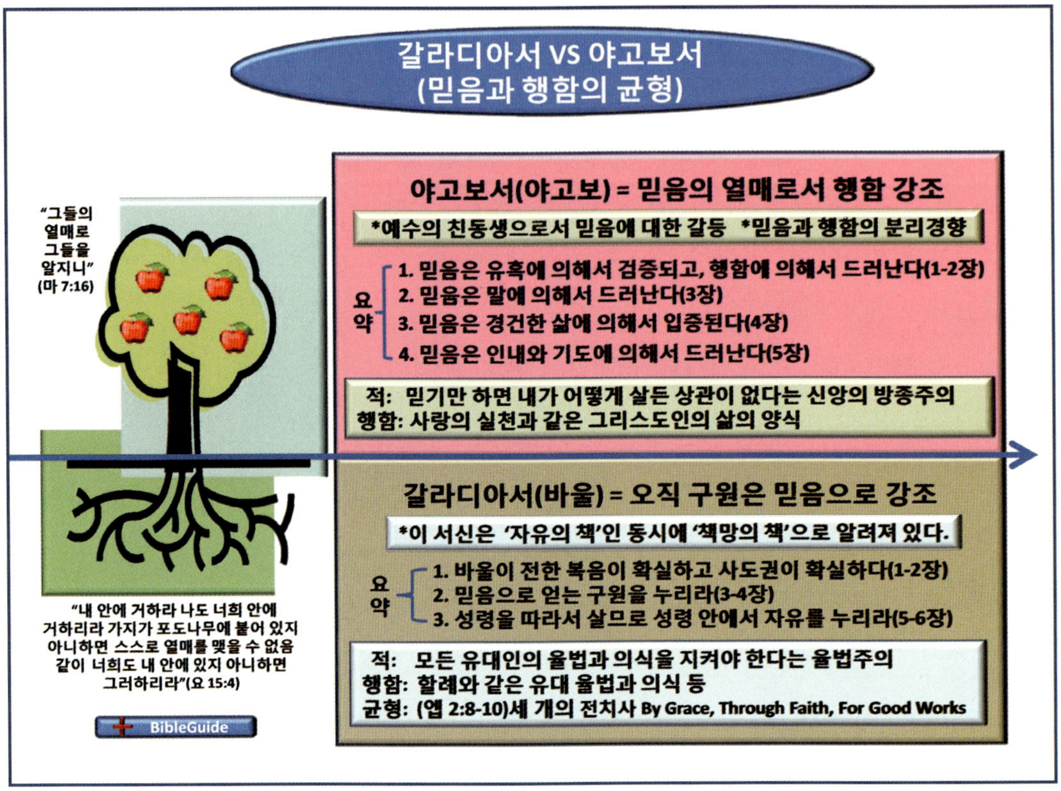

2. 제1차 복음 전도 후에 쓰여진 신약성경은 갈라디아서와 야고보서로 봅니다.

안디옥으로 돌아온 바울은 선교보고를 마친 후 1차 전도여행을 통해서 세운 갈라디아 교회들에게 편지하여 그들을 격려하는 한편, 거짓 교사들이 갈라디아 성도들에게 가르친 은혜 외에 율법이나 행위로 구원받을 수 있다는 잘못된 가르침을 바로잡고자 '갈라디아서'를 쓰게 됩니다. 그리고 사도행전 15장에 가면 바울은 예루살렘에서 최초로 열린 교회 총회에 참석하여 이방인의 회심에 대하여 변론했습니다.

> 다른 복음은 없나니 다만 어떤 사람들이 너희를 교란하여 그리스도의 복음을 변하게 하려 함이라(갈 1:7)

또 이때 쓰여진 책이 야고보서로, 당시 믿음으로만 구원받는다는 말을 오해하여 한번 믿으면 아무렇게나 살아도 된다고 주장하는 방종주의자들에게, 행함이 없는 믿음은 죽은 믿음이라고 강조하고 있습니다.

> 영혼 없는 몸이 죽은 것 같이 행함이 없는 믿음은 죽은 것이니라(약 2:26)

갈라디아서에서의 행함과 야고보서의 행함의 정의는 무엇입니까?

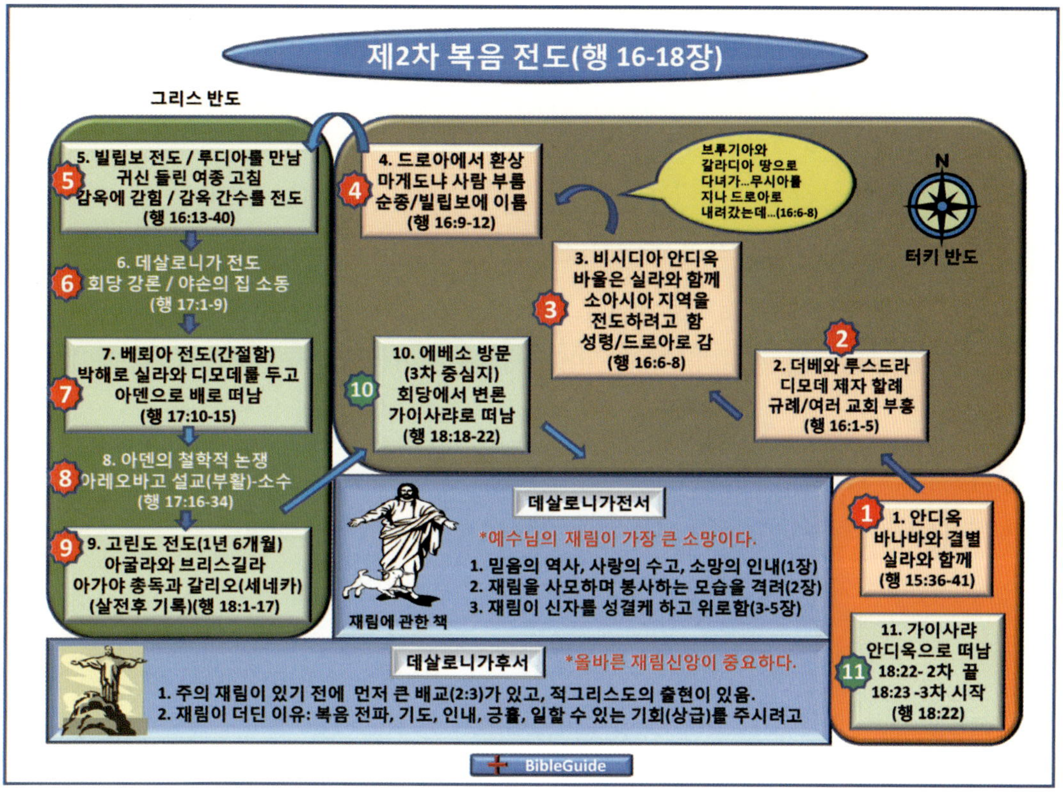

제2차 복음전도

3. 바울의 제2차 복음 전도를 통해 유럽 전도의 문이 열렸습니다.

사도 바울의 제2차 복음 전도는 사도행전 15장 36절로 시작하여 18장 22절까지 이어집니다. 그리고 사도행전 18장 23절부터 제3차 복음 전도가 시작되는 것입니다.

이때 1차 복음 전도 도중에 되돌아갔던 마가의 문제로 바나바와 헤어져, 바울은 실라와 함께 육로로 소아시아의 중심 도시였던 에베소 지역에 전도하려고 했습니다. 바울은 먼저 1차 복음 전도 때 세웠던 교회와 제자들을 돌아보고 격려했습니다. 루스드라에서 바울은 그 지역에서 칭찬을 받고 있던 디모데를 택한 후

> 서로 심히 다투어 피차 갈라서니 바나바는 마가를 데리고 배 타고 구브로로 가고(행 15:39)

그 지방의 유대인 때문에 할례를 행한 뒤 함께 전도여행을 떠나게 됩니다. 그만큼 바울은 소아시아 지역 에베소에 복음을 전해야 한다는 열정이 넘쳤습니다.

바울은 실라를 택한 후에 형제들에게 주의 은혜에 부탁함을 받고 떠나 수리아와 길리기아로 다니며 교회들을 견고하게 하니라(행 15:40-41)

그러나 성령께서 허락하지 않으셨습니다. 사도행전 16장 6-7절에 보면, "성령이 아시아에서 말씀을 전하지 못하게 하시거늘 그들이 브루기아와 갈라디아 땅으로 다녀가 무시아 앞에 이르러 비두니아로 가고자 애쓰되 예수의 영이 허락하지 아니하시는지라"라고 기록하고 있습니다. 그러다가 밤에 마게도냐 사람 하나가 바울에게 건너와서 우리를 도와달라고 호소하는 환상을 보았습니다. 그래서 바울 일행은 에베소가 있는 소아시아 지역이 아니라 마게도냐로 전도의 방향을 바꾸었습니다. 여기서부터 의사였던 누가가 합류했습니다.

거기서 빌립보에 이르니 이는 마게도냐 지방의 첫 성이요 또 로마의 식민지라 이 성에서 수일을 유하다가(행 16:12)

그들은 마게도냐로 건너가 자주 장사 루디아를 만나서 유럽의 첫 번째 교회인 빌립보 교회를 세웠습니다. 여기서 점치는 여종이 돌아오고, 감옥의 갇혀서 한밤중에 찬송할 때 지진이 일어나서 간수의 가족이 예수를 믿고 돌아오는 역사도 일어났습니다.

왜 빌립보에서 바울과 실라가 감옥에 갇히게 되었습니까? 결과적으로 어떻게 되었습니까?

---

4. 그다음으로 데살로니가를 거쳐 베뢰아로 전도여행을 떠납니다.

데살로니가에서 처음에는 야손의 집에 머물면서 바울이 규례대로 세 안식일 동안 회당에 들어가 복음을 전했습니다. 이곳에서 바울 전도팀은 천하를 어지럽게 하던 사람들이라는 말을 들을 정도로 그 영향력이 대단했던 것 같습니다. 유대인들뿐만 아니라 많은 헬라인들이 복음을 믿었고, 베뢰아에서도 믿는 사람이 많이 생겼으며, 로마 사람들도 믿게 되었습니다.

밤에 형제들이 곧 바울과 실라를 베뢰아로 보내니 그들이 이르러 유대인의 회당에 들어가니라(행 17:10)

그러나 데살로니가의 유대인들이 이곳까지 쫓아와서 소동을 벌이는 바람에 바울만 먼저 아덴으로 떠났습니다.

그리고 약 6개월쯤 뒤에 디모데와 실라를 고린도에서 만나게 되었습니다. 그리고 유대인들의 핍박을 받고 있는 데살로니가 교회가 걱정이 되어 디모데를 데살로니가로 보냅니다. 실라는 나중에 빌립보 교회로 보냅니다. 그러나 디모데가 돌아와서 한 보고는 바울에게 위로가 되었음을 알 수 있습니다.

바울에게 위로가 되었던 소식은 어떤 것이었습니까?(살전 3:6-7)

---

5. 디모데의 보고를 들은 바울은 데살로니가 교회에 몇 가지 문제가 있음을 알고 데살로니가전서를 썼습니다.

> 이러므로 형제들아 우리가 모든 궁핍과 환난 가운데서 너희 믿음으로 말미암아 너희에게 위로를 받았노라(살전 3:7)

성적인 면에서 거룩해야 할 것과 그리스도 안에서 먼저 죽은 자가 어떻게 되는지를 몰라 슬퍼하는 자들에게 위로가 필요함을 알고 데살로니가전서를 쓴 것입니다.

바울은 데살로니가의 소식을 듣고 난 뒤 걱정을 덜고 고린도에서 힘써 복음을 전할 수 있었고, 거기서 그의 귀한 동역자 브리스길라와 아굴라를 만나게 됩니다. 이때는 갈리오 총독이 이곳에 임직하고 있을 때이므로(행 18:12) A.D. 51 혹은 53년경이었을 것입니다. 바울은 고린도에서 그리스보와 가이오, 스데바나 집 사람에게만 직접 세례(침례)를 베풀었는데, 바울이 3차 복음 전도 중 에베소에 머물 때 그 가이오가 편지를 들고 찾아왔습니다. 바울은 회당에서 복음을 전하다가 유대인의 방해를 받은 후에는 하나님을 경외하는 디도 유스도라 하는 사람의 집에서 1년 6개월을 머물면서 복음을 전하였습니다.

> 그 후에 바울이 아덴을 떠나 고린도에 이르러 아굴라라 하는 본도에서 난 유대인 한 사람을 만나니 글라우디오가 모든 유대인을 명하여 로마에서 떠나라 한 고로 그가 그 아내 브리스길라와 함께 이달리야로부터 새로 온지라 바울이 그들에게 가매 생업이 같으므로 함께 살며 일을 하니 그 생업은 천막을 만드는 것이더라(행 18:1-3)

바울이 고린도에서 복음을 전하고 다시 안디옥으로 돌아간 경로는 어디입니까?

-Pillar Church에서 인용-

6. 일반적으로 고린도에 머물면서 데살로니가전후서를 쓴 것으로 받아들이고 있습니다.

> 일 년 육 개월을 머물며 그들 가운데서 하나님의 말씀을 가르치니라 갈리오가 아가야 총독 되었을 때에 유대인이 일제히 일어나 바울을 대적하여 법정으로 데리고 가서(행 18:11-12)

이 당시의 그리스는 북쪽 속주 마게도냐와 남쪽 속주 아가야로 나뉘어 로마의 지배 아래 있었는데, 데살로니가는 북쪽 마게도냐의 수도였습니다. 로마와 소아시아를 연결하는 도로변에 위치하고 있어 상업이 발달하였고, 로마 관리들과 외국인이 많았습니다. 바울이 데살로니가에서 3주 정도 회당에서 복음을 전한 뒤 빌립보에서 방해하러 온 유대인들 때문에 더 이상 그곳에 머물지 못하고 베뢰아로 갈 수밖에 없었습니다. 바울은 두 번이나 데살로니가로 돌아가려고 시도했으나(살전 2:18) 사탄이 막으므로 가지 못하였고, 결국 그들의 믿음을 굳게 하기 위하여(살전 3:5) 아덴에서 디모데를 보냈습니다(살전 3:1-2).

고린도로 돌아온 바울은 데살로니가 사람들의 믿음과 사랑의 기쁜 소식을 들었습니다.

그러나 데살로니가 교회에 몇 가지 문제가 있음을 알고 데살로니가전서를 썼고, 데살로니가전서를 받은 후 핍박이 점점 심하여졌을 뿐 아니라 바울 일행이 썼다는 위조 편지로 인하여 교회가 혼란스러워지자 성도들을 격려하기 위해 바울이 데살로니가에 두 번째 편지를 적게 되었는데, 이것이 데살로니가후서입니다. 예수님의 재림 때에 핍박하는 자에게는 환난으로 갚으시고, 성도들에게는 안식으로 갚으시는 하나님의 공의를 말함으로 그들을 위로합니다(살후 1장).

영으로나 또는 말로나 또는 우리에게서 받았다 하는 편지로나 주의 날이 이르렀다고 해서 쉽게 마음이 흔들리거나 두려워하거나 하지 말아야 한다는 것이라(살후 2:2)

바울과 그 동역자들이 썼다는 가짜 편지에서 주의 날이 이르렀다고 주장하여 사람들이 동요하게 되었는데, 이에 바울은 먼저 배교하는 일과 멸망의 아들이 나타난 뒤에야 주의 날이 이른다고 가르침으로 성도들을 안정시키려 했습니다(살후 2장). 또 주의 재림을 핑계로 규모 없이 행하고 일만 만드는 자를 훈계할 것을 권했습니다(살후 3장).

그런 다음 사도 바울 일행은 수리아 안디옥으로 다시 돌아가기 위해서 고린도를 떠납니다. 고린도에서 함께 떠난 브리스길라와 아굴라는 에베소에 머물게 하고, 바울은 가이사랴를 거쳐 예루살렘으로 올라간 뒤 수리아 안디옥으로 돌아갑니다.

바울은 예수님의 재림에 대하여 데살로니가후서에서 무엇이라고 말씀하고 있습니까?

제 7 과

한눈에 보는 복음전파 Ⅱ

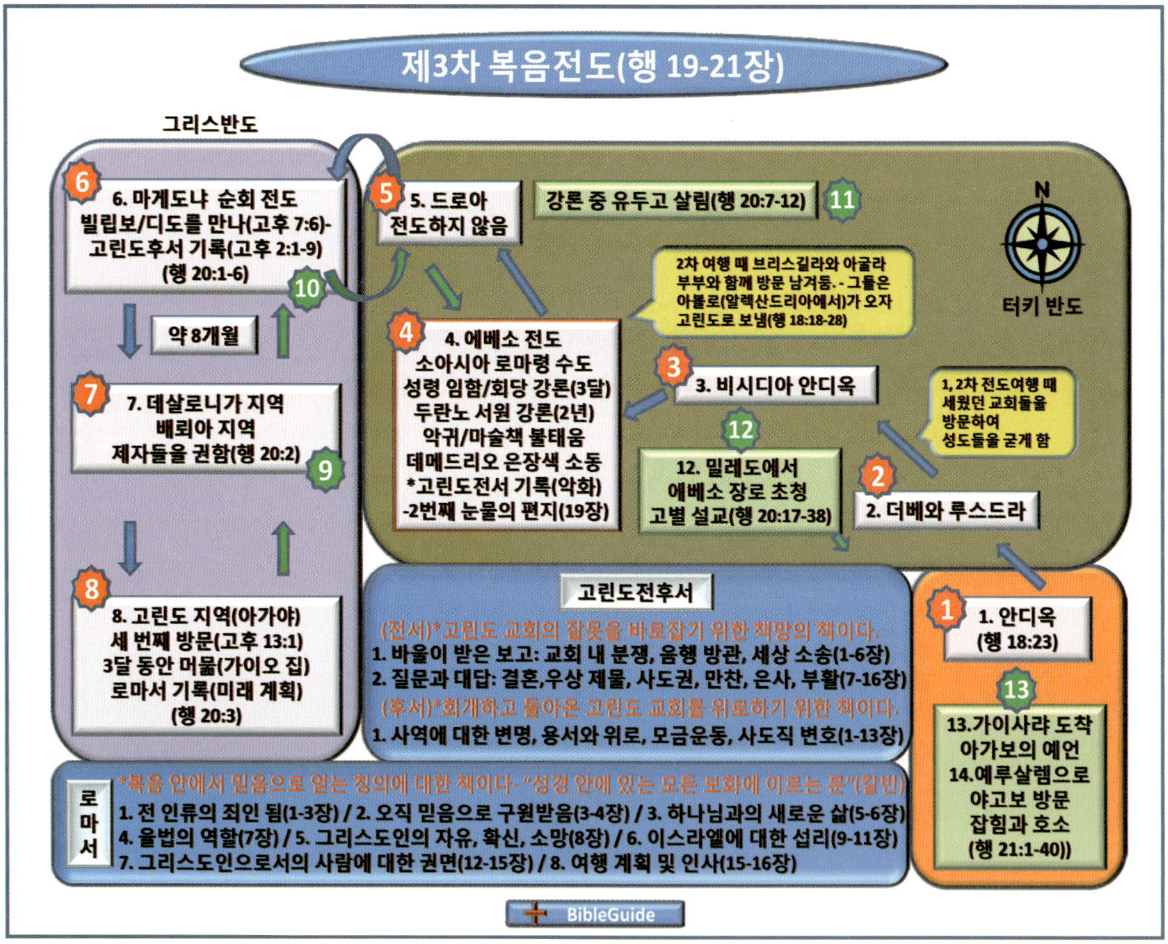

제3차 복음전도

1. 바울은 제3차 복음 전도를 통해 당시 소아시아의 중심 도시였던 에베소에 전도했습니다.

제1, 2차 복음 전도여행을 마치고 수리아 안디옥으로 돌아온 바울은, 그곳에서 잠시 머문 다음 다시 제3차 전도여행을 떠납니다. 바울 사도는 제일 먼저 그동안 전도여행을 통해 세웠던 갈라디아와 브루기아 땅에 있는 교회들을 방문하여 성도들을 굳게 하였습니다.

> 얼마 있다가 떠나 갈라디아와 브루기아 땅을 차례로 다니며 모든 제자를 굳건하게 하니라(행 18:23)

그런 다음 곧바로 에베소로 향하는데, 에베소는 2차 전도여행 때 가기를 원했으나 성령의 인도하심으로 마게도냐로 먼저 가는 바람에 가지 못하고 돌아오는 길에 잠시 들렀던 곳입니다. 에베소는 소아시아의 중심 도시였기 때문에 2차 전도여행 때부터 간절히 가기를 원했던 전략적인 지역이었습니다. 바울은 에베소에서 3년 동안이나 머물렀습니다.

에베소에 머무는 동안 회당에서 석 달 동안 하나님 나라에 대하여 가르친 다음 제자들을 따로 세워 두란노 서원에서 두 해 동안 강론을 합니다. 거기서 안수함으로 성령이 임하는 역사와 함께 바울의 손수건이나 앞치마만으로도 병든 자가 낫는 희한한 능력이 나타나기도 했습니다. 그리고 제사장 스게와의 일곱 아들이 귀신을 쫓아내는 흉내를 내다가 낭패를 당하는 일도 있었고, 마술을 행하던 많은 사람들이 은 5만이나 되는 마술책을 불태울 만큼 에베소 전역에 복음이 충만하게 전파되었습니다.

> 이 일이 있은 후에 바울이 마게도냐와 아가야를 거쳐 예루살렘에 가기로 작정하여 이르되 내가 거기 갔다가 후에 로마도 보아야 하리라 하고 자기를 돕는 사람 중에서 디모데와 에라스도 두 사람을 마게도냐로 보내고 자기는 아시아에 얼마 동안 더 있으니라(행 19:21-22)

아마 이때 복음이 전파되어 계시록에 나오는 아시아의 일곱 교회들이 세워졌을 가능성이 큽니다. 거기서 힘을 얻은 사도 바울은 이제 마게도냐와 아가야를 거쳐 예루살렘을 방문하려는 계획뿐 아니라 로마도 방문하고자 하는 전략을 세우게 되었을 것입니다(행 19:21).

에베소에서 바울과 함께 사역했던 사람들은 누구입니까?

2. 에베소에서 고린도 교회에 편지를 쓰게 됩니다.

바울 사도가 에베소에서 사역하고 있을 때 제2차 복음 전도 때 세운 고린도 교회가 어려움에 빠져 있다는 소식을 듣습니다. 고린도 교회가 바울파, 아볼로파, 게바파뿐만 아니라 심지어 그리스도파로까지 갈라져 교회가 내분될 위기에 처해 있다는 소식이었습니다.

> 내가 마음에 큰 눌림과 걱정이 있어 많은 눈물로 너희에게 썼노니 이는 너희로 근심하게 하려 한 것이 아니요 오직 내가 너희를 향하여 넘치는 사랑이 있음을 너희로 알게 하려 함이라(고후 2:4)

실제로 고린도 교회에서 3명의 대표단인 스데바나, 브드나도, 아가이고가 여러 가지 질문이 적힌 편지를 들고 에베소에 있는 바울을 방문하였습니다. 여기에 대한 대답을 적은 것이 바로 '고린도전서'라고 할 수 있습니다. 그 내용을 살펴보면, 고린도 교회 안에 분파가 생긴 것을 꾸짖고 오로지 십자가만을 자랑하라고 권면합니다. 또한 근친상간, 법정 소송문제, 우상의 제물, 결혼, 성찬, 영적 은사, 부활에 대한 불신 문제 등에 대한 바른길을 제시하고 있습니다. 나아가 바울 자신의 사도적 권위를 옹호하고, 예루살렘 성도를 위한 연보를 저축하라고 권면하고 있습니다.

그러나 고린도전서를 통하여 교회 문제가 해결된 것이 아니라 더욱 악화되었다는 소식을 듣습니다. 이번에는 유대에서 왔다는 거짓 사도의 말을 듣고 오히려 바울을 거짓 사도로 배척한다는 소식이었습니다. 바울에게 있어서 이 시기는 그 어떤 핍박과 박해보다도 힘겨운 시간이었을 것입니다.

그래서 바울은 생각다 못해 고린도 교회를 방문하게 됩니다. 이것이 그의 두 번째 방문이었습니다. 그러나 그의 직접적인 방문을 통해서도 분열되고 악한 소문에 휩싸인 고린도 교회의 문제는 해결되지 않았습니다. 오히려 바울 앞에서 그를 모욕하는 사람도 있었고, 대부분의 교인들도 침묵하였습니다. 이 일이 있은 후 바울은 에베소로 돌아와 일명 '눈물로 쓴 편지'로 알려진 두 번째 편지를 씁니다. 그는 고린도후서 2장 4절에서 "내가 마음에 큰 눌림과 걱정이 있어 많은 눈물로 너희에게 썼노니……"라고 말하고 있습니다. 이 편지는 오늘날 전해지지 않고 있지만 그 내용은 아마도 아주 엄하게 꾸짖는 말이었을 것입니다(고후 7:8). 사도 바울의 슬픈 마음을 그대로 표현해서 '슬픈 편지'라고도 불리고 있습니다.

> 형제들아 우리가 아시아에서 당한 환난을 너희가 모르기를 원하지 아니하노니 힘에 겹도록 심한 고난을 당하여 살 소망까지 끊어지고(고후 1:8)

디도 편에 그 편지를 보내놓고 소식을 기다리고 있는데 이번에는 에베소에 폭동이 일어나게 되었습니다. 사람의 손으로 만든 것들은 신이 아니라 하는 바울의 말에 사업의 위기감을 느낀 은장색 데메드리오가 그의 동업자와 직공들을 선동하였고, 군중들도 합세하여 바울과 같이 다니는 마게도냐 사람 가이오와 아리스다고를 붙잡아 연극장으로 잡아가는 소동을 벌인 것입니다. 이 소동 후에 바울은 에베소를 떠나 마게도냐로 가게 됩니다.

이 당시 바울의 심정이 어떠했다고 고백하고 있습니까?(고후 1:8-9)

-Pillar Church에서 인용-

3. 바울은 마게도냐의 빌립보에서 고린도 교회에 대한 소식을 디도로부터 듣게 됩니다.

이번에는 좋은 소식이었습니다. 고린도 교회 교인들이 사도 바울의 눈물로 쓴 편지를 받고 회개하고 돌아왔다는 것입니다. 얼마나 기뻤을까요? 바울 사도는 이러한 기쁨을 안고 또 하나의 편지를 쓰게 되는데 이 편지가 바로 고린도후서입니다.

고린도후서는 이런 바울의 마음과 함께, 당시 마게도냐에서 예루살렘 교회의 가난한 성도들을 위해 연보를 모으고 있었는데 바울이 마게도냐인들과 함께 고린도에 도착할 때 그 연보가 잘 준비되도록 하기 위한 것과 또한 바울을 거짓 사도라고 모함하는 고린도의 거짓 교사들과 회개하지 않는 자들은 방문하여 엄히 다스릴 것을 기록하였습니다. 이때가 A.D. 55년 가을이었을 것으로 추측됩니다.

> 우리가 마게도냐에 이르렀을 때에도 우리 육체가 편하지 못하였고 사방으로 환난을 당하여 밖으로는 다툼이요 안으로는 두려움이었노라 그러나 낙심한 자들을 위로하시는 하나님이 디도가 옴으로 우리를 위로하셨으니 그가 온 것뿐 아니요 오직 그가 너희에게서 받은 그 위로로 위로하고 너희의 사모함과 애통함과 나를 위하여 열심 있는 것을 우리에게 보고함으로 나를 더욱 기쁘게 하였느니라(고후 7:5-7)

고린도후서를 쓴 후 바울은 어디로 가게 됩니까? 지도를 보면서 찾아보기 바랍니다.

4. 바울 사도는 고린도에서 약 3개월 동안 머물면서 로마서를 썼습니다.

바울이 고린도에 도착한 때는 겨울이라 지중해가 얼어 항해가 어려웠습니다. 그래서 약 3개월 그곳에 머물면서 로마서를 기록했습니다. 바울은 소아시아 지역과 마게도냐 지역, 그리고 아가야 지역까지 복음을 전하고, 이제는 예루살렘으로 가서 구제헌금을 전달한 다음 로마로 가기를 원했기 때문입니다. 당시 세계의 수도라고 일컬어지는 로마를 거쳐 땅 끝으로 알려진 서바나(스페인)까지 가기를 계획하고 있었던 것입니다.

> 그 지방으로 다녀가며 여러 말로 제자들에게 권하고 헬라에 이르러 거기 석 달 동안 있다가 배 타고 수리아로 가고자 할 그때에 유대인들이 자기를 해하려고 공모하므로 마게도냐를 거쳐 돌아가기로 작정하니(행 20:2-3)

> 그러므로 나는 할 수 있는 대로 로마에 있는 너희에게도 복음 전하기를 원하노라(롬 1:15)

물론 로마 교회는 바울에 의해 세워진 것이 아니었습니다. 오순절 날 로마에서 예루살렘에 갔다가 복음을 듣게 된 유대인과 유대교에 들어온 사람들(행 2:10)에 의해 로마 교회가 세워졌을 것으로 생각됩니다. 이에 바울은 로마에 있는 성도들로 하여금 복음을 더 깊이 이해하고 이 복음을 전하는 데 로마 교회도 동참하여 그의 방문을 예비하도록 로마서를 기록하여 뵈뵈 편에 보낸 것입니다.

바울 사도가 로마서를 쓰는 이유를 무엇이라고 말하고 있습니까?(롬 1:15)

---

5. 바울 사도는 고린도에서 육로로 빌립보를 갔다가, 앗소에서 배를 타고 밀레도를 거쳐 예루살렘으로 돌아오게 됩니다.

바울이 고린도를 떠날 때 즈음에 유대인들이 바울을 죽이려는 공모가 있어, 2차 전도여행 때처럼 배를 타고 에베소를 거쳐 예루살렘으로 가는 것을 포기한 것으로 보입니다. 그래서 바울은 육로를 통해 다시 빌립보로 와서 무교절을 보낸 다음 빌립보를 떠나 배를 타고 5일 만에 드로아에 이르게 됩니다. 드로아에서 7일 동안 머물면서 밤중까지 강론하는 중에 3층 창에서 졸다가 떨어져 죽은 유두고가 살아나는 일이 발생하기도 했습니다.

바울은 드로아에서 앗소까지 육로로 가고, 나머지 사람들은 배를 타고 돌아가서 앗소에서 바울을 태웠습니다. 예루살렘에 오순절까지 도착하기 위하여 에베소를 방문하지 않고 에베소 장로들에게 밀레도로 와 주기를 부탁했습니다. 이때 벌써 바울은 예루살렘에서 결박과 환난이 기다리고 있다는 것을 여러 번 들었음을 말하고 있습니다. 그러나 바울은 자기의 생명을 조금도 귀한 것으로 여기지 않고 예루살렘으로 올라가고자 한다고 거듭 말하고 있습니다(행 20:24).

수리아의 두로에 이르러 배가 짐을 푸는 동안 시간이 있어 제자를 찾았을 때도 그 제자들이 성령의 감동으로 바울에게 예루살렘에 들어가지 말라는 말을 했습니다. 그러나 바울은 예루살렘으로 향했습니다. 바울이 가이사랴에 도착했을 때 유대 선지자 아가보가 와서 자기 수족을 묶고 바울이 그와 같이 결박당할 것을 말하자, 이제는 바울의 동역자들조차도 그곳 사람과 더불어 예루살렘에 올라가지 말라고 권합니다. 이에 바울은 결박뿐 아니라 죽음까지 각오하고 올라가노라고 말하고 예루살렘으로 향합니다. 바울 사도의 죽음을 각오한 복음 전도로 말미암아 이제 복음은 아시아와 유럽을 넘어 당시 세계의 심장인 로마로 향하고 있습니다.

> 바울이 대답하되 여러분이 어찌하여 울어 내 마음을 상하게 하느냐 나는 주 예수의 이름을 위하여 결박 당할 뿐 아니라 예루살렘에서 죽을 것도 각오하였노라 하니(행 21:13)

바울 사도의 제3차 복음 전도의 중심지는 어디였습니까? 거기서 얼마 동안 사역을 감당했습니까?

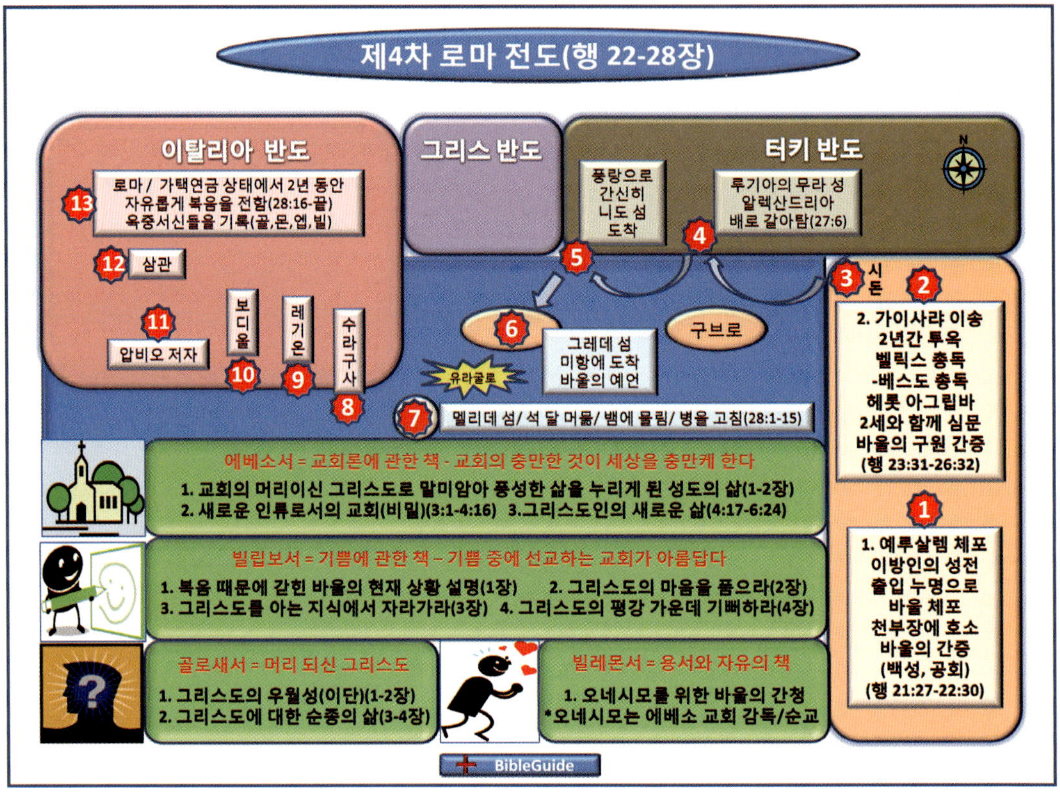

6. 바울은 죄수의 몸으로 로마로 건너가 복음을 전하게 됩니다.

제4차 로마전도

바울이 제3차 복음 전도여행 후에 예루살렘에 도착한 것은 A.D. 57~59년경으로, 회심 후 거의 24년이 지난 후이므로 벌써 많은 세월이 흘렀습니다.

> 이튿날 천부장은 유대인들이 무슨 일로 그를 고발하는지 진상을 알고자 하여 그 결박을 풀고 명하여 제사장들과 온 공회를 모으고 바울을 데리고 내려가서 그들 앞에 세우니라(행 22:30)

바울이 예루살렘에 도착하여 성전에 들어갔을 때 이방인을 데리고 이방인 금지구역에 들어갔다는 모함으로 붙잡히고 맙니다. 아시아에서 온 유대인들이 이전에 바울과 에베소 사람 드로비모가 예루살렘 성안에 함께 있었던 것을 보았기 때문에 성전의 이방인 금지 구역에 드로비모도 함께 데려왔다고 모함하여 바울을 죽이려고 붙잡은 것입니다.

> 또 바울을 태워 총독 벨릭스에게로 무사히 보내기 위하여 짐승을 준비하라 명하며(행 23:24)

당시 성전 안뜰과 성전 바깥뜰(이방인의 뜰이라 부름) 사이 성전 문 위에는 "이방 나라의 백성은 성전 경내나 경계벽 내로 들어오지 못한다. 누구든지 붙잡히면 자신의 죽음은 자신의 탓으로 돌려야 할 것이다"라는 글을 새겨진 돌들이 있었습니다. 이것은 로마 당국의 허락 하에 유대인들이 자치적으로 처리할 수 있는 권리였습니다.

로마의 천부장이었던 글라우디오 루시아(행 23:26)와 군사들은 바울을 결박하여 영문 안으로 데려왔습니다. 그리고 군사들이 채찍질하려 하자 바울은 비로소 자신이 로마 시민권자임을 밝히고 정당한 절차를 밟을 것을 요구하였습니다. 그래서 산헤드린 공회가 열렸는데, 바울은 부활을 믿는 것 때문에 심문을 받는다고 함으로써 공회의 양대 구성요원들인 바리새인과 사두개인들의 격론을 이끌어내어 공회는 무산이 되고 바울은 다시 영문 안으로 들어가게 됩니다.

이때 주님은 바울에게 말씀하십니다. 사도행전 23장 11절에 "그날 밤에 주께서 바울 곁에 서서 이르시되 담대하라 네가 예루살렘에서 나의 일을 증언한 것같이 로마에서도 증언하여야 하리라 하시니라"고 기록하고 있습니다. 이로써 바울은 죄수로서 로마까지 가게 될 것임을 알았을 것입니다. 고난도 결국 하나님의 섭리는 이루는 도구가 됩니다.

바울을 심문하는 산헤드린 공회는 어떤 곳입니까?

---

7. 바울은 예루살렘에서 로마 총독이 있는 가이사랴로 이송되어 2년간 투옥생활을 하게 됩니다.

중간에서 바울을 죽이기 위해 다시 공회로 데리고 오려는 음모가 있었으나 바울의 생질이 천부장에게 그 사실을 알림으로 바울은 당시 벨릭스 총독에게 이송되어 헤롯 궁에 갇히게 되었습니다(행 23:35). 이곳은 총독의 거주지이며

> 이태가 지난 후 보르기오 베스도가 벨릭스의 소임을 이어받으니 벨릭스가 유대인의 마음을 얻고자 하여 바울을 구류하여 두니라(행 24:27)

> 왕과 총독과 버니게와 그 함께 앉은 사람들이 다 일어나서 물러가 서로 말하되 이 사람은 사형이나 결박을 당할 만한 행위가 없다 하더라 이에 아그립바가 베스도에게 이르되 이 사람이 만일 가이사에게 상소하지 아니하였더라면 석방될 수 있을 뻔하였다 하니라(행 26:30-32)

로마 군사들의 주둔지이기 때문에 유대인들이 함부로 할 수 있는 곳이 아니기 때문입니다.

가이사랴는 지중해 해변의 항구 도시이자 유대 지방의 로마 행정 도시로 유대 총독들의 본거지로, 바울을 심문했던 벨릭스 총독과 베스도 총독이 부임한 곳입니다. 바울이 가이사랴로 이송된 뒤, 닷새 후에 도착한 대제사장 아나니아와 장로들과 고소한 무리들과 함께 바울은 벨릭스 총독 앞에서 심문을 받습니다. 그러나 벨릭스 총독은 쌍방의 의견을 들은 뒤 예루살렘 천부장 루시아가 내려오거든 다시 처리하겠다고 판결을 유보합니다. 벨릭스는 그의 아내와 함께 바울의 강론을 자주 들었으며 뇌물을 받기 원하였고, 이와 같은 이유로 바울은 가이사랴 감옥에서 2년간이나 지내게 되는 것입니다.

벨릭스 이후 총독이 된 베스도가 가이사랴에서 예루살렘으로 올라갔을 때, 대제사장들과 유대인들이 다시 바울을 고소합니다(행 25:1-2). 다시 가이사랴로 돌아온 베스도는 바울을 심문하나 특별한 죄를 발견하지 못하였습니다(행 25:25). 그러나 유대인들의 마음을 얻고자 하여 바울에게 예루살렘에 올라가서 자기 앞에서 심문 받겠느냐는 제의를 합니다. 음모를 아는 바울은 이를 거절하고 로마의 황제 가이사 앞으로 상소하였고(행 25:11), 결국 바울은 율리오 백부장이 이끄는 몇몇 죄수들과 함께 배편을 이용하여 로마로 호송되었습니다.

이때 마게도냐의 데살로니가 사람 아리스다고도 함께하여 로마로 떠났는데, 사도행전의 저자인 누가도 함께했다는 것은 '우리'라는 단어를 통해서 알 수 있습니다.

바울이 가이사랴에 있을 때 그곳으로 내려와 바울을 심문했던 그 당시 유대 왕은 누구였습니까? 그의 결론은 무엇이었습니까?(행 26장)

---

8. 바울을 실은 배는 유라굴로라는 광풍을 만나 지중해에서 14일간 표류하였습니다.

배의 있는 짐과 배의 기구를 바다에 내어던질 만큼 위급했으나 배에 탄 276인 모든 사람들은 무사하였고, 다시 한 번 하나님의 사자가 바울에게 나타나 두려워하지 말라고 격려하는 역사를 경험하게 됩니다.

파선과 동시에 멜리데 섬에 도착한 바울은 독사에게 물렸으나 이상이 없었고, 많은 사람들의 질병을 낫게 하여 후한 대접을 받습니다. 이곳에서 석 달을 머문 뒤에 그곳에서 알렉산드리아 배를 타고 떠나 보디올(Puteoli)에서 형제들과 함께 7일을 보낸 후, 압비오 저자(Appian Way)와 삼관(Three Taverns)에 이르렀을 때 로마에 있는 믿는 자들이 그곳까지 마중 나온 것을 보고 바울은 담대한 마음을 얻었습니다.

그리고 로마에 도착하여 바울은 셋집에서 자기를 지키는 군사 1명과 따로 있을 수 있는 허락을 받았습니다. 처음에는 유대인 중 높은 사람들을 청하여 강론하였고, 2년 동안 담대히 자기에게 오는 자에게 예수 그리스도를 전하였으나 금하는 자가 없었다고 기록하고 있습니다. 사도 바울은 이 기간에 4권의 옥중서신인 에베소서, 빌립보서, 골로새서, 빌레몬서 등을 쓰게 됩니다.

아래 지도를 보고 바울 사도의 가이사랴에서 로마까지의 행선지를 적어 보시기 바랍니다.

우리가 배를 타고 이달리야에 가기로 작정되매 바울과 다른 죄수 몇 사람을 아구스도대의 백부장 율리오란 사람에게 맡기니(행 27:1)

여러 날 동안 해도 별도 보이지 아니하고 큰 풍랑이 그대로 있으매 구원의 여망마저 없어졌더라……바울아 두려워하지 말라 네가 가이사 앞에 서야 하겠고 또 하나님께서 너와 함께 항해하는 자를 다 네게 주셨다(행 27:20, 24)

바울이 온 이태를 자기 셋집에 머물면서 자기에게 오는 사람을 다 영접하고 하나님의 나라를 전파하며 주 예수 그리스도에 관한 모든 것을 담대하게 거침없이 가르치더라(행 28:30-31)

-Pillar Church에서 인용-

제5차 최후전도

9. 사도 바울은 로마 감옥에 투옥되어 약 2년 동안 비교적 자유롭게 복음을 전하며 지내다가 1차 구금에서 풀려났습니다.

재판이 끝나지 않은 상태에서 2년이 지나도 더 이상 증거나 고소가 없으면 풀어 주는 당시 로마법 때문이었을 것으로 추측됩니다. 자유의 몸이 된 사도 바울은 디모데와 디도를 데리고 또 다시 마지막 전도여행을 떠났습니다.

먼저 2차 전도여행 때 세웠고 3차 전도여행 때도 들러서 로마서를 썼던 고린도 교회에 들러 거기서 사역하고 있던 에라스도를 만나 격려하고, 계속 3차 전도여행 때 세웠던 에베소 교회에 들러 디모데를 거기에 남겨 놓고, 계속해서

너는 어서 속히 내게로 오라 데마는 이 세상을 사랑하여 나를 버리고 데살로니가로 갔고 그레스게는 갈라디아로, 디도는 달마디아로 갔고 누가만 나와 함께 있느니라 네가 올 때에 마가를 데리고 오라 그가 나의 일에 유익하니라 두기고는 에베소로 보내었노라 네가 올 때에 내가 드로아 가보의 집에 둔 겉옷을 가지고 오고 또 책은 특별히 가죽 종이에 쓴 것을 가져오라…… 주께서 내 곁에 서서 나에게 힘을 주심은 나로 말미암아 선포된 말씀이 온전히 전파되어 모든 이방인이 듣게 하려 하심이니 내가 사자의 입에서 건짐을 받았느니라(딤후 4:9-13, 17)

구브로 섬을 거쳐 그레데 섬에 도착하여 그 교회에 디도를 남겨 놓습니다. 그리고 기록에 남아 있지 않아 정확히 알 수는 없지만 바울은 계속해서 당시 땅 끝으로 알려진 스페인까지 갔을지도 모릅니다. 그리고 이 기간 동안 각 교회에 남겨진 동역자들을 위해 목회서신으로 알려진 디모데전서와 디도서를 썼습니다.

그리고 디모데후서는 2차 투옥된 후에 로마 감옥에서 마지막으로 쓴 것입니다. 남겨진 목회자들을 위해 안타까움과 염려하는 마음으로 격려하기 위해 썼을 것입니다.

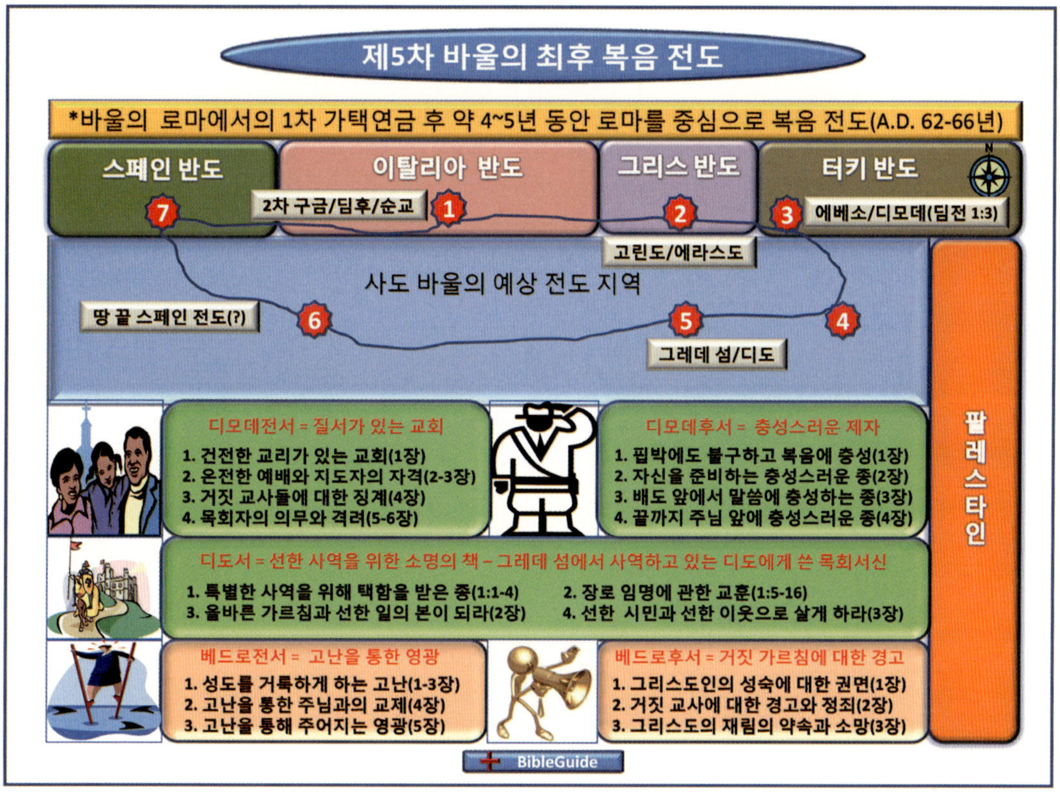

10. 두 번째 투옥된 바울은 초대교회의 전통으로 A.D. 64년 네로의 명령에 의한 핍박 때에 로마에서 순교했다고 전해지고 있습니다.

> 우리는 그의 약속대로 의가 있는 곳인 새 하늘과 새 땅을 바라보도다(벧후 3:13)

디모데후서 4장 6-7절에 보면 이미 바울은 떠날 날이 가까움을 느끼고 있었습니다. "전제와 같이 내가 벌써 부어지고 나의 떠날 시각이 가까웠도다 나는 선한 싸움을 싸우고 나의 달려갈 길을 마치고 믿음을 지켰으니"라고 고백하고 있습니다. 그는 함께했던 데마, 그레스게, 디도 등이 없고 누가만 함께 있다고 하면서 디모데가 속히 오기를 갈망했고, 그때 마가도 데리고 오기를 갈망했습니다(딤후 4:9-21).

초기 교회 역사가인 유세비우스(Eusebius)도 석방 후 다시 한 번 말씀 사역을 하기 위해 떠났으나 두 번째 로마에 왔다가 네로에 의해 순교를 당하였다고 기록하고 있습니다.

그리고 이런 핍박과 박해가 한창이던 때에 쓰여진 책이 베드로전후서입니다. 베드로는 고난 가운데 있는 교회와 성도들에게 고난 후에 있을 영광을 보여주고 있습니다.

디모데전후서와 디도서, 그리고 베드로전후서의 각각 중심 요점을 적어 보시기 바랍니다.

제 8 과

한눈에 보는 만민구원

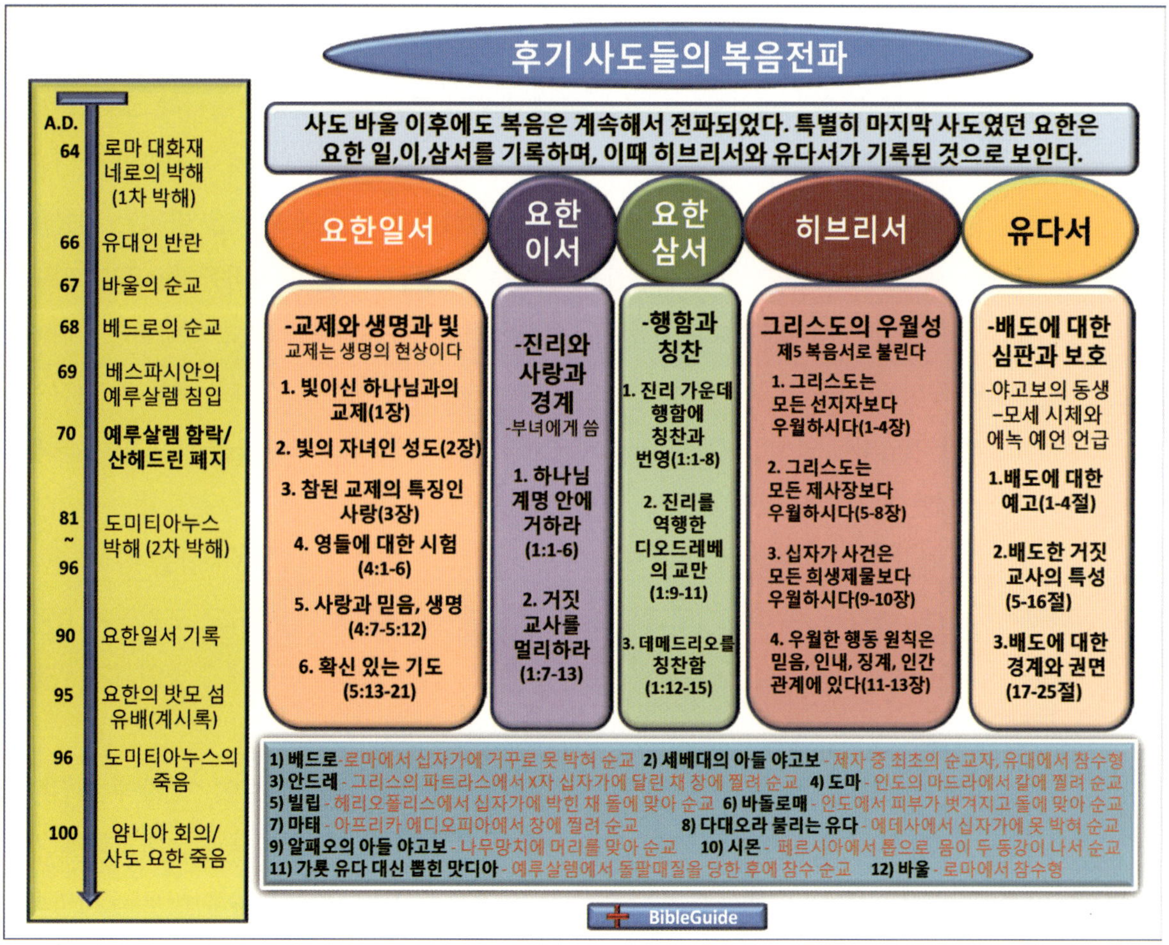

바울 사도 이후에도 복음 전파는 계속되었습니다. 만민에게 복음이 전파되는 것이 하나님의 뜻이었기 때문입니다(막 16:15). 바울 사도 이후의 사도들을 후기 사도들이라고 부르는데, 특별히 요한 사도는 요한일, 이, 삼서를 기록하였고, 이때 히브리서와 유다서가 기록된 것으로 보입니다.

너희가 그리스도의 이름으로 치욕을 당하면 복 있는 자로다 영광의 영 곧 하나님의 영이 너희 위에 계심이라(벧전 4:14)

그러나 기독교에 대한 박해와 핍박은 계속되었고, 특별히 로마의 네로 황제(A.D. 54~68년)는 포악하고 잔인한 왕으로 A.D. 64년 로마 대화재 때는 수금을 타면서 즐겼다는 일화가 전해지고 있습니다. 진위는 알 수 없지만 네로가 고의적으로 불을 놓았다는 설이 있습니다. 네로가 그 책임을 그리스도인들에게 전가함으로 그리스도인들을 무자비하게 박해하고 자신은 그 일과 무관한 것으로 꾸몄다고 전해집니다.

네로의 박해 때 많은 그리스도인들이 놀이의 대상이 되어 순교를 당했습니다. 로마 역사가 타키투스에 의하면 "그들은 짐승의 가죽을 입힌 채로 개들에게 던져져 갈기갈기 찢김을 당했는가 하면, 어떤 이들은 십자가상에서 죽임을 당하였고, 밤중에 어둠을 밝히는 횃불로써 사용된 자들도 있었다"고 기록하고 있습니다. 초기 기독교 저술가인 터툴리안은 그 당시 국가의 재난이 있을 때마다 그리스도인들은 속죄 염소(아사셀)가 되었다고 말합니다. "티베르 강물이 로마의 성벽만큼 높아져도, 나일 강의 물이 주위 평야를 적시지 못해도, 지진이나 기근이나 전염병이 발생하여도 그들의 즉각적인 외침은 '그리스도인들을 사자 밥이 되게 하라'는 것이었다"고 적고 있습니다.

그럼에도 불구하고 복음은 후기 사도들과 믿는 자들에 의해 끊임없이 세상을 향해 증거되고 하나님의 나라는 세워져 가고 있었습니다. 만민에게 복음이 전파되고 구원받는 것이 하나님의 뜻이기 때문입니다. 예수님께서는 "이 천국 복음이 모든 민족에게 증언되기 위하여 온 세상에 전파되리니 그제야 끝이 오리라"(마 24:14)고 하셨습니다.

만민에게 복음이 전파되는 것은 종말과도 연관이 있습니다. 예수님이 이 이 땅에 재림하셔서 하나님의 나라를 이루시는 요건이 되기도 합니다. 그러므로 사도들과 초대교회의 기도 위에 세워진 이 땅의 교회들과 성도들은 복음 전파를 통해 만민 구원을 이루는 사명으로 살아야 합니다. '복음 전파, 만민 구원'은 우리 교회와 성도들에게 주신 사명일 뿐 아니라 특권이기도 합니다. 우리가 영원히 살아가야 할 '하나님 나라'를 세우는 일에 동참하는 것이기 때문입니다.

박해와 순교

1. 보통 10대 박해가 있었다고 전해지고 있습니다.

이때 사도들뿐만 아니라 수많은 그리스도인들이 순교를 통해 믿음을 지키었고 끝까지 복음을 전파하였습니다. 수리아 감독이었던 이그나티우스는 로마로 압송되어 사자에게 찢기어 순교했으며, 서머나 교회 감독이었던 폴리캅은 거짓말이라도 사람들 앞에서 예수를 부인하면 모든 것을 보장해 주겠다는 회유에도 "주님은 지난 80년 동안 단 한 번도 나를 떠나신 적이 없는데 내가 어떻게 거짓말이라도 그 주님을 배신할 수 있겠느냐"며 화형장으로 걸어 들어가 순교를 당했다고 전해지고 있습니다.

이와 같이 믿음의 선배들은 자신들의 믿음을 지키고 복음을 전하기 위해 목숨까지도 기꺼이 바쳤습니다. 그들은 박해 가운데 서로 그리스도인임을 알리기 위해 물고기 그림으로 '예수 그리스도 하나님의 아들 구세주'라는 신앙고백과 함께 자신들을 알리기도 했습니다.

> 세상이 너희를 미워하면 너희보다 먼저 나를 미워한 줄을 알라 너희가 세상에 속하였으면 세상이 자기의 것을 사랑할 것이나 너희는 세상에 속한 자가 아니요 도리어 내가 너희를 세상에서 택하였기 때문에 세상이 너희를 미워하느니라 내가 너희에게 종이 주인보다 더 크지 못하다 한 말을 기억하라 사람들이 나를 박해하였은즉 너희도 박해할 것이요 내 말을 지켰은즉 너희 말도 지킬 것이라(요 15:18-20)

> 또 이르시되 너희는 온 천하에 다니며 만민에게 복음을 전파하라(막 16:15)

특별히 사도들은 바울을 포함하여 대부분의 사도들이 순교한 것으로 전해집니다. 베드로는 네로 시대에 로마에서 십자가에 거꾸로 못 박혀 순교했고, 세베대의 아들 야고보는 제자 중 최초의 순교자로 헤롯 아그립바 1세 때 참수형을 당했습니다. 안드레는 그리스의 파트라스에서 X자 십자가에 달린 채 창에 찔려 순교했으며, 빌립은 헤리오폴리스에서 십자가에 못 박힌 채 돌에 맞아 순교했고, 나다나엘로 알려진 바돌로매는 인도에서 피부가 벗겨지고 돌에 맞아 순교했다고 전해집니다. 도마는 인도의 마드라에서 칼에 찔려 순교했으며, 마태는 아프리카 에디오피아에서 창에 찔려 순교했고, 알패오의 아들 야고보는 나무망치에 머리를 맞아 순교했으며, 시몬은 페르시아에서 톱으로 몸이 두 동강이 나서 순교했습니다. 다대오라 불리는 유다는 에데사에서 십자가에 못 박혀 순교했고, 마지막에 가룟 유다 대신 뽑힌 맛디아도 예루살렘에서 돌팔매질을 당한 후에 참수형을 당했다고 전해집니다. 네로 황제에 의해서 로마에서 참수형을 당한 바울까지, 거의 대부분이 순교를 당한 것입니다. 그러나 이들은 아프리카와 인도까지 복음을 전했고, 이제 복음은 땅 끝을 향해 나아가고 있었습니다.

마지막 사도인 요한 사도가 기록한 책들은 무엇입니까?

의를 위하여 박해를 받은 자는 복이 있나니 천국이 그들의 것임이라 나로 말미암아 너희를 욕하고 박해하고 거짓으로 너희를 거슬러 모든 악한 말을 할 때에는 너희에게 복이 있나니 기뻐하고 즐거워하라 하늘에서 너희의 상이 큼이라 너희 전에 있던 선지자들도 이같이 박해하였느니라(마 5:10-12)

길안내 요한 사도

세베대의 아들이며 야고보의 형제로 모친은 살로메(막 15:40)입니다. 예수님의 열두 제자 중 하나로 예수님께서 '우레의 아들'이라고 부르실 정도로 젊어서는 성격이 급하고 불같은 사람이었을 것입니다. 배와 그물을 다 버리고 즉각 예수님을 따른 것으로 보아 결단력도 있었고(마 4:21-22), 모친을 통해 예수님께 높은 직책을 요구할 만큼 야심이 큰 사람이었습니다(마 20:20-23). 그러나 그는 말년에 '사랑의 사도'로 불릴 만큼 사랑으로 순화되고 사랑이 많았던 사도였습니다(요일 3:17-18).

예수님의 공생애 초기부터 로마 황제 도미티안(A.D. 81~96) 통치 이후까지, 즉 A.D. 27~95년 이후까지 활약했던 마지막 사도였습니다. 이 기간 동안에 교회는 유대교의 종교적 박해와 로마 제국의 정치적 박해 및 이단의 공격 등 대내외적인 시련을 거치면서도 오히려 조직을 정비하고 정통 교리 등을 정립하는 등 꾸준하게 성장하였습니다. 이때 교회의 조직 정비, 정통 교리의 정립 등을 이루었습니다.

예수님의 사랑받는 제자로 알려진 요한 사도는 요한복음과 요한 1·2·3서, 그리고 요한계시록의 저자이며, 저술 가운데 '사랑'에 대하여 50번 이상이나 기록할 정도로 사랑의 사도로서 신앙생활에 있어서 사랑의 실천의 중요성을 가장 많이 강조하여 가르쳤습니다.

요한일서

2. 요한 사도는 밧모 섬에 유배 가기 전 A.D. 90년경에 세 권의 책을 썼습니다.

마지막까지 남은 그리스도의 산 증인으로서 새 세대에게 하나님 안에서의 올바른 사랑과 믿음을 장려하기 위해 요한복음을 기록하고, 몇 년 후에 요한일서를 썼습니다. 이 책들은 밧모 섬에 유배 가기 이전에 소아시아의 에베소에서 쓴 것으로 추정하고 있습니다.

> 이 생명이 나타내신 바 된지라 이 영원한 생명을 우리가 보았고 증언하여 너희에게 전하노니 이는 아버지와 함께 계시다가 우리에게 나타내신 바 된 이시니라(요일 1:2)

요한 사도는 먼저 빛이신 하나님과의 교제가 얼마나 큰 기쁨인가를 말하고 있습니다(요일 1:3-4). 나아가 참된 교제의 특징은 사랑이라고 말씀하고 있습니다. 하나님에 대한 사랑은 또한 형제 사랑으로 나타나야 함을 강조합니다. "우리는 형제를 사랑함으로 사망에서 옮겨 생명으로 들어간 줄을 알거니와 사랑하지 아니하는 자는 사망에 머물러 있느니라"(요일 3:14). 믿는 자들의 형제 사랑은 반드시 나타나야 하는 것임을 강조하고 있습니다.

우리가 이렇게 사랑해야 하는 이유는, 바로 우리 안에 예수 그리스도의 생명이 있기 때문이라고 말씀하고 있습니다. "또 증거는 이것이니 하나님이 우리에게 영생을 주신 것과 이 생명이 그의 아들 안에 있는 그것이니라 아들이 있는 자에게는 생명이 있고 하나님의 아들이 없는 자에게는 생명이 없느니라 내가 하나님의 아들의 이름을 믿는 너희에게 이것을 쓰는 것은 너희로 하여금 너희에게 영생이 있음을 알게 하려 함이라"(요일 5:11-13). 요한 사도는 요한일서에서 빛, 사랑, 교제, 생명, 믿음, 기도에 대해서 말씀하고 있습니다.

요한 사도는 믿는 자들이 서로 사랑해야 할 이유를 무엇이라고 말씀하고 있습니까?

요한이서

3. 요한이서는 '택하심을 받은 부녀와 그의 자녀'(1절)에게 쓰고 있습니다.

하지만 아마 문학적인 표현으로, 어떤 특정 개인을 가리킨다기보다 교회 전체를 지칭하는 표현으로 봅니다.

> 또 사랑은 이것이니 우리가 그 계명을 따라 행하는 것이요 계명은 이것이니 너희가 처음부터 들은 바와 같이 그 가운데서 행하라 하심이라(요이 1:6)

사도 요한은 하나님의 계명을 지키고, 거짓 가르침을 멀리하며, 예수 그리스도께서 보여주신 아가페 사랑으로 사랑하는 것이 온전한 사랑임을 강조하고 있습니다. 특별히 당시 헬라 철학에 영향을 받은 영지주의의 거짓 가르침을 경계하라고 말하면서 그들에 대하여 이렇게 말씀하고 있습니다. "미혹하는 자가 세상에 많이 나왔나니 이는 예수 그리스도께서 육체로 오심을 부인하는 자라 이런 자가 미혹하는 자요 적그리스도니 너희는 스스로 삼가 우리가 일한 것을 잃지 말고 오직 온전한 상을 받으라"(요이 1:7-8).

당시 영지주의는 어떤 사상을 가지고 있었습니까?

요한삼서

4. 요한삼서는 가장 짧은 편지로 가이오에게 보낸 편지입니다.

그러나 개인적이고 짧은 서신임에도 불구하고 당시 순회 교사들을 따듯하게 대접해 주었던 가이오에 대한 칭찬을 통해 당시 복음 전파의 역사를 보여주고 있습니다. 당시 요한뿐만 아니라 많은 사역자들이 떠돌아다니며 생활을 해야 했기 때문에 가이오와 같은 후원자들이 필요했고, 그들을 격려하기 위해 쓰여졌을 것입니다.

> 사랑하는 자여 네 영혼이 잘됨같이 네가 범사에 잘되고 강건하기를 내가 간구하노라 형제들이 와서 네게 있는 진리를 증언하되 네가 진리 안에서 행한다 하니 내가 심히 기뻐하노라(요삼 1:2-3)

진리는 아는 데 그치지 않고 사랑으로 나타날 때 참으로 진리를 안다고 할 수 있고, 그러기에 진리를 행하는 것은 믿음을 나타내는 것이기에 하나님이 기뻐하시는 것입니다. "내가 내 자녀들이 진리 안에서 행한다 함을 듣는 것보다 더 기쁜 일이 없도다"(요삼 1:4).

요한 사도는 서문에서 "사랑하는 자여 네 영혼이 잘됨같이 네가 범사에 잘되고 강건하기를 내가 간구하노라"(요삼 1:2)고 기도하고 있습니다. 왜 '영혼이 잘됨같이……'라고 기도하고 있을까요?

히브리서

5. 제5복음서로 불리는 히브리서는 그리스도의 우월성을 강조하고 있습니다.

히브리서는 당시 유대교를 신봉하는 유대인들에게, 그들이 신봉하는 모든 유대교적인 요소들보다 그리스도께서 우월하시다는 것을 조목조목 비교 증명해 나가고 있습니다. 그리스도께서는 천사나 모든 선지자나 모세나 여호수아나 아론이나 모든 레위인보다 더 우월하시다고 증거하고 있습니다. 또한 십자가 사건은 모든 희생 제물보다 더 우월하며, 구약의 모든 것은 그림자에 불과하며, 실체이신 그리스도께서 오심으로 완전해졌다고 증거하고 있습니다.

콜리지(Coleridge)는, 로마서가 기독교의 필요성을 입증한 것이라면 히브리서는 기독교의 우수성을 입증한 것이라고 했습니다. 그래서 히브리서를 제5복음서라고 부르기도 하는 것입니다. 그러므로 그리스도를 믿는 그리스도인의 삶은 믿음으로 살아야 승리할 수 있다고 말씀하고 있습니다. 때로 징계가 있을 때에도 인내하며 그리스도의 사랑을 확신하고 믿음의 경주를 끝까지 달려가야 한다는 것입니다. 특별히 믿음은 사람과의 관계 속에서 증명되어야 한다고 말씀하고 있습니다.

그가 천사보다 훨씬 뛰어남은 그들보다 더욱 아름다운 이름을 기업으로 얻으심이니(히 1:4)

옛적에 선지자들을 통하여 여러 부분과 여러 모양으로 우리 조상들에게 말씀하신 하나님이 이 모든 날 마지막에는 아들을 통하여 우리에게 말씀하셨으니 이 아들을 만유의 상속자로 세우시고 또 그로 말미암아 모든 세계를 지으셨느니라 이는 하나님의 영광의 광채시요 그 본체의 형상이시라 그의 능력의 말씀으로 만물을 붙드시며 죄를 정결하게 하는 일을 하시고 높은 곳에 계신 지극히 크신 이의 우편에 앉으셨느니라(히 1:1-3)

그러므로 우리에게 큰 대제사장이 계시니 승천하신 이 곧 하나님의 아들 예수시라 우리가 믿는 도리를 굳게 잡을지어다(히 4:14)

왜 예수님을 우리의 큰 대제사장으로 부르고 있을까요?(히 4:14)

길안내 히브리서의 중요성

히브리서는 성경에 있어서 구약이 어떤 역할을 하였는가에 대한 해답을 주고 있습니다. 신약에 나타난 복음이 구약에 그 뿌리를 두고 있다는 사실을 발견하게 됩니다. 히브리서에는 저자의 이름이 나오지 않고 있기 때문에 누가 기록했는지 분명치 않지만, 학자들 중에는 바울을 히브리서의 저자로 보는 사람이 많습니다. 그리고 주후 70년 로마의 디도 장군에 의해 예루살렘이 멸망당하기 전인 61년경부터 63년경에 쓴 것으로 예측하고 있습니다.

히브리서라고 하는 이름이 붙은 것은 주후 200년경 일이지만 왜 그런 이름을 붙였는지에 대해서는 뚜렷한 이유를 찾지 못하고 있습니다. 다만 율법적인 제사 제도와 그리스도의 관계가 어떤 것인가에 대하여 논증하고 있는 점으로 보아 예수 그리스도를 대제사장으로 인정하지 않는 유대인들에게, 하나님이 율법에서 언약하신 메시아는 예수란 사실을 깨닫게 하여 그들로 복음을 받아들이게 하려는 데 히브리서를 쓴 목적이 있을 것이라고 생각합니다.

히브리서의 강조점은 신약이 구약보다 뛰어나다는 데 있습니다. 유대인들은 신약이 구약과 아무런 연관 관계가 없는 것으로 알고 있었습니다. 그뿐 아니라 구약에 있는 제사 제도나 제사 직분이 신약과는 거리가 먼 것으로 여겨 신약성경이나 복음을 무시했습니다. 그러나 히브리서에서는 신약은 구약의 본체란 점과 그리스도의 제사장 직분이 구약에 나오는 레위 지파의 제사장 직분보다 월등하다는 사실을 찾아볼 수 있습니다. 그리고 그리스도의 희생이 구약에서 드린 동물의 희생보다 더욱 완전하고 영원한 것임을 설명하고 있습니다. 왜 그리스도께서 우리의 대제사장이 되시며, 구약의 모든 율법과 예언과 계시가 신약에 와서 그리스도 안에서 어떻게 성취되었는가를 말씀해 주고 있는 것입니다.

유다서

6. 유다서의 저자는 예수님의 형제인 야고보의 동생으로 알려져 있습니다.

> 예수 그리스도의 종이요 야고보의 형제인 유다는 부르심을 받은 자 곧 하나님 아버지 안에서 사랑을 얻고 예수 그리스도를 위하여 지키심을 받은 자들에게 편지하노라(유 1:1)

당시 소아시아는 영지주의의 영향으로 구원을 빙자한 극단적인 방종주의로 말미암아 교회가 위기에 처해 있었습니다. 유다는 이러한 이단 사상에 대하여 단호하게 대처해야 한다는 것을 말하고, 과거에도 타락한 천사나 가인이나 발람이나 고라가 정죄되었던 것처럼 거짓 교사들도 하나님의 진노를 피하지 못하리라는 것을 경고하고 있습니다. 그러므로 오직 예수 그리스도에 대한 확고한 신앙을 붙들고 사는 것이 가장 큰 축복이라고 말씀합니다. "능히 너희를 보호하사 거침이 없게 하시고 너희로 그 영광 앞에 흠이 없이 기쁨으로 서게 하실 이 곧 우리 구주 홀로 하나이신 하나님께 우리 주 예수 그리스도로 말미암아 영광과 위엄과 권력과 권세가 영원 전부터 이제와 영원토록 있을지어다 아멘"(유 1:24-25).

유다는 거짓된 교사들의 특징을 무엇이라고 말하고 있습니까?

사랑하는 자들아 너희는 너희의 지극히 거룩한 믿음 위에 자신을 세우며 성령으로 기도하며 하나님의 사랑 안에서 자신을 지키며 영생에 이르도록 우리 주 예수 그리스도의 긍휼을 기다리라(유 1:20-21)

길안내 유다서

유다서의 저자는 예수님의 형제이며 예루살렘 교회의 지도자였던 유다로 인정되고 있습니다. 이는 본서 내용 속에서 저자가 자신을 예수님의 육적 동생이며 야고보서의 저자로 추정되는 야고보의 형제로 기록한 것(유 1:1)을 통해 증거되며, 또한 전통적으로 초대 교부들도 본서가 유다의 저작임을 인정하고 있습니다.

유다서의 수신 대상자는 소아시아나 수리아 지방으로 추정됩니다. 그 이유는 본 서신의 내용이 이 지역들에서 만연한 영지주의 및 도덕 폐기론에 대해 준엄한 비판을 가하고 있기 때문입니다.

본서의 정확한 기록 연대는 알려져 있지 않지만, 본서가 주로 1세기 후반에 성행한 영지주의에 대한 경계를 다루고 있고, 또한 예루살렘 함락(A.D. 70년)에 대한 예언적 형태의 기록이 없는 것으로 보아 A.D. 70~80년경으로 추정됩니다.

공동서신에 속하는 유다서는 대부분의 서신들과 마찬가지로 초대교회 당시 최대의 이단인 영지주의에 대해서 언급하고 있으며, 바울 서신들이 주로 이론적인 측면에서 이단의 정체를 파헤친 반면 본서는 주로 현실에 나타난 이단의 구체적인 실체를 파헤치고 있습니다.

특히 많은 거짓 가르침들 중에서도 당시 교회를 극도로 오염시키고 성도들을 미혹하였던 그리스도의 성육신을 부정하고 육체를 악한 것으로 간주함으로 방종을 일삼는 영지주의 이단에 대한 경계 및 경고를 다루고 있습니다. 영지주의자들의 육체적 정욕에 따른 생활, 영적 권위의 무시, 원망, 불평 등 비경건한 삶을 지적하며, 성도들은 끝까지 신앙을 지키며 정결하게 살아야 할 것을 강조하는 것입니다.

제9과

한눈에 보는 영원천국

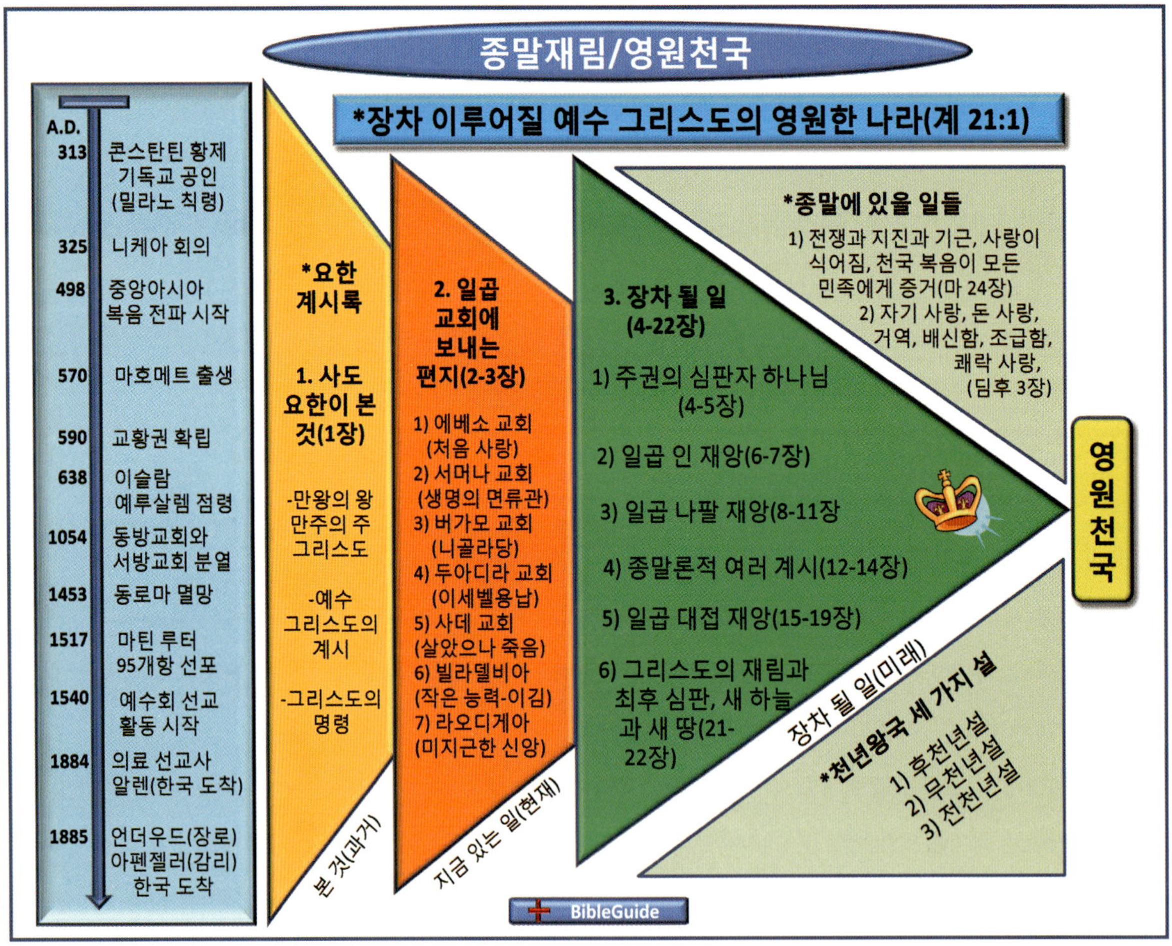

성경은 파라다이스인 에덴 동산에서 시작하여 하나님 나라 천국을 지향하고 있습니다. 인간이 타락하여 잃어버린 하나님과의 관계, 그리고 구원을 회복하여 하나님이 통치하시는 천국에서 영생 복락을 누리게 하시는 것이 하나님의 마음이요 계획입니다. 그래서 언약의 책인 성경에는 개인의 구원과 함께 세상 종말에 일어날 일들, 그리고 내세에 일어날 일들이 예언되어 있습니다.

또 내가 새 하늘과 새 땅을 보니 처음 하늘과 처음 땅이 없어졌고 바다도 다시 있지 않더라(계 21:1)

그러나 성경의 기록은 간략하고 암시적이므로 우리의 모든 궁금증을 충분히 풀어 줄 수 없을 뿐 아니라 여러 가지 견해나 해석이 나올 수 있습니다. 그러므로 우리는 성경을 억지로 풀거나 임의적으로 해석하지 말고 성경이 가는 데까지 가고, 성경이 멈추는 데서 멈추는 지혜와 겸손이 필요합니다.

성경의 마지막 책인 요한계시록은 '예수 그리스도의 계시로 반드시 속히 될 일'(계 1:1)들을 말씀해 주고 있습니다. 그리고 요한계시록의 마지막은 "아멘 주 예수여 오시옵소서"(계 22:20)라는 간절한 소망으로 끝맺고 있습니다. 장차 주 예수 그리스도의 재림으로 하나님의 나라는 이루어질 것입니다. 누가 뭐라고 해도 이 세상의 역사는 바로 이 지향점을 향해 달려가고 있는 것입니다.

예수 그리스도의 계시라 이는 하나님이 그에게 주사 반드시 속히 일어날 일들을 그 종들에게 보이시려고 그의 천사를 그 종 요한에게 보내어 알게 하신 것이라 요한은 하나님의 말씀과 예수 그리스도의 증거 곧 자기가 본 것을 다 증언하였느니라 이 예언의 말씀을 읽는 자와 듣는 자와 그 가운데에 기록한 것을 지키는 자는 복이 있나니 때가 가까움이라(계 1:1-3)

요한계시록

1. 요한계시록은 요한 사도가 밧모 섬에 유배되었을 때 환상 가운데 주님께 받은 계시를 기록한 것입니다.

'계시록'이란 제목은 계시록 1장 1절의 '계시'(아포칼립스)라는 말에서 유래되었습니다. 이 단어는 '하나님 구원 섭리의 드러냄'이라는 뜻과 '현 세상의 종말과 새 천국의 도래 과정을 독특한 문학 양식을 통해 드러냄'이라는 의미로 사용되기도 합니다. 일반적으로 전자를 '계시'라고 하고, 후자를 '묵시'라는 용어로 사용합니다.

곧 살아 있는 자라 내가 전에 죽었었노라 볼지어다 이제 세세토록 살아 있어 사망과 음부의 열쇠를 가졌노니 그러므로 네가 본 것과 지금 있는 일과 장차 될 일을 기록하라(계 1:18-19)

요한계시록을 많은 사람들이 어렵게 생각하거나 또 억지로 해석하여 문제가 되기도 합니다. 칼빈도 요한계시록을 주석하지 않았다고 해서 덮어 두자는 생각을 가지는 사람도 있습니다. 그러나 요한계시록은 반드시 '읽고 듣고 지켜야 할 책'(계 1:3)입니다. 하나님이 '반드시 속히 될 일'을 그 종들에게 보이시려고 주신 것이기 때문입니다. 여기 '속히 될 일'이란 앞으로 있을 일을 말하는데, 여기에는 '지금 있는 일'과 '장차 있을 일'이 포함되어 있습니다(계 1:19). '지금 있는 일'이란 2-3장에 나와 있는 일곱 교회에 대한 말씀이요, '장차 있을 일'이란 4장 이후에 나오는 말씀을 가리키고 있습니다.

또 내가 새 하늘과 새 땅을 보니 처음 하늘과 처음 땅이 없어졌고 바다도 다시 있지 않더라 또 내가 보매 거룩한 성 새 예루살렘이 하나님께로부터 하늘에서 내려오니 그 준비한 것이 신부가 남편을 위하여 단장한 것 같더라(계 21:1-2)

이르되 네가 보는 것을 두루마리에 써서 에베소, 서머나, 버가모, 두아디라, 사데, 빌라델비아, 라오디게아 등 일곱 교회에 보내라 하시기로(계 1:11)

물론 '장차 있을 일'이라고 해서 특별히 마지막 종말 때에 있을 일련의 사건들만을 가리킨다고 보면 안 됩니다. '장차 있을 일'이란 말 그대로 사도 요한의 때로부터 이 세상 마지막 날까지, 곧 새 하늘과 새 땅이 이루어질 때까지 있을 일들을 가리킨다고 봐야 합니다. 다시 말하면, 전 교회시대를 통틀어서 이루어질 일들을 기록했다는 폭넓은 시각으로 봐야 한다는 것입니다. 어떤 특정한 사건이나 연대를 말할 수도 있지만, 중요한 것은 세상 종말에 있을 예수 그리스도의 재림과 부활과 심판에 초점을 맞추고 있다는 것입니다.

따라서 계시록에서는 이 땅의 교회가 어떠한 영적 싸움을 싸우는가와 함께 종말론적으로 어떻게 승리하는가를 보여준다고 하겠습니다.

교회는 이 세상에서 많은 환난과 핍박을 당합니다. 특별히 마지막 때가 되면 이단들의 온갖 미혹과 세상의 유혹, 그리고 박해자들의 탄압과 박해를 받고, 또한 사회 활동과 경제 활동에도 많은 어려움을 당하며, 경우에 따라서는 많은 순교자를 내기도 합니다. 이러한 세상의 배후에는 용 곧 사탄이 있다는 것입니다. 사탄은 세상의 권력들과 거짓 선지자들을 통해 교회를 핍박하고 미혹합니다. 사탄은 자기가 할 수 있는 모든 수단을 다 동원해서 복음을 전하지 못하게 하며, 하나님의 교회를 핍박합니다. 그래서 교회는 마치 죽임을 당하여 그 존재가 끊어지는 듯이 보이기도 합니다. 즉, 사탄이 승리한 것처럼 보이는 것입니다.

계시록에서는 무엇을 말해 주고 있습니까? 그렇지 않다는 것입니다. 잠시 사탄이 이긴 것 같지만 결국은 교회가 승리합니다. 왜냐하면 교회의 배후에는 그리스도께서 계시고, 그리스도께서 사탄을 이기셨기 때문입니다. 그래서 이 세상은 궁극적으로 다시 오실 그리스도께서 세세토록 왕으로 통치하실 것입니다(계 11:15). 따라서 요한계시록에는 그리스도께서 승리자가 되심을 반복적으로 말하고 있습니다. 그는 처음이요 나중이며, 죽었다가 살아나신 이시며, 세세토록 살아 있어 사망과 음부의 열쇠를 가지고 계십니다(계 1:17-18). 또한 '유대 지파 다윗의 뿌리가 이기었다'고 합니다(계 5:5). 그리고 '흰 말이 있는데 그 탄 자가 활을 가졌고 면류관을 받고 나가서 이기고 또 이기려고 한다'고 합니다(계 6:2). 그리스도는 사망과 음부의 권세를 이기시고, 또한 용과 짐승과 그에게 경배하는 무리들을 이기십니다.

그래서 요한계시록의 주제는 다음 구절에서 잘 나타나 있습니다. "그들이 어린 양과 더불어 싸우려니와 어린 양은 만주의 주시요 만왕의 왕이시므로 그들을 이기실 터이요 또 그와 함께 있는 자들 곧 부르심을 받고 택하심을 받은 진실한 자들도 이기리로다"(계 17:14). 그리고 새 하늘과 새 땅입니다. 새 예루살렘이 신부가 남편을 위하여 준비한 것같이 하나님께로부터 내려올 것입니다(계 21:1-2).

요한계시록 21-22장에서 영원한 천국을 어떻게 설명하고 있습니까?

-Pillar Church에서 인용-

그리스도의 재림

2. 예수 그리스도는 약속하신 대로 반드시 다시 오십니다.

예수님은 자신의 재림에 대하여 여러 차례에 걸쳐 말씀하셨습니다. 승천할 때 천사도 예고하였고(행 1:11), 사도들도 이에 대해 여러 번 강조하였습니다. 성경에는 그리스도의 초림에 대한 예언보다 재림에 대한 예언이 더 많습니다.

> 이르되 갈릴리 사람들아 어찌하여 서서 하늘을 쳐다보느냐 너희 가운데서 하늘로 올려지신 이 예수는 하늘로 가심을 본 그대로 오시리라 하였느니라(행 1:11)

그러나 그 시기에 대해서는 아무도 알지 못한다고 못 박고 있습니다(마 24:43; 벧후 3:10). 다만 우리는 재림에 대한 몇 가지 징조를 통해 시대를 분별할 수 있기에 항상 영적으로 깨어 있어야 합니다. 성경에 나와 있는 재림의 징조들을 살펴보면, 첫째는 복음의 세계적 전파를 들 수 있습니

> 이 천국 복음이 모든 민족에게 증언되기 위하여 온 세상에 전파되리니 그제야 끝이 오리라(마 24:14)

다. 복음이 전 세계 모든 사람들에게 들려져서 그리스도에게 돌아올 기회가 부여되는 것입니다(마 24:14; 롬 11:26). 둘째, 이스라엘의 회심을 들 수 있습니다. 마지막 때가 되면 이스라엘 민족 중 많은 사람이 그리스도를 믿고 돌아오게 된다고 성경은 예언하고 있습니다(슥 12:10; 롬 11:25-26). 셋째, 적그리스도의 출현을 들 수 있습니다. 적그리스도가 등장하여 많은 사람들을 미혹할 것입니다. 그러나 적그리스도는 하나님의 공의로운 심판으로 멸절하게 될 것이라고 말씀합니다(살후 2:3-10). 넷째, 대 배교와 대환란이 있게 될 것입니다. 거짓 선지자(마 24:11, 24)와 거짓 그리스도(마 24:5, 23)가 등장하여 많은 사람으로 하여금 변절하게 만들며, 세상은 전쟁과 기근과 지진으로 인하여 큰 고통을 당하게 될 것입니다(마 24:7-9, 21).

형제들아 너희가 스스로 지혜 있다 하면서 이 신비를 너희가 모르기를 내가 원하지 아니하노니 이 신비는 이방인의 충만한 수가 들어오기까지 이스라엘의 더러는 우둔하게 된 것이라(롬 11:25)

예수 그리스도의 재림은 초림 때와는 대조적으로 영광 가운데 만왕의 왕으로, 심판의 주로 오셔서 성도의 구원을 완성하시며 악인의 최후 심판을 하실 것입니다(마 24:30-33; 살전 4:16-17; 살후 1:7-8).

왜 성경은 예수님의 재림의 때를 모른다고 하였을까요?

천년왕국

3. 성경은 그리스도께서 왕으로 계시는 천년왕국을 말씀하고 있습니다.

요한계시록 20장 6절에 보면, "이 첫째 부활에 참여하는 자들은 복이 있고 거룩하도다 둘째 사망이 그들을 다스리는 권세가 없고 도리어 그들이 하나님과 그리스도의 제사장이 되어 천 년 동안 그리스도와 더불어 왕 노릇 하리라"는 말씀이 나옵니다. 이 말씀은 이미 계시록 11장 15절과 19장 6절에서 언급한 나라로, 이곳에서 천 년이란 연한이 나오기 때문에 '천년왕국'이란 단어가 생겨난 것입니다. 특별히 구약 다니엘서에서 하나님의 나라로 나오는 메시아 왕국은 결과적으로 요한계시록에 나오는 천년왕국과 한

이 첫째 부활에 참여하는 자들은 복이 있고 거룩하도다 둘째 사망이 그들을 다스리는 권세가 없고 도리어 그들이 하나님과 그리스도의 제사장이 되어 천 년 동안 그리스도와 더불어 왕 노릇 하리라(계 20:6)

맥으로 연결된 동일한 나라임을 발견하게 됩니다.

또 내가 보니 죽은 자들이 큰 자나 작은 자나 그 보좌 앞에 서 있는데 책들이 펴 있고 또 다른 책이 펴졌으니 곧 생명책이라 죽은 자들이 자기 행위를 따라 책들에 기록된 대로 심판을 받으니(계 20:12)

다시 밤이 없겠고 등불과 햇빛이 쓸 데 없으니 이는 주 하나님이 그들에게 비치심이라 그들이 세세토록 왕 노릇 하리로다(계 22:5)

그러나 예수 그리스도의 재림을 믿는 가운데서도 계시록 20장 1-6절의 해석 방법에 따라 각기 다른 천년왕국론을 주장하기도 합니다. 천년왕국론은 크게 세 가지로 나눌 수 있습니다. 첫째는 무천년설로, 천년을 문자적으로 보지 않고 완전한 기간, 즉 그리스도의 초림으로부터 재림 사이의 전체 기간을 상징한 것으로 보는 견해입니다. 이 같은 이들의 주장은 부활 문제에서 대두되었다고 볼 수 있습니다. 주의 재림 시에 생존 성도들의 변화와 죽은 성도들의 부활이 있게 된다면 천년왕국이 존속할 이유가 없다는 이론입니다. 이들은 계시록 20장 3절에 나오는 용을 결박하여 1천 년간 무저갱에 감금하는 일에 대하여 천 년 기간을 교회시대로 보고 있으며, 사탄의 결박은 복음을 전하기 위한 사탄의 활동의 제한을 의미한다고 말합니다. 첫째 부활에 대한 해석에는 그리스도인들의 '영적 부활'로 곧 중생을 의미하는 것이라고 생각합니다. 그리스도로 더불어 천 년 동안 왕 노릇 한다는 표현은 천상에 올라간 성도들이 천상에서 하는 그리스도인들의 생활을 뜻하는 것이라고 말합니다.

둘째는 후천년설입니다. 후천년설은 천년왕국의 문자적 해석을 배제하고 있습니다. 천년국은 새롭게 창조되거나 건설되는 나라가 아니라 땅 끝까지 복음이 전파되는 과정에서 하나님의 권능으로 이 세계에 의와 평화의 나라가 이루어지는데, 이 나라를 천년왕국이라고 한다는 설입니다. 세상의 종말은 명확하지는 않으나 문자적 천 년보다 훨씬 긴 세월 동안 복음이 전 세계에 전파되어 결국 이 세상은 자동적으로 이상적인 낙원이 되고 상징적인 의미의 천년왕국이 이 땅 위에 건설될 것이라는 것입니다.

셋째는 천년왕국을 문자적으로 받아들이는 전천년설을 들 수 있습니다. 전천년설은 또 두 가지로 나뉘는데, 세대주의적 전천년설과 역사적 전천년설입니다. 세대주의는 성경을 문자적으로 해석하여 역사를 일곱 시대로 구분하고, 그 마지막에 천년왕국 시대를 둡니다. 이 기간에 일어날 일들의 순서는 다음과 같습니다. 1) 그리스도의 공중 재림, 2) 죽었던 성도들이 신령한 몸으로 부활하여 공중에 들림, 3) 휴거된 성도들은 어린 양의 혼인잔치에 참여,

4) 적그리스도 출현과 7년 환난, 5) 복음 전파와 이스라엘의 대거 회심, 6) 그리스도의 지상 재림과 천년왕국 건설, 7) 1천 년 후 사탄의 석방, 8) 곡과 마곡의 전쟁 및 소멸, 9) 사탄이 불과 유황 못에 던져짐, 10) 악인의 부활과 대 심판, 11) 새 하늘과 새 땅 건설 등입니다.

다음으로 역사적 전천년설은, 그리스도께서 세상 종말에 있을 대환란 절정의 때에 재림하셔서 문자 그대로 천 년 동안 왕 노릇 하신다는 것입니다. 이 기간에 일어날 일들의 순서는 다음과 같습니다. 1) 환난 후 그리스도의 재림, 2) 죽은 성도의 부활(계 20:5-6), 3) 부활 성도 및 생존 성도의 공중 영접(살전 4:16-17), 4) 사탄의 감금(계 20:2-3)과 적그리스도의 멸망(계 20:3), 5) 천년왕국의 건설 진행과 이스라엘의 대거 회심, 6) 1천 년 끝에 곡과 마곡의 전쟁 및 소멸, 7) 사탄이 불과 유황 못에 던져짐, 8) 악인의 부활과 심판(계 20:11-15), 9) 새 하늘과 새 땅 건설 등입니다.

여기서 중요한 것은 '하나님의 나라는 하나님의 약속대로 이루어진다'는 것입니다. 주님이 왕이 되셔서 통치하시는 나라, 다시는 곡하는 것이나 애통이 없는 나라, 다시는 이별이나 죽음이 없는 나라, 그리고 하나님의 공의와 평화가 넘치는 영원한 나라가 이루어진다는 것입니다.

세 천년왕국론의 공통점은 무엇입니까?

___

___

___

7년 환난설

4. 요한계시록에서는 '7년 환난'에 대하여 말씀하고 있습니다.

> 성전 바깥 마당은 측량하지 말고 그냥 두라 이것은 이방인에게 주었은즉 그들이 거룩한 성을 마흔두 달 동안 짓밟으리라(계 11:2)

천년왕국론과 함께 계시록에 나오는 또 하나의 중요한 이슈는 바로 '7년 환난설'입니다(계 11:1-3). 무천년설을 주장하는 신학자들의 특징은 요한계시록이나 다니엘서에 나타난 종말적인 계시를 문자적으로 해석하지 않는다는 것입니다. 문자적으로 해석하지 않는다는 말은 성경에 나오는 모든 종말적인 계시를 거의 상징적으로 해석한다는 뜻이 됩니다. '7년 환난설'도 무천년설 입장에서는 아무런 의미가 없기 때문에 상징적으로 해석합니다.

전천년설 입장에서도 무천년설의 견해와 동일하게 7년 환난을 상징적으로 보는 견해가 있는가 하면, 7년 환난을 실제적인 7년 기간으로 해석하는 견해도 있습니다. 우선 7년 환난이란 기간이 성경 어디에 근거해서 나온 것인가 하는 문제입니다.

네 백성과 네 거룩한 성을 위하여 일흔 이레를 기한으로 정하였나니 허물이 그치며 죄가 끝나며 죄악이 용서되며 영원한 의가 드러나며 환상과 예언이 응하며 또 지극히 거룩한 이가 기름 부음을 받으리라 그러므로 너는 깨달아 알지니라 예루살렘을 중건하라는 영이 날 때부터 기름 부음을 받은 자 곧 왕이 일어나기까지 일곱 이레와 예순두 이레가 지날 것이요 그 곤란한 동안에 성이 중건되어 광장과 거리가 세워질 것이며(단 9:24-25)

성경에서 이 문제는 다니엘 9장 24-27절에 걸쳐 나오는 말씀에서 찾을 수 있습니다. 하나님께서는 어느 날 다니엘에게 바벨론에 잡혀가 있는 이스라엘 백성들의 장래 운명에 대한 계시를 가브리엘 천사를 통해서 보여주셨는데 여기서 '70이레'란 말이 처음 나옵니다. '이레'란 말은 7일이란 말로 '한 주간'을 의미합니다. 그러므로 70이레란 '70주간'으로, 날수로는 490일(70×7)이 됩니다. 그리고 하루를 1년으로 계산하여 490년으로 보는 것입니다. 하나님의 명령을 받은 가브리엘 천사는 다니엘에게 나타나 장차 이스라엘에게 돌아올 역사적인 운명에 대하여 결정적인 계시를 보여주면서 모든 사건의 진행이 70이레로 끝난다는 것을 밝히고 있습니다. '네 백성과 네 거룩한 성을 위하여 70이레로 기한을 정하였다'는 말이 그것입니다.

예순두 이레 후에 기름 부음을 받은 자가 끊어져 없어질 것이며 장차 한 왕의 백성이 와서 그 성읍과 성소를 무너뜨리려니와 그의 마지막은 홍수에 휩쓸림 같을 것이며 또 끝까지 전쟁이 있으리니 황폐할 것이 작정되었느니라 그가 장차 많은 사람들과 더불어 한 이레 동안의 언약을 굳게 맺고 그가 그 이레의 절반에 제사와 예물을 금지할 것이며 또 포악하여 가증한 것이 날개를 의지하여 설 것이며 또 이미 정한 종말까지 진노가 황폐하게 하는 자에게 쏟아지리라 하였느니라 하니라(단 9:26-27)

그리고 25절부터 70이레를 중요한 사건별로 분류해서 해석해 줍니다. 첫 번째 사건의 계시로는 25절에서 "예루살렘을 중건하라는 영이 날 때부터 기름 부음을 받은 자 곧 왕이 일어나기까지 일곱 이레와 예순두 이레가 지날 것이요"라고 했습니다. 여기서 '기름 부음을 받은 자가 일어난다'는 말은 초림의 예수님이 침례(세례)를 받으실 사건을 의미한다고 봅니다. 여기에서 '70이레의 계시'는 그 역사적인 시발점이 분명히 나와 있습니다. '예루살렘을 중건하라는 영이 날 때부터'라고 했습니다. 여기 나오는 예루살렘 중건령은 느헤미야 2장 5절 이하에서 말씀하는 것처럼 아닥다스다 왕 20년에 해당하는 주전 445년경을 가리킵니다. 이 영이 날 때부터 7이레와 62이레가 지난 후라고 했습니다. 이 숫자를 합하면 69이레인데, 이것을 7이레와 62이레로 나눈 이유는 성을 중건하면서 처음 7이레 기간 동안 주변의 이방 백성들로부터 어려움과 시련을 겪었던 시기이기 때문입니다. 그러고 나서 62이레가 지난 후가 되는 해가 바로 예수님이 공생애에 들어서신 30세쯤의 나이가 되는 시기인 것입니다.

다음에 26절 말씀을 보면, "예순두 이레 후에 기름 부음을 받은 자가 끊어져 없어질 것이며"라고 했습니다. 7이레가 지난 후 다시 62이레가 지난 후면 기름 부음을 받은 자가 끊어져 없어질 것이라는 것입니다. 이 사건은 예수님이 공생애를 마치시고 십자가에서 고난을 당하신 사건을 의미한다고 해석합니다. 말하자면 이스라엘이 당할 운명의 70이레인 490년 중에 꼭 483년이 지나면서 기름 부음을 받은 예수님의 초림 사건과 공생애를 마감하는 사건이 십자가 위에서 성취되었다고 보는 것입니다. 이렇게 해서 69이레가 걸렸습니다.

그러면 이제 나머지 한 이레, 7년이 남습니다. 그런데 7년에 관해서 다니엘 9장 27절은 "그가 장차 많은 사람들과 더불어 한 이레 동안의 언약을 굳게 맺고 그가 그 이레의 절반에 제사와 예물을 금지할 것이며"라고 말씀합니다. 중요한 문제는 여기 나오는 한 이레가 어느 시기에 적용되는 기간인가 하는 것입니다. 7년 환난을 상징적으로 해석하는 사람들은 한 이레가 69이레에 이어 계속적으로 전개되는 사건이어야 한다고 주장합니다. 그러므로 한 이레는 예수님이 고난을 당하신 이후 오늘까지 계속되는 교회시대를 의미한다고 말합니다. 26절 중반에 있는 '장차 한 왕의 백성이 와서 그 성읍과 성소를 무너뜨린다'는 예언을 주후 70년경에 있었던 로마의 디도 장군에 의해 예루살렘이 함락된 사건과 연결시킵니다. 그리고 '그가 그 이레의 절반에 제사와 예물을 금지할 것'이란 사건을 디도의 예루살렘 점령으로 예루살렘 성전이 무너졌고 그로 인하여 제사와 예물을 드리는 구약적 제사가 폐지된 것이라고 해석하는 것입니다. 그러므로 이들에게는 한 이레, 즉 7년이란 기간이 인류의 종말에 별도로 존재하는 환난의 기간을 의미하는 것이 아니라고 주장합니다.

이들의 이 같은 주장은 결국 다니엘 7장에 나오는 '한 때와 두 때와 반 때'란 말씀이나 요한계시록 11장, 12장이나 13장에 나오는 1,260일, 42달 등으로 계시된 모든 종말적인 기간을 신약시대의 상징적 기간으로 해석하게 합니다.

그러나 7년 환난을 종말적인 기간으로 보는 신학적 견해에서는, 원래 하나님께서 다니엘에게 70이레의 계시를 주신 목적은, 이스라엘의 최종적인 회복에 대하여 계시해 주고 있다는 데 기초하고 있습니다. 지금 다니엘은 교회의 운명에 대한 계시를 받고 있는 것이 아니라 이스라엘 민족의 역사적인 운명에 대한 계시를 받고 있다는 것입니다. 그렇다면 언제 이스라엘은 최종적으로 회복되느냐의 시기에 대해 70이레 끝에 가서 회복되는데, 이들의 회복은 이스라엘의 독립이나 영토적인 회복을 의미하는 것이 아니라 이스라엘의 최종적인 구원을 가리키며, 이때 그들에게 돌아갈 메시아 왕국에 대한 축복을 의미하는 것으로 보는 것입니다(롬 11:26-27). 이런 관점에서 볼 때 27절에 나오는 한 이레의 언약이나 그 이레의 절반 기간에 일어나는 사건은 예수님의 재림을 전후한 종말적인 사건이나 그 시기와 연결되지 않을 수 없다는 것입니다.

그렇다면 왜 70이레의 계시에 있어서 69이레와 한 이레의 기간이 그토록 긴가 하는 의문이 생깁니다. 그것은 27절에서 "그가 장차"라고 말씀하고 있는 대로, 이 '장차'란 말은 앞으로 언제 그런 시기가 올지 알 수 없는 미지의 기간을 의미하기 때문에 69이레의 사건과 한 이레의 사건에 오랜 역사적 공백 기간이 있다고 보는 것입니다. 그리고 '장차 한 왕의 백성이 와서 성읍과 성소를 무너뜨리는 사건'도 70년대에 있었던 디도 장군의 침공 사건을 의미하는 것이 아니라 인류의 종말에 적그리스도에 의해 최종적으로 예루살렘이 무너지는 모습을 의미하고 있다고 봅니다.

또한 7년 환난 기간에 있어서 7년 환난을 둘로 구분해서 전 3년 반 기간과 후 3년 반 기간으로 나누고 있습니다. 계시록 11장 3절에 두 증인이 '굵은 베옷을 입고 1,260일을 예언하리라'고 했는데, 이것이 전 3년 반 기간입니다. 이 기간은 두 증인으로 등장하는 하나님의 종들의 예언 기간인데, 이들은 이 예언을 마친 후 7절에 나오는 말씀대로 무저갱에서 올라오는 짐승에게 순교를 당합니다. 그리고 이들이 순교를 당한 후 이 세상은 즉시 대환란의 시기로 들어가는데, 이 대환란 기간이 후 3년 반의 기간으로 계시록 11장 2절에 "그들이 거룩한 성을 마흔두 달 동안 짓밟으리라"고 했습니다. 여기 나온 거룩한 성은 인류의 종말에 회복될 예루살렘을 의미한다고 봅니다. 적그리스도가 나타나 7년 환난 중 후 3년 반 기간 예루살렘을 짓밟을 것이라고 해석하는 것입니다(단 7:25).

성령과 신부가 말씀하시기를 오라 하시는도다 듣는 자도 오라 할 것이요 목마른 자도 올 것이요 또 원하는 자는 값없이 생명수를 받으라 하시더라……이것들을 증언하신 이가 이르시되 내가 진실로 속히 오리라 하시거늘 아멘 주 예수여 오시옵소서(계 22:17, 20)

그리고 계시록 12장 6절에 "그 여자가 광야로 도망하매 거기서 천이백육십 일 동안 그를 양육하기 위하여 하나님께서 예비하신 곳이 있더라"고 했는데, 이 기간은 후 3년 반 동안 하나님의 교회가 하나님이 예비하신 광야에서 특별하신 보호를 받는 기간으로 해석합니다. 이 기간은 계시록 13장 5절 말씀에 "또 짐승이 과장되고 신성 모독을 말하는 입을 받고 또 마흔두 달 동안 일할 권세를 받으니라"고 한 것처럼 짐승이 세계를 지배하는 기간인데 이 기간이 바로 후 3년 반이며, 이 기간이 끝남과 동시에 그리스도의 재림과 세상의 종말이 오는 것으로 보는 것입니다.

세상의 종말과 주님의 재림은 성도들에게 있어 두려워할 일이 아니라 소망으로 기다려야 하는 날입니다. 그토록 애타게 기다렸던 하나님의 나라가 이루어지고 완성되는 날이요, 주님의 통치 아래서 성도들이 영생 복락을 누리는 날이기 때문입니다. 사도 베드로는 베드로후서 3장 11-13절 이하에 이렇게 말씀하고 있습니다. "이 모든 것이 이렇게 풀어지리니 너희가 어떠한 사람이 되어야 마땅하냐 거룩한 행실과 경건함으로 하나님의 날이 임하기를 바라보고 간절히 사모하라 그날에 하늘이 불에 타서 풀어지고 물질이 뜨거운 불에 녹아지려니와 우리는 그의 약속대로 의가 있는 곳인 새 하늘과 새 땅을 바라보도다." 아멘.

여기 7년 환난설에 있어서 공통점은 무엇입니까?

한눈에 보는 성경의 길

1판 1쇄 인쇄 _ 2016년 2월 10일
1판 1쇄 발행 _ 2016년 2월 15일

지은이 _ 조낙현
펴낸이 _ 이형규
펴낸곳 _ 쿰란출판사

주소 _ 서울특별시 종로구 이화장길 6
편집부 _ 745-1007, 745-1301~2, 747-1212, 743-1300
영업부 _ 747-1004, FAX 745-8490
본사평생전화번호 _ 0502-756-1004
홈페이지 _ http://www.qumran.co.kr
E-mail _ qrbooks@gmail.com / qrbooks@daum.net
한글인터넷주소 _ 쿰란, 쿰란출판사
등록 _ 제1-670호(1988.2.27)
책임교열 _ 박은아 · 이화정

 ISBN 978-89-6562-849-1 93230

책값은 뒤표지에 있습니다.

파본(破本)은 구입처에서 교환해 드립니다.